高認界のカリスマ親方が伝授！

3科目版
【英語・数学・国語】

“読んでわかる”新感覚の参考書！
試験直前対策に最適！

しまりすの親方式 高認 英 数 国 学習室

とりあえず高認に合格したい！
大学進学やその先も視野に入れたい！

合格ライン「45点」を押さえ
A評価80点以上も目指せる！

しまりすの親方 著

勉強が苦手でも安心な優しい解説！

目次 contents

☆いざ勉強を始めようと思っても、何から手をつけていいのか分からない・・・
☆試験まで時間がない・・・

とても広い出題範囲から合格ライン「45点」にポイント整理！

全部勉強すれば、大学の推薦入試などをねらえる「成績評価Ａ」の80点以上を目指せる！

合格ラインに的を絞った「ここさえ押さえておけば大丈夫」という内容になっています。

過去問を試しながら直前２週間で２～３回読み通そう。


目標をカタチに！

英語

高認の英語はだいたい英検3級程度。高校1年生の終りまでの教科書をおよそ理解できる人には80点ぐらいとれるゾ。

数学

小4から算数・数学が苦手で、からっきしダメな人にも高認数学で必ず評価Ａの好成績をとれるようにする。これが本書の高認数学学習のページの目的だ。

国語

最近３年間の高認の過去問を題材として、その正解の出し方を研究するという方針で勉強を進めることにする。自分に合った解き方を身につけるため、多くの過去問に取り組もう。
※国語はタテ書きのため、後ろから反対（左方向）にページを進めてください

高認の受験勉強を始めるキミへ

1．はじめに

はい、いらっしゃい。まずは呼吸を整えて、頭の中をすっきりさせて、あせることなくぽつりぽつり、この文章を読んでいきなさい。

高認、つまり文部科学省が年に２回実施する高等学校卒業程度認定試験を受験してみようかな、という気持ちを持ち始めて、この本を手にしたキミ。

きっと、最初は希望を抱いて入学した高校で、日々を過ごすうち、なにか不本意《ふほんい》なことが起きて、ついに中途退学（中退）を決心して、そうしてこの本にたどりついた人が多いでしょう。理不尽《りふじん》ないじめを受けた、いじめとまではいかないけれど先生やクラスメートと関係がうまくいかなくなった、先生やクラスメートと毎日顔を合わすのに苦痛を感じるようになった、学校の雰囲気や指導方針があわないことが分かっていやになった・・・。理由はともあれ、その状態から思いきってこの高校をやめようと決心して本当に退学するまで、かなりの心のつらさを経験したはずだね。まず先生や両親に反対された・・・、けれど自分の考えを貫き通した。少しはいた気のあうクラスメートや、楽しさや充実感を少しは感じていた部活ともお別れをして、高校を中退をした・・・。そのときは、この状態からはやく逃《のが》れたいという気持ちでいっぱいで、その先のことは考えるゆとりなんかなかった。そうしてとにかく、これまでの高校生活をきっぱりと終えることにした。

それからは、家にいる毎日が始まったけれど、１ヶ月、２ヶ月たつうちに、「この先、わたしはどうすればいいのだろう、わたしにはどんな未来があるんだろう。もとのクラスメートは毎日授業を受けて、学力を確実に積みあげているのに・・・」、と焦《あせ》りを感じ始めた。外《そと》にお散歩に行くと、近所のおばさんに、「あら、学校はどうしたの？」と、声をかけられる。悪気がないのは理解しているけれど、わたしの胸にはぐさりと来る。お散歩は深夜にしか出来なくなった・・・。

このようなキミに、しまりすの親方は声をかけたい。キミはなに一つ遅れてなんかないんだよ。だって、この本にたどりついたんだもの・・・。そうして、苦痛を乗り越えただけ、かつてのクラスメートより、おとなに近づいたんだもの。しまりすの親方は確信を込めてキミにこう声をかける。そうして、「あら学校はどうしたの？」と聞いてくる近所のおばさんには「わたしは高校をやめて、文科省の高認、昔の大検の試験を受けることにしたのです」と、堂々と答えていいのです。

2．人生の不運《ふうん》と、それを乗り越《こ》える道

この世に生まれ、小学校からの学校生活に入り、中学、高校と進んで、ある人は大学や専門学校に進学し、ある人はなにかの職につく。そうし

て気に入った異性に出会い、結婚して、子どもを持ち充実した30代40代の人生の盛りの年代に入っていく。ここまでが順調である人はよほど運のいい人と言えるでしょう。けれども、大人になるまでの約40年間のどこかで、運の悪いことが突然おそってくることも、しばしばありますね。突然病気をわずらった、大学入試がうまくいかなかった、就職がなかなか決まらなかった、恋人にふられた、家の稼《かせ》ぎ頭《がしら》であるお父さんが職を失った、両親が不和で離婚した、家が地震や津波の災害に襲われた・・・などなど。

高校生活を送るうちに悪意ある「いじめ」を受けて、学校生活を続けられず、やむを得ず中退することになってしまった。これも間違いなく大きな「不運」の一つだね。

これを日本という国全体から見てみよう。医者や有能な学者、エンジニア、弁護士、商社マンとして世界の貿易を支える人など、将来日本の国全体の人を幸福にする能力のある素質を持っているはずの高校生が、いじめを受けたために高校を中退せざるをえなくなり、その人がその後の専門的な教育を受ける機会を失って、その能力を発揮出来なくなってしまうとしたら？　これは不公平なだけではなくて、日本の国全体にとっても大きな損失だね。しかし幸いにも、このように日本に大きな損失が起こらないように、高等学校卒業程度認定試験（高認）の制度が作られているんだ。

大学の入学試験を受験出来る人は、原則として高校を卒業した人である。しかし高校中退などなにかの事情で、高校を卒業する機会を失ってしまった人に対して、これらの道に進むことがまったくできなくなってしまうとしたら、日本の国は運不運だけで起きてしまった大きな不公平を回復する方法がない、重大な欠点のある国ということになってしまう。

けれども、非常に幸いなことに、この日本の国はそのような不運に出会った人にも、公平に高校以後の教育や資格へ挑戦する機会がちゃんと用意されているのだ。それが高認の制度なのである。高認は正式名称を「高等学校卒業程度認定試験」と言うように、その合格者には、「この人は高校を卒業した人と同じ学力がある」と文部科学省が公的に証明してくれる試験なのだ。高認に合格すれば、大学や専門学校の受験資格のほか、高校卒業を条件とする数多くの資格試験、警察官などの高卒を前提とする職業試験の受験も出来るようになる。さらに、高認合格後、大学や専門学校に進学せず、会社に勤めたとき、その会社はその人に中卒の人の給料ではなく高卒者と同じ給料を出すことになるのである。

今のキミの運不運については、こう理解するのが正しい。高校でいじめにあったり学校の雰囲気になじめなかったりして、退学せざるを得なくなったのは不運なことだった。けど、この本に出合うことができた幸運で、もうキミの不運は帳消しになっている。この本に出合った幸運をしっかりつかんで離さないで、高認合格を目指し、もし合格を勝ち取ったなら、キミは不運を上回る大きな幸運をつかむことになるのだ。だって、かつての同級生がまだ卒業していないタイミングで、キミはすでに高校を卒業したと同等の資格を獲得できるのだ！（注意：正式な合格は満18歳の誕生日を迎えてから）

３．高認受験のルール

３－１　受験するのに必要な科目

高認の試験は、１年に２回、８月の第１週と 11 月の第２週に各２日間にわたって行われる。受験する科目は、「国語」、「英語」、「数学」、「世界史（A・Bどちらか）」の必須４科目と、「現代社会」、「科学と人間生活」の“ほぼ”必須となる２科目、それに「地理（A・Bどちらか）」か「日本史（A・Bどちらか）」のうちどちらか１科目、それに理科として「物理基礎」、「化学基礎」、「生物基礎」、「地学基礎」の中から１科目を選ぶ。これらの全部で８科目のすべてが合格して、めでたく高認合格となる。「現代社会」と「科学と人間生活」が「ほぼ必須」というのは、これらの科目を取らないと、科目数が増えて不利になるからである。

社会と理科の科目は、この国語、英語、数学の主要三科目の勉強内容を説明したこの本と、この本の姉妹編である「社会科目編」、「理科科目編」（近刊）の二冊で勉強するだけで十分合格点に達するだろう。いや、しまりすの親方は、この３冊でしっかり勉強すれば高認の各科目で、間違いなく 80 点以上（評点A）の高得点がとれることを確信している。高認の評点Aといえば、学校の５段階評価の４から５に相当する。文科省から発行される「成績証明書」に評点Aが認られた科目が多く記載されていると、大学の推薦入試でも有利になる可能性が出てくる。

３－２　高認合格の条件

高認の各科目の合格ラインは 40 点とされている。そうして高認合格には８科目の全部に合格することが必要だと言った。例えばある年の１回目の８月試験で、必要な８科目すべてが合格できなくて、２科目だけ合格できない科目があったとする。この場合には、次の２回目の 11 月の試験でこの２科目だけ受験する。そうしてこの２科目が合格したら、キミはめでたく高認の合格者になれるのである。

注：このほかに合格できなかった科目だけを通信制高校で勉強して単位を取る「科目履修」という方法もある。対応している通信制高校が、高認で合格しなかった科目だけ単位修得する、という要望に応えてくれる。キミが全国どこにいても応じてもらえる。対応している通信制高校は学びリンクが出版しているガイドブック「高認があるじゃん！」で紹介されている。

付記：ある年の 11 月試験で始めて高認を受けた人で、合格しなかった科目がある人は、その次の年の８月の試験で、落とした科目を再チャレンジすることになる。

3－3　高認受験の受験手続きの進《すす》め方

受験を考えている人は、８月試験であればその年の４月の第１週から５月の連休明け頃、11月試験は７月下旬から９月中旬頃までに配布される、受験案内の冊子（パンフレット）を手に入れる。これは、電話では「テレメール自動音声応答電話」(050 － 8601 － 0101)に電話をかけて、音声ガイダンスとして聞こえてくる指示にしたがえば宜《よろ》しい。

東京霞ヶ関駅（千代田線、日比谷線）か虎ノ門駅（銀座線）に簡単に行ける人は、地下鉄霞ヶ関駅Ｃ13番出口を出て、200ｍ進む、あるいは虎ノ門駅だと駅を出てすぐ文部科学省の建物に着く。エスカレーターで上がった２階の入り口に、高認受験案内の冊子が置いてある。各都道府県の県庁ビルに簡単に行ける人はそこに出かけて案内係に「高認の冊子をもらいに来たのですが」と言えば案内してもらえるはず。この案内冊子は市役所の教育委員会でも手にはいることが多い。詳しくは文科省のＨＰでも見ることができる。

このようにして手に入れた受験案内は、キミが受験願書を作成するときだけじゃなく、将来大学受験、就職の時までお世話になることになるんだから、重要書類としてきちんと家に保管しておこう。

受験案内には、願書の書き込み用紙が付いている。キミはこの願書の空欄に書き込むことによって願書を作成するのだ。願書が作成できたら、文科省に郵送するのだが、このとき出願用の封筒に一緒に入れなきゃいけないものがある。これらと一緒に入れるべき書類は次のようなものだが、願書を作成するときまでに、用意しておかなきゃいけないものだ。(2020年試験を参考に書いておいた。2021年以後値段などが変わることがありうる)。

①　収入印紙（受験料）
受験料として願書に貼るものだ。

②　顔写真２枚（４ｃｍ×３ｃｍ）
カラー、白黒どちらでもＯＫ。プリクラはダメ。

③　住民票または戸籍抄本１通
市町村役場でもらってくる。だいたい300円支払う。

④　出願用封筒
受験案内冊子についています。キミの住所、氏名、および受験したい場所を書くこと。返信用切手を貼ること。

高校を中退したのが、高校１年生の最後の試験を受けた場合には、行っていた高校に「単位修得証明書」を発行してもらうこと。これを願書に同封して送れば、その科目の受験は免除される。

そのほか、受験案内の「出願書類フローチャート」をしっかりと読むこと。

以上が、始めて高認を受験する人が用意するものになる。願書を文科省に郵送する締切日は８月試験であればだいたい５月の連休が終わった直後である。

願書を文部科学省に郵送してから何日か経《た》つと、文部科学省から受験票が送られてくる。そうして、キミは８月第１週頃に行われる高認の受験日を迎えるのである。

受験後１ヶ月ほど経った９月の第１週目頃文部科学省から合格発表の通知書が送られてくる。めでたく受験した全部の科目が合格した場合には「合格証書」が送られてくる。一部の科目だけが合格して、不合格の科目がある場合には「一部科目合格通知書」が送られてくる。

８月の試験を受けて、９月に一部科目合格通知書を受け取った人は、すぐ11月の第２回試験を受けることになる。こちらの願書締め切りは９月中旬になるから、一部合格通知書を受け取ってから、わずか１週間程しか時間の余裕がない。

再び受験案内を手に入れ、収入印紙（3科目以下は4,500円、4科目から6科目受験の場合には6,500円）、写真2枚、出願用封筒を用意すること。2回目の受験には、住民票はいらないが、本部か各省から送られてきた「一部科目合格通知書」を同封すること。

4．高認の合格率

令和元年度試験のデータで、高認の合格率を見ておこう。令和元年8月の第1回の試験では、11,860人が出願して、実際に試験を受けた人が10,479人であった。このうち4,581人がめでたく全科目を合格して高認合格となっている。実際に受験した人の数を分母として、合格率を計算すると、合格率は43.7%になる。なに、2.3人に一人しか合格しないのか？これは大変な試験だ、ということになる。

しかし、ちょっと待ってほしい。この試験では5,898人が受験したけど全科目合格はしなかったことになる。しかし、このうち、5,022人は一部科目合格者である。一科目も合格しなかった人は876人に過ぎない。一部科目合格者のなかのかなりの人が11月試験を再度受験しているはずである。一科目以上合格者の80%が第2回11月の試験を受けたとすると、このような受験者数は4,018人いたことになる。11月の受験者の総数は9,374人と文部科学省のホームページに公表されているから、5,356人が新たに受験した人、と言うことになる。さて、この第2回高認の全科目合格者は4,350人であった。合格率は46.4%だ。やはりこれだけ見ていると2.2人に一人しか合格しない「たいへんな試験」と言うことになるのだが.....。

第1回目試験で一部科目合格者となり、第2回試験を受けた4,018人の合格率はどのぐらいであったのだろう？　この人達はたった1～3科目しか受けなかったはずである。その合格率が、第2回目試験の全体合格率46.4%より少ないことはあり得ないであろう。この人達の合格率が仮に54%であったと見れば、4,018×0.54＝2,170人がこのような人たちの合格者ということになる。

するとと？

第1回試験を受けた10,479人のうち、4,581人＋2,170人＝6,751人が、第2回試験までに合格していることになる。これで合格率を計算してみると、(6,751人÷10,479人）×100＝64.4となって、合格率は約64%となる。合格しなかった科目を通信高校の授業単位で取って追加合格を勝ち取った人のことまでを考えると、この年に受験した人の約70%の人が最終的に合格を勝ち取っていると考えられるのである。高認は粘り強く挑戦すれば、約70%の人が最後には合格を勝ち取ることができる試験であることが分かる。

少し努力すれば、ほとんどの人が合格する試験なのだ。

5．高校を中退した人のうち何人に一人が高認を受験しているのだろうか？

文部科学省のデータによると、平成30年の1年間の全国の高校の中退者数は約48,594人であって、これは全生徒数の約1.4%に相当するという。この数字はここ数年それほど変化していないとされる。それではこの平成30年に高校を中退した人48,594人のうち、何パーセントぐらいの人が、高認を受験したのだろうか？

先に書いたように、令和元年度第1回目試験の受験者は10,479人であった。第2回試験の受験者は9,374人であった。合計は19,853人である。このうち、1回目試験も2回目試験も両方受けた人は4,018人であると推定される（前節の説明）。ということは、２回受けた人を２人と数えないで１人と数えると、15,835 人がこの年、新たに高認を受けたことになる。文科省の統計表によると、合格者の中には中学を卒業しただけで高校には行かなかった人が 10.1%混じっている。また、定時制高校と通信制高校の在学中の人が 8.7%、全日制高校の在学中の人が 18.4%、その他（海外学校の人、外国系学校の人など）が 5.9%ほど混じっていて、この４つの合計 43.1%は、「高校（あるいは高専）を中退したわけではない人」であるので、のこり 56.9%の 9,010 人ほどが、日本の高校（あるいは高専）を中退して高認を受験した人ということになる。

よく、聞いてくださいよ。

１年に 48,594 人が高校を中退していて、そのうち、9,010 人しか高認の試験を受験していないのだ。割り算してみると、高校を中退した人のうち、18.5%の人しか高認を受験していないのだ。つまり５人高校を中退して、１人弱しか高認を受験していないのだ。もったいない！　なんでこんなにでは、高校を高認受験者が少ないの？

しまりすの親方の答：単純に高認の制度を知らなかったからだ。

しまりすの親方は、ため息をつきながらこう考える。

せっかくある高認の制度が十分に知られていないのだ。高校を中退するとき、ほとんどの人が高認の制度があることを知らされないのだ。誰も教えてくれないから、高校を中退した人たちは泣く泣く一生、中卒の学歴のママで才能を発揮する機会を失っているのである。何ともったいない！

高校を中退することになっても、「ちゃんと高認という高校卒業者の権利を回復する道があるんだよ」となぜ教える人がいない？　この役目をするべき人は、おそらく中学校の先生だろう。中学校の卒業式の時、高校に送り出す生徒たちの前で、「もしこれから進学していく高校と合わなかったり、いじめにあったりしてその高校を中退することになったとしても、ちゃんと高認という制度があって、大学受験などのコースに復帰する道があるのだよ」と教えてあげるべきだ。かわいい娘を嫁にやるとき、「これから嫁《とつ》ぐ家になじめなかったら、いつでもこの家に戻っておいで」と花嫁の父親は声をかけるという。これとおなじ愛情がなぜ中学校の先生にないのだろう。

だから、しまりすの親方が最初に言ったでしょう。高校を中退して、高認という制度があると教えられて、その合格への最短距離の勉強を説明するこの本にキミが出会えたのは、少なくとも５人に１人しか引き当てることのできない当たりくじを引いたキミが幸運であったのだ。高校でいじめにあった不運と、そのあとこの本に出合った幸運。この２つが消しあって、もうキミは不運ばかりを嘆《なげ》いていてはいけないのだ。

６．高認の予備校に通うこと

高認の勉強のために、高認専門の予備校に通うという方法がある。教室の授業形式で高認準備のための授業を行っている予備校に通うのも悪くない。同じ道を歩んでいる仲間と友達ができるのもいいことだ。

しかし、教室で人と顔を合わせることに多少の恐怖心が起きる人は、自宅でパソコンを使い、通信を通じて高認の勉強ができるインターネット予備校の生徒となって、自宅で高認の授業を受けるのもいいだろう。

キミが通える町にある高認予備校については、学びリンクから毎年発行されている高卒認定試験完全ガイドブック「高認があるじゃん！」に詳しく説明されている。予備校に通うというのも高認の勉強を効率よく進めるいい方法である。そのさい、今のキミはあくまで高認合格が当面の目標なのだから、予備校の紹介文の中で、そこで学んだ生徒が、「高認合格後、どのくらい難度の高い大学に合格しているか」という記載部分はあまり気にしないのがいいだろう。高認予備校は高認合格を最終目標にしていくとことであって、大学受験が最終目的ではないからである。高認合格後は、同じ予備校に引き続いて通うよりも、本格的な大学受験予備校に通う方がおすすめである。

このほか、個別指導方式の予備校もある。これは先生と生徒が１対１で指導を受ける方式である。これには、キミがどこかの校舎に出かけて授業を受ける形式と、先生がキミの自宅に来てくださって授業を受ける形式の２種類がある。いずれにしろ、個別指導方式は、キミの現在の学力に合わせて勉強がスタートして、キミの学力の進み具合に合わせて授業が進められるので、勉強能率がよいという長所がある。高認に必要な８科目のうち何科目かはすでに高校での単位修得が認められていて、残り２，３科目までなら個別指導による予備校の生徒になるのもよいであろう。

しかしながら・・・。

ここで、おとなになりかけているキミに、もう一つ考えてほしいことがある。それはその予備校を選んだ場合、キミの家庭にどのくらいお金の負担をかけることになるのか、ということも考えに入れておくべきである、ということである。学びリンクの「高認があるじゃん！」に、入学金、授業料、教材費用が明記してある予備校なら、キミがそこに入学して、高認に合格するまで、どれくらいお金を払うことになるのかが大体見当がつく。

１か月８万円ほどの授業料で、１週間ごとに全８科目の授業が受けられるなら、その予備校の授業料などは、「まあそんなもの」と言える。私立高校の授業料と大して変わらない。入学から高認合格まで１０か月をその予備校に通うとすれば、８０万円から９０万円ぐらいをその予備校に支払う。授業形式の予備校だと、これがだいたいのキミの家庭が支払う総費用になる。この費用が「高認があるじゃん！」や、インターネットのサイトに明記していない予備校は、その予備校に入ってから高認合格までにどのようなお金がどれくらいかかるのかを、電話や直接出向いて問合わせることになる。

この場合、できるだけお父さんが電話に出るなり、キミとお父さん（あるいはお母さん）といっしょに聞きに行く方がよい。キミ一人でこの交渉に出かけ、その予備校に入学するかどうかの判断をするのはできるだけ避けたい。キミ一人では、家の収入支出も考えに入れた判断は不可能だからだ。「この予備校に入学した場合、入学金、授業料、その他を含めて、高認合格までにいくら支払うことになるのですか？」とあなたとお父さんが予備校側に質問する。このとき、意味が理解できない出費項目を言われるなど、予備校側の回答に少しでも不明確な点があれば、直ちにその予備校から出ていって、以後はその予備校は相手にしないのがよいであろう。

教室授業形式やインターネット授業の予備校は、いってみれば他の多くの乗客とともに乗って行くバスのようなものであるので、バス代を払う。これに対して個別指導方式の予備校はいわばタクシーに乗って行くので、タクシー料金を払うのである。どうしても個別指導方式の予備校は出費が大きくなる。もう、半分おとななんだから、「費用を家族に払っていただく」ということも考えに入れて、予備校を選んでください。

と、ここまで「予備校はおすすめです」という調子で文章を書いてきた。しかし、予備校に通わないで、この本だけで英数国の３科目を家で独学で勉強し、理科２科目、社会３科目（現代社会、世界史、地理か日本史）をこの本の姉妹編の参考書で勉強したら、１冊 2,200 ～ 2,600 円、３冊で 7,200 円（＋税）の支払いでだけで高認は合格できることになります。これが十分可能なことは、しまりすの親方が責任をもって保証します。もし、どこの予備校へも行かず、家族には 7,200 円だけを出していただいて、これらの本３冊だけでみごと高認に合格したとしたら、それは一番親孝行で立派なことだ、としまりすの親方は考えています....。けど、予備校に通って高認に合格するのも、もちろん立派なことなんですよ。

ところで、しまりすの親方は 2019 年３月末に定年退職を迎えたあと、今は個別指導塾・スクールＩＥの北小金校で先生をしています。JR 常磐線の千葉県松戸市の北小金駅のプラットホームから、ビルの２階にスクールＩＥの看板がかかっているのが見えます。もし皆さんの中で、このしまりすの親方に高認受験の勉強を直接教えてほしい人がいましたら、そうして常磐線北小金駅に通えるのでしたら、スクールＩＥ北小金校（電話 047 － 330 － 4109、教室長は田沼さん）に直接電話してください。スクールＩＥは個別指導塾ですが授業料は安いです。はでな宣伝もしていませんし、先生のお手当も安いですから。ここだけは、個別指導塾ではあっても、家庭のお金の負担はまったく大きくはなりません。

７．本書の内容

高認の勉強の最も能率の良い勉強は、過去に高認の試験で出された問題を研究することです。これは高認受験にも大学受験にも当てはまる事実です。そこでこの本を作るのに、勉強材料としたのは 2015 年から 2018 年まで、合計４年８回分の過去問を使いました。

ところで、同じように４年間の過去問集を出している出版社もあるのですが、これには各年の８月に行われる第１回の試験の過去問しか出ていません。そこで、本書では、できるだけ他社の本には載《の》っていない各年の第２回目の 11 月試験の４年分の過去問から多く教材を採用しました。本書だけで英数国はまず高得点が取れますが、さらに完璧を狙うなら、他社の過去問集をこの本とは別に買って、毎年の第１回試験の問題も見ておく、あるいは模擬試験として利用すると完璧になるでしょう。100 点満点を狙《ねら》う人は、本書とは別に他社の過去問集も買って腕試しをするのも効果的でしょう。

それでは次のページから、各科目の説明に入ります。英語、数学と続きます。しかし、国語だけは本文縦書き、右から左へと文章が続きますので、この本の最後の方の 285 ページから始まって、本のページを後もどりする方向に進みます。

ENJOY! CHANGE THE FUTURE BY YOURSELF

英語
ENGLISH

英語

1. 高認英語の勉強の方針

高認の英語は英語検定のだいたい３級程度。高校１年生の終りまでの教科書をおよそ理解できる人にとっては80点ぐらいとれる程度の問題になっている。高認は40点が合格ラインなので、中学３年生までの英語の学力があれば、なんとか合格するだろう。

2015年（平成27年）から2018年（平成30年）までの各11月試験（各年の第２回目の試験）の４回分の試験の全部の問題を教材として載せた。皆さんはまず、この各問題に出てきた英文を教材にして、その意味を理解するのに全力を挙げて取り組んでほしい。英語の学力は、単語をどのくらい知っているか、英文をどのくらい読んだかに比例して、試験の成績が決まってしまうのである。そのあとで、小問の解答を出してほしい。

高認英語対策の一番の近道は、過去に出題された英文の単語・句をきちんと覚えていくこと、その英文の意味を理解する力を上げていくことである。「過去に出題された英文は、今後の高認試験にはもう出ないのではないか？」というのは全くの間違《まちが》いである。この本には４回分の過去問を載せたが、皆さんがこの本に従《したが》って４回目の過去問を勉強するときには、「あれ？　この英文の単語・語句は、すでに３回目までの過去問の勉強で何度か出てきたぞ」ということをいくどか体験するであろう。ということは、次に皆さんが受ける高認英語の試験にも同じような単語、語句がふたたび出てくるということだ。

この高認学習室には、過去４年間の11月試験の問題文・選択肢《せんたくし》に登場した英語の問題を全部載《の》せた。そうして英文に出てきた［覚えるべき単語］、［日本語訳文］を問題ごとに載せた。高認合格をめざすキミは、ここに載せた英文を読んで（出来れば声を出して）、意味がさっと出てくるように訓練してほしい。最初は、日本語の訳文を見てから英文を見るのでもかまわない。しかし、最後には、英文だけを見て意味がわかるようになっているべきである。そうしていちいち日本語に訳さず、英語のままで言っていることが理解できるようになったら、その部分は卒業である。過去４年に出題された全部の英文が卒業できたら、英語の学力はこの本を読み始めたころよりはるかに上がっていて、高認試験本番での合格は間違いないであろう。

なお、英語に限らず高認の問題を答えるときには「裏ワザ」が役に立つことがある。英語の場合には、例《たと》えば大問６と大問７の長文問題では、長い本文を読む前に、後ろに書いてある問題文と①～④の番号のついた選択肢を先に読む方がいい、という「裏ワザ」がある。英文を正しく理解してから問題に取り組むのが「正しい」解答方法であるが、そうしないで問題文と選択肢を先に読む、というのは、たしかに時間と無駄な労力を節約できる優《すぐ》れた「裏ワザ」である。このような「裏ワザ」は時間の限られた本試験では威力《いりょく》を発揮《はっき》することがあるので、知っておいて損はないものである。しかし、この本で勉強して英語の実力を身につけようというときには、このような裏ワザで要領よく正解を出すことはなるべく考えないようにしたい。この本でも「裏ワザ」を紹介することがあるが、それはあくまでも「英文本文はあまりよく理解できなかったが点数だけは稼《かせ》ぎたい」場合の、やむを得ない一種の「逃《に》げ道」であって、英語の正しい実力の向上とは無関係であることは知っておいていただきたい。

高認試験は8月に1回目の試験、11月に2回目の試験が行われる。この本には11月試験の過去4回分を載せて、8月の第1回試験の問題は載せなかった。実は他の出版社から出されている過去問集には、過去4年分の8月試験(第1回試験)の問題と、解説・解答が出ている。この本で英語の勉強した後、それらを買って、模擬《もぎ》試験のつもりで1年分解いてみるのもいいだろう。きっとおもしろいほど正解が出せるにちがいない。さらに本書と、他社の過去問集に載《の》っている4回分の、全部で8回分の英語過去問を勉強が終われば、キミの英語の学力は「オニのように」強くなっているであろう。そうなればもう80点以上(A評価)の好成績を獲得できるのは間違いないだろう。文科省から科目ごとの評価が書かれた成績証明書が発行されるが、これは高校を卒業した人が大学入試の際に提出する調査書と似ている。A評価と言えば高校の5段階評価の4か5に相当する。高認の成績がよければ推薦入学などで合格ができる可能性が出てくる。A評価獲得の道に挑戦する人は、ぜひやってみていただきたい。

2.「英語が苦手な人」と「英語がある程度できる人」の勉強方法

この本を読んで高認受験の準備をしている皆さんを、次の2つのグループに分けることにします。

【グループA(苦手な人)】

英語があまり自信のない人。具体的に言うと英語の学力はせいぜい中学2年生の教科書が分かるぐらいで、中学3年生の英語となると自信がないという人。

このような人はとにかく最低でも合格ラインの40点超えを目指すことにしよう。

グループAの人は、高認英語の大問7問のうち大問[3]の英作文の問題(配点12点)と、大問[7]の長文読解問題(配点20点)は最初から「捨《す》てる」と決めてしまうのがいいだろう。知っている単語の量を増やし、読んだ英文の量を増やしても、英作文の能力はなかなか伸ばせない。それに大問7はやはり自信のない人にはやや重すぎるだろう。グループAの人は、この32点を除いた残りの68点の配点のうちで40点以上を目指すのだ。この２つの大問は「でたらめ」で答案シートを提出してしまいなさい。「でたらめ」でもいいから、必《かなら》ずマークはつけること。「でたらめマークの偶然正解」による点数獲得は貴重である。

【グループＢ（得意な人）】

高校１年生までの英語の教科書の英文は大体わかる人。高認英語の成績をB(60点〜79点)、さらにはA(80点以上)を目指す人は、大問３と大問７も含めて勉強しなさい。

この本では、大問第１、２、４、５の英文に出てきた単語で、グループＡの人にとって知らないと考えられる単語は**［覚えるべき単語］**として取り上げ、およその発音と、意味を書いておいた。ここでしっかりと単語の発音と意味をマスターしてください。対して大問第３、６、７では、グループＢの人にとっての［覚えるべき単語］を取り上げた。といっても、グループＡの人であっても、この本で勉強を進めるうちに学力が上がるはずであるから、２回目以後の学習からは、大問第６問、第７問の長文にもできれば挑戦《ちょうせん》してください。

3. 高認英語の内容－問題と配点

高認英語は全部で大問７題である。

【大問１】はＡさんが聞き、Ｂさんが答え、またＡさんが聞き、Ｂさんが答えるという全部で４つのセリフからなる会話。Ｂさんの最後のセリフで、４つの単語のうち一番強く発音される単語はどれかという問題である。配点１個４点、小問３題で合計12点。問題がやさしいだけに、グループＡの人であっても、ここは全問正解をとりたい。

【大問２】は対話文の問い、答え、問い、答えの３番目か４番目の文章に空白があって、そこに入る文章を選び出す問題。１問４点。全部で小問５題、合計配点20点。

【大問３】は単語を正しく並び替える問題。小問３題で合計配点12点。**英作文問題**で、英語になれてない人はほとんど正解は出せない。**グループＡの人はパスでいいでしょう。**

【大問４】は３〜４行の英語の語り手が、何を話題にしているかを当てる問題。合計配点は12点。

【大問５】は、３〜４行の文章が書いてあって、１語分空白があり、その空白に入る単語を選び出す問題。合計配点12点。

ここまでは、短い文章を読む問題である。グループＡ、グループＢの人もここまでしっかり学習して、英文の意味を理解していき、問題の正解が出せるようになってください。

【大問６】は表やグラフがあり、英文本文が20行ほど書いてあって、表・グラフ・本文の内容が正しい文章を選ぶ問題。小問３題で配点16点。小問１(2015年は小問２)は表やグラフから何が言えるかという問題で、英文本文を全く読まなくても正解が出せる。この小問はグループＡの人であってもあきらめないこと。

【大問 7】は 1 ページ分の英文本文が書いてあって、その内容に合う文章を選ぶ問題である。小問 4 題で、配点 20 点。さすがに大問 7 は、英語の苦手なグループＡの人の 1 回目の学習では「荷が重い」かもしれない。

この本では大問 7 題のうち、英語が苦手なグループＡの人にとってやや難しい大問 3、大問 7 を後回しにして、大問 1 → 2 → 4 → 5 → 6 の順序で過去問を勉強していく。グループＡの人は過去問研究はこれでおわり。(注)

英語が得意なグループＢの人は、大問 3 と大問 7 に進んでください。このようなことからこの本では、大問 1 → 2 → 4 → 5 → 6 → 3 → 7 の順に並《なら》べてある。

(注) グループＡの人であっても、大問 7 の英文本文と日本語訳文を見て、英文解釈に挑戦するのは大いにおすすめです。

【注意：「be 動詞」について】

I am、You are、He is、She is、It is、We are、They are、(以 下 過 去 形)、I was、You were、He was、She was、They were・・・などの am、are、is、was、were などは、日本語の「…は～です」、あるいは「…にいます」を表す言葉で、主語によって、または現在か過去かによって形が変わります。この本の説明では、これらを全部 “be” で表します。実際の英文の中ではこの “be” の部分が、主語によって、または現在か過去かによって変化することに注意してください。

例えば、「be going to ～は、～するところです、～するつもりです」と説明されている場合は、主語が I(私) のときには、実際の英文中では I am going to の形で使われます。

【発音の表示について】

英単語の直後の [(カタカナ)] はおよその発音。[　] 内の**太字部分**はアクセントで、少し高い強めの音で発音する。

1 次の1から3までの対話において，下線を引いた語の中で最も強く発音されるものを，それぞれ①～④のうちから一つずつ選びなさい。

1　A：Did you watch the baseball game on TV last night?

B：No, I didn't.

A：I thought you liked baseball!

B：Yes, but I like playing it. I don't like just watching it!

①② ③ ④

2015年 11月実施 大問1−1

覚えるべき▸単語

● watch［ウオッチ］：（動く、あるいは変化するものをじっと）見る。観察する。（腕時計という意味もある）。発音は［ワッチ］ではない。

● last night：昨夜

● thought［ソート］：「think：思う」の過去形「思った」

● play［プレイ］：（野球やテニスなどの運動を）する。（ピアノなどの楽器を）弾《ひ》く。この問題ではplayにingが付いてplaying「すること」になる。ほかに“be (am、are、is、was、wereなど) ～ing”で「～している」という進行形の用法を知っていること。

MEMO

日本語▸訳文

A：昨夜、テレビで野球を見ましたか？

B：いいえ、見ていません。

A：あなたは野球が好きだと思っていたのですが！

B：そうです。しかし、**私はそれ（野球）をするのは好きです。**ただ見るのは好きではありません！

（元の英文の下線部分は太字にしてある）

答えの▸出し方

日本語で「私は　それ（野球）を　やるのは好きです」というとき、どの単語が一番強く発音されるだろうか。「私は」ではないね。「それ（野球）」でもないね。「すき」でもないね。「やるのは」だね。つまり、相手《あいて》のAさんが「思ってもいなかったこと」を言う部分が一番強く発音されるでしょう。英語も同じ。

だから③ playingが正解。

1 次の1から3までの対話において，下線を引いた語の中で最も強く発音されるものを，それぞれ①～④のうちから一つずつ選びなさい。

2　A：Sonia!　I waited for you for 20 minutes.

B：I was looking for you, too, but Bob just told me you were here.

A：Didn't you say to meet in front of the cafeteria?

B：No, I said I'd meet (①) you (②) inside (③) the cafeteria (④).

2015年 11月実施 大問1−2

覚えるべき▸単語

● waited［**ウェイ**ティッド］：「wait：待つ」の過去形。waited for：～（時間）待った。wait for A for（時間）は、「Aを（時間）待った」になる。

● look for：探《さが》す

★重要 **be looking for**（進行形）探している

● meet［ミート］：会う

● in front of［イン フ**ラ**ント オブ］：～の前で

● inside［**イン**サイド］：～の中で

※高認で過去何回も出てきた語句に【★重要】と書いておきます。

MEMO

日本語▸訳文

A：ソニア！　あなたを20分。待ちました。

B：私もあなたを探《さが》していたのよ。だけどボブはちょうど（just）あなたはここにいると私に言ったの。

A：君は喫茶店の前で待ってるって言ってたんじゃない？

B：いいえ。私は**喫茶店の中で会いましょう**と言ったのよ。

答えの▸出し方

Aは「前」と思っていた。Bは「中」と言った（つもり）。ここが一番相手にとって予想外だから「③ inside、中で」が正解。

<参考>

Soniaのように、人の名前の最後が［a］ならだいたい女性の名である。BobはRobertロバートが正式名。

frontの発音に注意。“フラント”であって“フロント”ではない。

なお、BobはRobert［ロバート］の愛称。

1 次の 1 から 3 までの対話において，下線を引いた語の中で最も強く発音されるものを，それぞれ①～④のうちから一つずつ選びなさい。

3　A：Can I do anything to help?

B：Yes. Could you give me a hand with preparing dinner, please?

A：Do you want me to boil these carrots?

B：No, just cut them, and we'll cook them later.
　　　　　　① 　② 　③ 　④

2015 年 11 月実施 大問1−3

覚えるべき単語

- anything［**エ**ニシング］：なにか
- Could you［クッ**ジュ**ウ］：（ていねいな表現）～してくださいませんか？
- give me a hand with：（直訳：手をくれませんか）～を手伝《てつだ》ってくれませんか？（=help）
- prepare［プリ**ペア**］：準備する
  preparing：準備
- dinner［**ディ**ナー］：夕食
- carrot［**キャ**ロット］：ニンジン

MEMO

日本語訳文

A：なにか手伝えることありますか？
B：はい、どうぞ夕食の準備《じゅんび》を手伝ってもらえませんか？
A：これらのニンジンを煮《に》てほしいのですか？
B：いいえ、**ニンジンを切ってください。そうすれば、私たちが**後で煮ますから。

答えの出し方

Aは「切って煮る」と考えている。Bは「切るだけ」と言っている。ここがAにとって一番予想外だから「① cut：切る」が強く読まれる。
①が正解である。
"just"は「ちょうど」「たった今」という意味だが、動詞の前にあると「～することだけ」の「だけ」の意味になる。"just cut"「切ることだけ」で煮ることまではしなくていい。"just watching baseball"は「野球を観ることだけ」という意味になる。

1 次の1から3までの対話において，下線を引いた語の中で最も強く発音されるものを，それぞれ①～④のうちから一つずつ選びなさい。

1　A：What color do you think is best for a car?

B：I think red is cool.

A：Really? I <u>think</u>① <u>gray</u>② <u>is</u>③ better <u>because</u>④ you don't have to wash it so often.

B：Yes, but it's boring.

2016年 11月実施 大問1－1

覚えるべき ▸ 単語

● Really？［**リ**アリー？］：ほんとう？

● cool［クール］：「冷たい」だが、ここでは「かっこいい」の意味である。英語の先生はそう指摘するが、ただし辞書にはcoolを「スマートな、気の利いた（かっこいい）」の意味として理解するのは「俗語」と書かれている。「若者だけの話し言葉」であろう。外国人である我々がこの意味を知っている必要は無いと思われる。日本語の「いけてる」を日本語を勉強中の外国人が勉強する必要なんか無いでしょう？

● because［ビ**コーズ**］：なぜならば

● have to：～しなければならない（=must）
　don't have to：～しなくていい

● courage［**カ**リッジ］：勇気。（発音に注意）

<参考> courageous［カ**レイ**ジャス］：勇敢な

MEMO

日本語 ▸ 訳文

A：自動車にはどの色が一番いいと思いますか？

B：赤がいけていて（いいと）思います。

A：ほんとう？私は**灰色のほうがいいと思います。なぜなら**、しょっちゅう洗わなくていいからです。

答えの ▸ 出し方

まずは文章の意味で考える。「私は灰色がいいと思います。なぜなら・・」のどの部分を一番相手に伝えたいか？　「灰色」だね。「思う」、「が」、「なぜなら」じゃないね？　灰色grayが強く発音される。②が正解。

裏ワザ

下線部の前にすでに出てきた単語は正解にならないことが多い。thinkという単語は、1行前のBさんのセリフにすでに出ている。だからこれは正解じゃない。

1 次の 1 から 3 までの対話において，下線を引いた語の中で最も強く発音されるものを，それぞれ①～④のうちから一つずつ選びなさい。

2　A：Are you still jogging with your dog these days?

B：No, not anymore.

A：Oh, why not?

B：She's been sick, so now I like to walk her instead.

like ①　to ②　walk ③　her ④

2016 年 11 月実施 大問1−2

覚えるべき ▸ 単語

● still：まだ、今でも

not anymore［ノット**エニ**モア］：もう～していない。

● be sick［シック］：病気である。She's been sick は、She has been sick の短縮形。Have+過去分詞で完了形だが、「前に病気になって、今も病気が続いている」の意味。She は人間の彼女じゃなくて犬のこと。メス犬なんでしょう。人間じゃなくて動物を he、she と言うことがある。

● like to ～：～したい。「want to：～（強く）したい」より軽い意味。

● instead［インス**ティ**ッド］：そのかわりに（「走る」かわりに「歩く」）。文の最後に置かれる。

MEMO

日本語 ▸ 訳文

A：君は今でもまだ犬とジョッギング（小走りに散歩）しているのですか？

B：いいえ、もうやっていません。

A：あら、どうしてやめたの？

B：犬が病気なのです。それで今は（走らないで）**犬を歩かせたいです。**

答えの ▸ 出し方

正解は walk で③。

1　次の1から3までの対話において，下線を引いた語の中で最も強く発音されるものを，それぞれ①～④のうちから一つずつ選びなさい。

3　A：Jeff, have you seen my wallet?　I'm sure I put it on the shelf.

B：Last time you said that, it was in your bag.　Maybe it's there again.

A：Oh, here it is!　You're right!

B：Perhaps you should always① keep it② in③ your④ bag.

2016年 11月実施 大問1−3

覚えるべき▶単語

● wallet［ウォレット］：財布《さいふ》。purse［パース］も同じ意味。水の出るトイレ「ウォシュレット」と間違えないように。

● I'm sure：たしか、…だったと思う

● perhaps［パハップス］：もしかしたら

● keep［キープ］：保管する、置いておく、その状態を保つ

MEMO

日本語▶訳文

A：ジェフ、私のお財布見かけなかった？たしか、棚《たな》の上に置いたんだけど。

B：前に財布はカバンの中にあると言っていたよ。たぶんまたそこにあるんでしょう。

A：あら、ここにあったわ。あなたの言ってる通りだわ。

B：もしかしたら、キミは**いつも財布を**カバンの**中で保管すべきなんだよ。**

答えの▶出し方

正解は「always：いつも」で①。

1 次の 1 から 3 までの対話において，下線を引いた語の中で最も強く発音されるものを，それぞれ①～④のうちから一つずつ選びなさい。

1　A：Welcome to Tony's Pizza. Do you have a reservation?

B：Yes, the name is Dixon.

A：OK. Mr. Dixon. For five people at 6:15...

B：Actually, there(①) are(②) six(③) of us(④). I hope that's OK.

2017 年　11 月実施　大問１－１

覚えるべき▸単語

● Welcome to ～ [ウェルカム トゥ]：～へようこそ

● Actually [アクチュアリー]：実際には、実《じつ》は

● hope [ホォウプ]：望む

●reservation[リザーベーション]：予約、have a reservation：予約してある。reserve[リザーブ]：（を）予約する、make a reservation：予約する。

MEMO

日本語▸訳文

A：ようこそトニー・ピザへ。御予約はなさっていますか？

B：はい、私の名前はディクソンです。

A：OK、ディクソンさん。5 人で 6 時 15 分ですね…

B：実は、(一人増えて)**6 人います**。それでも OK ならいいのですが。(直訳：OK を望みます)

答えの▸出し方

A(ピザ食堂の人) は 5 人と思っている。B は「5 人ではなく 6 人になったのだ」と言っている。当然 6(six) が強く発音される。正解は③。

1 次の１から３までの対話において，下線を引いた語の中で最も強く発音されるものを，それぞれ①～④のうちから一つずつ選びなさい。

2　A：Do you know when we have to hand in our essay?

B：Mr. Smith said that we should bring it to the next class.

A：Then I'll finish it this weekend.

B：No, that won't work.　We have the class tomorrow.

①have　②the　③class　④tomorrow

2017 年　11 月実施　大問1−2

覚えるべき ▸ 単語

● have to と should［シュッド］：なければならない

★重要 **hand in**：提出する。hand(手、名詞) とは違い動詞（手渡《てわた》す）である。高認では hand in を「提出」の意味で使われることが多い。重要語句で必ず覚えること。

● class：(ここでは)「授業」であって「学級」ではない。

● finish［**フィ**ニッシュ］：終わる、終わらせる

● won't［ウォント］= will not：(未来のことに対して) ～とはならないだろう

● work：「働《はたら》く」だがここでは「役に立つ、機能する、うまくいく」という意味。ここでは「won't work：だめです」となる。(「work：働く」からかけ離れた意味になっているので注意)

● We have class：授業がある。この「have」の使い方にも注意。

MEMO

日本語・訳文

A：いつ我々のエッセイ (作文) を提出しなければならないか、御存じですか？

B：スミス先生は「私たちは次の授業に持って来るべきです」とおっしゃっていました。

A：それじゃ、今週末に終わらせます。

B：違《ちが》います。それじゃだめです。授業は明日あります。

答えの ▸ 出し方

「次の授業」と聞いて、A は「次の授業は来週だから、今週末でいいな」と思った。B「次の授業は明日あるんだ」と A さんの誤解を正したい。「tomorrow：明日」が強調される。正解は④。

（しまりすの親方の感想）この問題では、hand in（提出する）、class(授業)、won't work(ダメである) など、「ふつうの意味」で理解してはいけない単語が３つも入っていて高認としては難問だろう。

1 次の 1 から 3 までの対話において，下線を引いた語の中で最も強く発音されるものを，それぞれ①～④のうちから一つずつ選びなさい。

3 A：I'd like to return this vase and get a new one.

B：Is there something wrong with it, sir?

A：Yes, I noticed some① kind② of③ crack④ on the bottom.

B：I'm very sorry. We'll exchange it for you.

2017 年 11 月実施 大問1−3

覚えるべき▶単語

- I'd like to ～ [アイド**ライ**ク トゥ]：～したいのですが
- return [リ**ター**ン]：戻す、戻る
- vase [**ヴェ**イス]：花瓶《かびん》
- wrong [**ロ**ング]：間違い、欠点《けってん》
- notice [**ノー**ティス]：気が付く
- crack [ク**ラッ**ク]：割れ目《われめ》
- bottom [**ボ**トム]：底《そこ》
- exchange [イクス**チェイ**ンジ]：取り替《か》える

MEMO

日本語▶訳文

A：この花瓶をもどして、別の新しいのがほしいのですが。

B：その花瓶になにか欠点でもありましたか？

A：はい、底に（ある種の）割れ目があるのに気が付いたのです

B：大変失礼しました。お取替えいたします。

答えの▶出し方

「crack：割れ目」が強調される。④が正解。（聞き手Bさん「店員」にとって「意外な」ものが強調されて発音されるので、それが答になる）

“get” は、いろいろな意味で使われるが、この文では「手に入れる」という一番もとの意味である。

vase [ヴェイス] と、base [ベイス]：基地、（野球の）ベース、との発音の違いに注意。

1

次の1から3までの対話において，下線を引いた語の中で最も強く発音されるものを，それぞれ①～④のうちから一つずつ選びなさい。

1　A：Mom, where's the chocolate cake we made this morning?

B：It's on the counter.

A：Can I have some before dinner?

B：No, we're going to eat it after dinner.

① eat　② it　③ after　④ dinner

2018年 11月実施 大問1−1

覚えるべき ▸ 単語

- have：この場合は「持つ」じゃなくて「食べる」
- dinner［**ディ**ナー］：夕食
- be going to：①～するつもり、②するところです

MEMO

日本語 ▸ 訳文

A：おかあさん、私たちが今朝《けさ》作ったチョコレートケーキはどこ？

B：カウンターの上にあります。

A：夕食の前にちょっと食べていい？

B：ダメ、私たちは**それを夕食の後に食べる**つもりです。

答えの ▸ 出し方

「**前に**」食べていい？　と聞かれたお母さんが「**後に**」と答えた。だから③ afterが強く発音されて正解。

chocolateの発音は［**チョ**カリット］で、日本語「チョコレート」と大きく違っているので注意すること。

1行目のAさんのセリフで、cakeとweの間に正しくはwhichが入るが略されている。

1 次の1から3までの対話において，下線を引いた語の中で最も強く発音されるものを，それぞれ①～④のうちから一つずつ選びなさい。

2　A：What are you working on, Mark?

B：I'm making a short movie for my friend's wedding.

A：That's great!　Can I watch it when it's finished?

B：Sure, but could you give(①) me(②) some(③) feedback(④) afterwards?

2018年 11月実施 大問1−2

覚えるべき▸単語

- movie［**ムー**ビー］：映画
- finish［**フィ**ニッシュ］：終わる、完成する
- Sure［**シュ**アー］：(確かに)→わかりました
- feedback［**フィー**ドバック］：感想
- afterwards［**ア**フターワーズ］：あとで
- Could you［クッジュウー］：してもらえますか？(ていねいな言葉)

日本語▸訳文

A：今何をして(働いて)いるの、マーク？

B：ボクの友人の結婚式用に短い映画を作っているんだ。

A：そりゃ最高！それができたら見ていいですか？

B：いいけど、あとで感想をきかせてもらえるかい？

答えの▸出し方

④feedback［フィードバック］：「感想」が正解。辞書には、feedbackは「反応、応答」と出ていて「感想」は載っていない。この単語に「感想」の意味が入り込んだのは、ごく最近のことらしい。

MEMO

1 次の１から３までの対話において，下線を引いた語の中で最も強く発音されるものを，それぞれ①～④のうちから一つずつ選びなさい。

3　A：Oh, no! My laptop isn't working properly.

B：Maybe John broke it. He was using it yesterday.

A：No. I'm sure the① problem② is③ me④. I have too many files open.

B：Well, close some files, then.

2018 年 11 月実施 大問1−3

覚えるべき▶単語

● Oh, no! [オーノー]:あらまあ、なんてこった！

● properly [**プロ**パリー]：適切に

● maybe [メイ**ビー**]：たぶん

● broke：(break の過去形) こわした

● problem [プ**ロ**ブレム]：問題

● have ～ open：いわゆる「させハブ」というやつ。(たくさんのファイルを開け) させた。「Have A(形容詞)：A を (形容詞) のようにさせた」「Make：にする」に似た用法がある。

● well [ウエル]：そうですねえ

【注意】

英語の文法に非常に詳しいキミからは、2 回目の A のセリフでは、me(私を) じゃなくて、I(私が) じゃないのか？という質問が出るかもしれない。もしこの質問が出たら、「アメリカ人に勝っている」キミの方が正しい。けどアメリカ人たちは、この文法的に間違った言い方を正しいと思いこんでいるので、どうしようもないのだ。

日本語▶訳文

A：あらまあ、ラップトップ (パソコン) がちゃんと動いていないわ。

B：きっとジョンが壊《こわ》したんだよ。彼昨日使っていたよ。

A：いいえ、きっと私が問題なのよ。あんまりたくさんのファイルを開けすぎたんだもの。

B：そうだねえ、それじゃ、いくつかファイルと閉じてみなさい。

答えの▶出し方

直前に B さんが、ジョンが壊したんだ、と言うのを A さんが「いえ私が」と打ち消している。「私」me が正解。

2 次の 1 から 5 までの対話文の [　　] 内に入れるのに最も適当なものを，それぞれ①～④のうちから一つずつ選びなさい。

1　(At a hotel)

A：Let's use the shuttle bus to go to the airport.

B：Sounds good. [4]

A：Every twenty minutes. Oh, the last one has just left.

B：Oh, no! We'll need to take a taxi then.

① What time should we be there?　② How often does it come?

③ When is the best time to go there?　④ How much does it cost?

2015 年 11 月実施 大問2−1

覚えるべき▸単語

● shuttle bus [**シャ**トルバス]：連絡バス。例えばホテルと空港を送り迎えするバス。

● airport [**エア**ポート]：空港

● Sound good [**サウ**ンド グッド]：sound は「音」だが、「～のように聞こえる」。「Sound good」は直訳すれば「よいように聞こえる」だが、ややくだけたアメリカ口語で「それはいいね、賛成」の意味。この言い方は正式な言い方でないため英単語辞書には載ってない。

● every (twenty minutes)：(二十分) ごとに

● the last one：ひとつ前の (バス)。今からみて「一番直前に出たバス」の意味。

● left：「leave [リーブ]：離《はな》れる」の過去形。(バスが) 出発した。

● Oh, no [**オウ** ノウ]：(好ましくないときの) あらまあ！　なんてこった！

● take a taxi：タクシーに乗る。take [テイク] は「食べる、休む、風呂に入る」など多くの意味があるが、一番元の意味は「取る」である。「use a taxi」も同じ意味。

● need [ニード]：～する必要がある、～しなくてはならない

日本語▸訳文

(ホテルで)

A：シャトルバスで空港に行きましょう。

B：いいね。[4]

A：20 分ごとだよ。(一つ前のバスは) たった今 (just) 出たばかりだよ。

B：なんてこった！ タクシーに乗らなきゃならないね。

① 何時にそこへ着くべきなの (should) ？

② バスはどれほど頻繁《ひんぱん》に来るのかしら？

③ いつがそこに行く最も良い時間なの？

④ (お金は) いくらかかるのかな？

答えの▸出し方

[4] の直後の A の答が「(バスは)20 分ごと」と言っているので、この答えが出るためには②が正解になる。**大問 2 では、次の答のセリフがヒントになっていることが多い。**

2 次の1から5までの対話文の ☐ 内に入れるのに最も適当なものを，それぞれ①～④のうちから一つずつ選びなさい。

2 (In a living room)

A：The clock in the bathroom has stopped. The batteries must be dead.

B：Oh, really? **5**

A：No, we ran out a few weeks ago. We don't have any at all.

B：Then I'll get some today.

① Do we really need a clock there?

② Do we have any new ones?

③ Did you already take a shower?

④ Did you carefully check the time?

2015年 11月実施 大問2−2

覚えるべき▸単語

● battery [バッテリー]：電池

● must：～にちがいない。「～なければならない」の意味もある。

● be dead [デッド]：死んでる、(電池が)消耗《しょうもう》している

● really [リアリー]：ほんとう

● run out：(予備が)なくなる

<高認としてやや高度>「走っていて run ＋終わる out」から類推《るいすい》したい。

① ほんとうにそこで(風呂場で)時計は必要かしら？

② (直訳：我々は新しい電池を持っていないのかしら？)新しい(電池は)ないのかしら？

③ もうシャワー浴びた？

④ 時間を注意深くチェックした？

日本語▸訳文

(居室で)

A：風呂場の時計が止まっているよ。電池が切れているに違いない。

B：あら、ほんとう？[5]

A：いいえ、2、3週間前に予備がなくなったんだ。(予備品は)全くないよ。

B：それじゃ、今日電池をいくらか買おう(get)

答えの▸出し方

訳文ができれば②が正解であることはすぐわかるが、2つ目のAのセリフ「ran out」を「予備がなくなった」と理解するのは、相当高い英語能力が必要。ただし、この種の慣用語は類推で何とかなる。「走ってて run ＋終わった out → 予備が無くなった」と何とかこじつけられるか？ out は動詞に付いて「外れる」、と「終わる」の意味を付け加える。

2 次の1から5までの対話文の □ 内に入れるのに最も適当なものを，それぞれ①～④のうちから一つずつ選びなさい。

3 (At a basketball game)

A：The game's almost over, and our team is still behind.

B：Don't worry. [6]

A：Yes, but they are eight points behind!

B：There are still five minutes left. That's enough time.

① It's a little too far.　② It's another loss.

③ They can help you.　④ They can still win.

2015年 11月実施 大問2−3

覚えるべき▸単語

● behind：～の後ろに、～遅れて。(バスケットボールや野球で)負けている。(ここでは)相手にリードされている。反対に「リードしている」は“ahead”

● Don't worry [ドント ウォリー]：心配しないで！

● enough [イナフ]：十分な(発音注意)

【注意】

２つめのAのセリフの「彼ら they」は、敵側の選手たちではなくて、会話している人たちが応援しているチームの選手たちであろう。

MEMO

日本語▸訳文

(バスケットボール競技で)

A：試合はほとんど終わりだ。そしてわれわれのチームはまだリードされている(負けている)。

B：心配ないよ！ [6]

A：そうだね、しかし、彼らは(注)8点負けているよ。

B：まだ5分残っている。(追い抜くのに)十分な時間だよ。

① ちょっと遠すぎるよ。

② それは別の損失だよ(損失が増えるだけだよ)。

③ 彼らはあなたを助けてくれるよ。

④ 彼らはまだ勝てるよ。

答えの▸出し方

④しか試合の応援のセリフはない。また、次のセリフがYesで、直前のBの言葉に賛成していることからも、④が正解とわかる。

2 次の 1 から 5 までの対話文の ［　　］ 内に入れるのに最も適当なものを，それぞれ①～④のうちから一つずつ選びなさい。

4 （At a train station）

A ：Wow! I got here on time!

B ：What? No, you didn't!

A ： ［ 7 ］

B ：It's already 6:30! We were supposed to meet at 6:00.

① I want to meet you again.　　② I'll show you around.

③ How did you come here?　　④ What do you mean?

2015 年 11 月実施 大問2−4

覚えるべき ▸ 単語

● got：（この場合）「着《つ》く get」の過去形。（他に「買う」などの意味がある。「手に入れる」が元の意味）

● on time：時刻通りに。in time だと「間に合って」、少し意味が違う。

● already［**オー**ルレディ］：すでに

● be supposed to ～：～することになっている。

＜やや高度＞「suppose［サポーズ］：仮定する」が元の意味。

● meet［ミート］：会《あ》う

● around［アラウンド］：周りを、あたりを

● What do you mean?：（直訳：あなたは何を意味しているのですか？）どういうことですか？

【注意】

元の英文を１つ１つの単語の意味を忠実になぞるように日本語に訳した文章を「直訳」という。英語と日本語の習慣の違いから、直訳では不自然な場合には、日本での普通の言い方をそのあとに書いた）

日本語 ▸ 訳文

（駅で）

A：わあ！　時間どおりに着いた！

B：なんだって？　いいや、ちがうよ。

A：[7]

B：もう 6 時 30 分だよ。われわれは 6 時に会うことになっていたんだよ。

① もう一度、お会いしたいです。

② （この辺を）ご案内しましょう。

③ どうやって、ここに来たのですか？

④ どういうことですか？

答えの ▸ 出し方

訳文を見れば容易。④が正解である。しかし、訳文がないと、かなり難しい問題でしょう。④の what do you mean「どういうことですか？」が強い意味を含まない「手がかりを与えない」質問だからである。

2 次の1から5までの対話文の[ ]内に入れるのに最も適当なものを，それぞれ①～④のうちから一つずつ選びなさい。

5 (At a host family's home in Australia)

A：We have a water shortage, so you have to take a shower in five minutes or less.

B：Really? [8]

A：You'll get used to it. We do it every day.

B：Well, I can try, but it won't be easy.

① Actually, I can run much faster.

② Actually, I'm not thirsty now.

③ I've never taken such a short one in my life.

④ I've never tasted anything like this back home.

2015年 11月実施 大問2−5

覚えるべき▸単語

● host family [**ホスト ファミリー**]：受け入れ家族(アメリカやオーストラリアなどに、留学などで一時的に滞在する場合に、ホテルに滞在するのではなく、普通の家族(family)の家にお世話になる制度がある。その受け入れ家族を host family という)

● shortage [**ショー**ティッジ]：不足《ふそく》。「今水不足です」を「we have a water shortage:(直訳)私たちは水不足を持っています)」という。こういうところが英語と日本語の文化の違いであろう。「have」はここでは状態をあらわす。「have」は日本語の「持つ」よりはるかに広い場面で使われるのである。

● have to：～しなければならない

● take a shower：シャワーを使う。take の元の意味は「取る」。

● get used to:慣れている。「get」は～になる。

● won't [ウォント] = will not：ならないだろう

● thirsty [サースティー]：のどが渇《かわ》いている

日本語▸訳文

(オーストラリアの受け入れ家族の家で)

A：今、水不足なんです。だから、シャワーは5分以内にしなければなりません。

B：ほんとうですか？[8]

A：あなたも今に慣《な》れるでしょう。私たちは毎日そうしています。

B：そうですね。できるでしょう。だけど簡単じゃないでしょう。

① 実際《じっさい》にはもっと速《はや》く走れます。

② 実際、私はいまのどは渇《かわ》いていません。

③ いままでそんな短い時間でやったことがありません。

④ 私は、(日本の)自宅では、このようなものは食べたことがありません。

答えの▸出し方

③が正解。この文章の「one」が「シャワーを浴びること」と気が付くかどうか？ one は直前に話題に出た数えられるものを指す。④の taste [テイスト]は「味わう」である。

2 次の1から5までの対話文の　　　内に入れるのに最も適当なものを，それぞれ①～④のうちから一つずつ選びなさい。

1 （At a library）

A：How's that English report going?

B：Fine, but may I ask you to do something?

A：What is it?

B：[4]

① I'm enjoying reading it very much.
② I'll tell you when to start writing it.
③ Did you decide what to write about?
④ Could you read my report?

2016年 11月実施 大問2−1

覚えるべき▸単語

● library［ライブラリー］：図書館

● How is ～ going?：～の進行具合《ぐあい》はどうですか？

★重要 decide［ディサイド］：決める

● Could you ～？［クッジュウ］：can は「できる」。could はその過去形だが、「できましたか」という意味ではなく、「～してくださいませんか？」という丁寧《ていねい》なお願いを表す。

● ask：ここでは「聞く、質問する」の意味ではなく「頼む」の意味。

（しまりすの親方の感想）
この問題、図書館での会話ではない。教室内での会話というべきである。

日本語▸訳文

（図書室にて）

A：あの英語のレポートの進み具合はどうですか？

B：順調です。あなたにお願い事をしてもかまいませんか？

A：何ですか？

B：[4]

①　私はそれを読むのを楽しみにしています。

②　それをいつ書き始めたらいいのかお知らせします。

③　あなたが何について書くのかをもう決めましたか？

④　私のレポートを読んでくださいますか？

答えの▸出し方

[4] の前の問答が、B：お願いしてもいいですか？ A：何ですか？　であるから、[4] の中は、B が A にお願いする内容でなくてはならない。④が正解である。③は A のセリフのはず。これも難問だろう。

2 次の1から5までの対話文の ☐ 内に入れるのに最も適当なものを，それぞれ①～④のうちから一つずつ選びなさい。

2 (At school)

A：What do you want to do in the future?

B：I want to be in business.

A：Do you mean you want to work for a big company or start your own company?

B：Start my own. I don't want to [5]

① get a license. ② get a ticket.

③ work for someone else. ④ work at all.

2016年 11月実施 大問2−2

覚えるべき▸単語

● future［フューチャー］：将来《しょうらい》

● business［ビズィネス］：実業（意味が広い。会社、商店で勤労者がやる仕事全体）

● company［カンパニー］：会社

● Do you mean ～：「あなたは～を意味するか？」→「ということはつまり、～なのですか」

● license［ライセンス］：免許証

日本語・訳文

（学校で）

A：君は将来何をしたいのかね？

B：（直訳：実業の世界に身を置きたいです）会社で働きたいのです。

A：つまり、大きな会社で働きたいということかね、それとも自分で会社の経営を始めたいということかね？

B：私自身の会社を始めたいです。私は［5］したくありません。

① 免許を取る（取りたくありません）。（ ）内はdon't want toを含めた意味。

② 切符を手に入れる（手に入れたくありません）

③ 他人のために働く（他人のために働きたくありません）

④ 働く（全く仕事をしたくありません）

（ ）内は、［5］の直前の「したくありません」を含めた訳文。

答えの▸出し方

③が正解。

2 次の 1 から 5 までの対話文の [　　] 内に入れるのに最も適当なものを，それぞれ①～④のうちから一つずつ選びなさい。

3 （At a party）

A：Hi, Erin! I haven't heard from you for a long time. Is everything OK?

B：Oh, hi. I'm good. I sent you some emails, but I didn't get any answers from you.

A：Oh, I'm sorry. [6] I don't use the old one now.

B：I didn't know that. Please give me the new one.

① I'll read them soon.
② I'll remember to reply to you.
③ I've got many emails.
④ I've got a new email address.

2016年 11月実施 大問2−3

覚えるべき▸単語

● heard［ハード］：「hear［ヒア］：聞く」の過去形。

● give me：「私に下さい」だが、ここでは「新しい（アドレスを）教えてください」。

● remember［リ**メン**バー］：覚えている、覚える

● reply［リプ**ライ**］：返事をする

MEMO

日本語▸訳文

A:やあ、エリン。長いことあなたから連絡なかったけど、うまくいってますか？

B：やあ、おかげさまで順調にやっています。何度かあなたにメール送ったんだけど。あなたからは全く返事がなかったですね。

A：あら、ごめんなさい。[6]、今はもう古い方は使わないんです。

B：そりゃ知らなかった。じゃ、新しいのを教えてください。

①　すぐ、（送ってくださったメールを）読むことにします。

②　あなたに返事することを覚えておきます。

③　たくさんのメールを受け取りました。

④　新しいメールアドレスを手に入れました（＝メールアドレスが変わりました）。

答えの▸出し方

④が正解である。

2 次の 1 から 5 までの対話文の [ ] 内に入れるのに最も適当なものを，それぞれ①～④のうちから一つずつ選びなさい。

4 (At home)

A：Are you ready to go, Cindy? We're going to be late!

B：I'm ready now. I was just looking for my scarf.

A：OK. Let's go. [7]

B：Yes. They are in my purse.

① Did you book the seats for two?
② Do you have the concert tickets?
③ Will you pick me up at the hall?
④ Can you hold my bag for a while?

2016 年 11 月実施 大問2−4

覚えるべき▶単語

● be ready to ～：～する準備はできている

★重要 **be going to**：いままさに～するところだ

★重要 **look for ～**：～を探している

● purse［パース］：財布《さいふ》

● book(動詞)：予約する。ここでは「本」という意味ではない。

● pick up at：(途中で)人を拾い上げる

● for a while：しばらくの間

MEMO

日本語▶訳文

(家で)

A:出かける準備はいいかい、シンディー。遅(おく)れそうだよ。

B：もう出かける準備できているわ。スカーフを探していただけよ。

A：よし。それじゃ出かけよう。[7]

B：はい、それらは私の財布のなかにあるわ。

① 二人分の席は予約したかい？
② コンサートのチケットは持ったかい？
③ 会場に迎えに来てくれないかね？
④ しばらくカバンを持っててもらえないかな？

答えの▶出し方

次のＢの答が「財布の中にある」といっているのだから②が正解。

2 次の１から５までの対話文の［　　］内に入れるのに最も適当なものを，それぞれ①～④のうちから一つずつ選びなさい。

5 (On the phone)

A : Hello. My name is Sato. I have a reservation for August 3.

B : Yes, thank you, sir. How can I help you?

A : I'd like to go sightseeing before I check in that day. What is the check-in time?

B : Three o'clock, but you [8]

① should sleep a lot.
② can leave your bags at the front desk.
③ should come here with your friends.
④ can go back home now.

2016年 11月実施 大問2−5

覚えるべき▸単語

★重要 **reservation** [リザー**ベイ**ション]：予約

● How can I help you：(直訳：どのようにあなたを助けることができるでしょうか？) なにか御用《ごよう》でしょうか。

● I'd like to [アイド**ライ**クトゥー]：〜したいのですが。「like to：したい」を丁寧にした言い方。

● sightseeing [サイト**シー**イング]：観光。go sightseeing：観光に行く

● check in：受付け手続きをする

● leave [リーブ]：置いておく

MEMO

日本語▸訳文

(電話での会話) ホテルの受付のようである。

A：こんにちは、私は佐藤といいます。私は８月３日の予約を取ってあります。

B：はい、ありがとうございます。なにか御用でしょうか？

A：その日、チェックイン (ホテルでの宿泊手続き) するまでに観光をしたいのですが。チェックインの受付けは何時でしょうか？

B：３時ですが [8]

① (あなたは) たくさん寝るべきです。

② (あなたは) 荷物を受付に預けて置いておくことができます。

③ (あなたは) 友人と一緒に来なくてはいけません。

④ (あなたは) もう家に帰ってもかまいません。

答えの▸出し方

②が正解である。

この会話がホテルの受付で行われていると分かれば正解が出せる。しかし、分からないと苦戦するだろう。

2 次の 1 から 5 までの対話文の [　　] 内に入れるのに最も適当なものを，それぞれ①〜④のうちから一つずつ選びなさい。

1 (At a station)

A：Excuse me. Could you tell me where the City Hall is?

B：Well, it's a little far from here.

A：[4]

B：You should take a bus or a taxi.

① How can I get there?

② When is it open?

③ What is it called?

④ Where is the nearest entrance?

2017 年 11 月実施 大問2−1

覚えるべき ▸ 単語

● Could you tell me 〜 [クッ**ジュウ**テルミー]: 教えてくださいませんか？

● City Hall [**シ**ティー ホール]：市役所

● Well：そうですねえ

● take a bus：バスを利用する。take の一番元の意味は「取る」と覚えればよい。

● entrance [**エン**トランス]：入り口、玄関《げんかん》

注意：City Hall は市役所であって「市民ホール」ではない。

MEMO

日本語 ▸ 訳文

（駅で）

A：すみません。市役所はどこか教えていただけませんか？

B：そうですねえ、市役所はここからちょっと遠いです。

A：[4]

B：バスかタクシーで行くべきですよ。

① そこへはどうやって行くことができますか？

② それはいつ開きますか？

③ それは何と呼ばれますか？

④ 一番近い入り口はどこですか？

答えの ▸ 出し方

正解は①。

注意：get there は「そこへ行き着く」である。

2 次の1から5までの対話文の [ ] 内に入れるのに最も適当なものを，それぞれ①～④のうちから一つずつ選びなさい。

2 (At a sandwich shop)

A：May I help you?

B：I'd like a ham sandwich, please.

A：[5], sir?

B：Cheese, mustard, and tomatoes, please.

① Would you like something to drink
② Can you say that again
③ What would you like in it
④ Will you heat it up for me

2017年 11月実施 大問2−2

覚えるべき▸単語

● May I help you [メイ**アイ** ヘルプ **ユー**]：(直訳：私があなたを助けてもよろしいでしょうか？) 何にいたしましょうか

● mustard [マスタード]：からし。(こじつけ覚え：マスター、どうでしょうか、からしは？)

● Would you like something to [ウッ**ジュー**ライク **サム**シング トゥ]：～(する)ものはいかがでしょうか

● heat up：温度を上げる

MEMO

日本語▸訳文

(サンドイッチ店で)

A：何にいたしましょうか？

B：ハムサンドウィッチが欲しいのですが

A：[5]、お客様？

B:チーズ、からし、それにトマトをお願いします。

① お飲み物はいかがですか。

② もう一度おっしゃっていただけませんか？

③ (直訳:中に入れるものは何がお好みですか)(サンドイッチの) なかに何を入れましょうか？

④ 温《あたた》めてくれませんか？

答えの▸出し方

正解は③。質問 [5] の後の「チーズ、からし、トマト」が答になる質問を考える。

注意：日本語ではサンドウィッチはサンドと縮めて言ってもよいが、英語で sand と縮めて言ってはいけない。「砂」の意味になってしまう。

2 次の 1 から 5 までの対話文の [　　] 内に入れるのに最も適当なものを，それぞれ①～④のうちから一つずつ選びなさい。

3 (At school)

A：Did you bring lunch today?

B：No. I'm going to the cafeteria.

A：[6]

B：Sure. Let's get there early before it gets crowded.

① Shall I make your lunch too?
② Shall we go together?
③ Should I do that alone?
④ Should we wait till tomorrow?

2017 年 11 月実施 大問2−3

覚えるべき▸単語

● lunch [ランチ]：昼食、弁当 (lunch box という)

● be going to：～に行くところです、～に行くつもりです (この 2 つは意味が違っている。両方の意味がある)

● Let's ～ (=Let us)：さあ、～しましょう

● get crowded：混《こ》み合《あ》う

MEMO

日本語▸訳文

(学校で)

A：今日は弁当を持ってきましたか？

B：いいえ。食堂に行くつもりです。

A：[6]

B：そうですね、混み合う前に早くそこへ行きましょう。

① 私があなたの昼食も作りましょうか？

② いっしょに行きませんか？

③ 私ひとりでしなきゃなりませんか？

④ 明日まで待つべきですか？

答えの▸出し方

最後の B のセリフに Let's とあることに注意。Let us の略だから、AB の二人合わせた「私たち」が主語になっている。この前のセリフでは、B 一人だけが主語だった。ということは [6] の中には「いっしょに～しましょう」という文が入るはず。②が正解である。

2 次の1から5までの対話文の ☐ 内に入れるのに最も適当なものを，それぞれ①～④のうちから一つずつ選びなさい。

4 （At a newly-opened restaurant）

A：Did you enjoy your dinner?

B：Yes, very much. That mushroom pizza was great!

A：I'm glad you liked it. **7**

B：I'd love to. I'd like to try your other pizzas, too.

① Please come back again.

② Please be quiet here.

③ Don't be late next time.

④ Don't eat too much.

2017年 11月実施 大問2−4

覚えるべき▸単語

- enjoy［エン**ジョ**イ］：楽しむ
- mushroom［**マッ**シュルーム］：きのこ
- great：「偉大な」が元の意味。くだけた口語で「すばらしい」の意味。「最高！」に当たる。
- be glad：うれしい
- I'd like to ～：～したいのですが

MEMO

日本語▸訳文

（新しく開店したレストランで）

A：夕食を楽しまれましたか？

B：はい、たいへん（楽しみました）。あのキノコのピザが最高でした。

A：あなたが、あのピザお気にいられてうれしいです。[7]

B：よろこんで（また来ます）。次はこの店の他のピザも食べてみたいです。

① また来てください。

② ここでは静かにしてください。

③ 次は遅れないでください。

④ 食べ過ぎないでください。

答えの▸出し方

Aがどういう人か考える。「（あなたが）あのピザが好きでうれしい」と言っているのだから、ピザレストランの主人（または従業員）である。それが分かれば「また来てください」の①が正解と分かる。

2 次の 1 から 5 までの対話文の ＿＿ 内に入れるのに最も適当なものを，それぞれ①～④のうちから一つずつ選びなさい。

5 (At a sports club)

A：May I help you?

B：Yes. I'd like to join this sports club.

A：OK. [8]

B：Yes, I brought my driver's license. Here you are.

① Do you often come here?
② Do you have any ID?
③ Are you interested in sports?
④ Are you leaving now?

2017 年 11 月実施 大問2−5

覚えるべき▸単語

● join [ジョイン]：仲間に加わる、入会する

● driver's license [ドライバーズ **ライ**センス]：運転免許証

● brought [ブロート]：bring(運ぶ、持ってくる) の過去形。持ってきた。

● Here you are：はい、どうぞ。<個々の単語とこの場面での意味とが一致しない>文字のとおりだと「ここにあなたがいます」になってしまうが、「免許証を見せてください」、「はい、これです」の「はい、これです」を意味することになっている。

★重要 **be interested in** [ビー インタレスティッド イン]：興味を持っている

MEMO

日本語▸訳文

(スポーツクラブで)

A：(直訳：あなたを助けることをしていいでしょうか？) なにかご用事ですか？

B：はい、このスポーツクラブに入会したいのです。

A：OK です。[8]

B：はい、運転免許証を持ってきました。はい、どうぞ (これです)。

① ここにはよく来ますか？

② なにか ID (identification [アイデンティフィ**ケイ**ション]：(身分・住所などを証明するもの) を持っていますか？

③ スポーツに興味を持っていますか？

④ あなたは帰るのですか？

答えの▸出し方

正解は②。直後に B は運転免許証を見せた。このことから考える。

2 次の1から5までの対話文の［　　］内に入れるのに最も適当なものを，それぞれ①～④のうちから一つずつ選びなさい。

1　(On an airplane)

A：Excuse me, but I think this is my seat. What's your seat number?

B：It's 16C.

A：16C is in front of this seat, sir.

B：Oh, ［ 4 ］

① I'm sorry.　　② you're welcome.

③ it's my suitcase.　　④ it's a lovely day.

2018年 11月実施 大問2−1

覚えるべき▸単語

● airplane［**エア**プレイン］：飛行機

● Excuse me［イクス**キューズ** ミー］：失礼ですが

● but：これは「しかし」ではなく、「失礼ですが」の最後の「が」に当たる。

MEMO

日本語▸訳文

(飛行機で)

A：失礼ですが、この席は、私の席だと思いますが。あなたの座席番号は何ですか？

B：16Cですが。

A：16Cはこの席の前(の席)ですよ。

B：あら［4］

①　ごめんなさい

②　ようこそ

③　それは私のカバンです

④　今日はすばらしい日です

答えの▸出し方

①「ごめんなさい」が正解ですね。

2 次の1から5までの対話文の ☐ 内に入れるのに最も適当なものを，それぞれ①～④のうちから一つずつ選びなさい。

2 (At home)

A：How are you going to Ryan's birthday party?

B： **5**

A：I think you should take the train. You may get caught in a traffic jam on Sunday.

B：I see. Maybe I'll go by train then.

① I'm afraid I can't go.

② I'm thinking of driving there.

③ I'll get him a gift today.

④ I'll buy a ticket for you.

2018年 11月実施 大問2−2

覚えるべき▸単語

● be going to：(to の後が動詞のとき) ①するところです。②するつもりです (to の後が行き先 (名詞) のとき)。③行くつもりです。④行くところですの意味になる。ここでは③の用法である。

● should［シュッド］：すべきです

● may［メイ］：かもしれない

● get caught in［ゲット コート イン］：(悪いことに) 巻き込まれる、つかまる

●traffic jam［トラフィック ジャム］：交通渋滞《こうつうじゅうたい》

● I see：わかりました

● I'm afraid［アイム アフ**レイ**ド］:私は恐れる。「もしかして悪いことが起きるかも知れない」→「でなければいいけれど」と訳す。

● be thinking of ～：～しようと考えている

日本語▸訳文

(家で)

A：リャンの誕生パーティーにはどうやって行くつもり？

B：[5]

A：あなたは列車で行くべきですよ。日曜日は交通渋滞に巻き込まれるかも知れません。

B:わかりました。それでは、列車で行きましょう。

① 行くことができないかも知れません。

② 車を運転して行こうと思っています。

③ 今日は彼に贈り物を買う (get) でしょう。

④ あなたのために切符を買います。

答えの▸出し方

「どうやって行くの」の答えは「歩いて」「列車に乗って」「車を運転して」のどれかしかない。[5]に対するAの答が「交通渋滞に巻き込まれるからよしなさい」と言われている。②が正解である。

2 次の1から5までの対話文の [　　] 内に入れるのに最も適当なものを，それぞれ①～④のうちから一つずつ選びなさい。

3 (At an office)

A：I'm going to the convenience store downstairs to get something to eat.

B：Oh, really? Could you get something for me?

A：OK. [6]

B：Just a cup of coffee with cream, please.

① Where will you stay?
② When are you free?
③ What would you like?
④ Why are you so busy?

2018年 11月実施 大問2–3

覚えるべき▸単語

● downstairs ［ダウンステアーズ］：下の階の
● get：買う (getはたくさんの意味があるが、「手に入れる」が元の意味)
● stay：泊《と》まる、～にとどまる
● free：自由である
● busy［ビジー］：忙《いそが》しい。buの部分を「ビ」と読むことに注意。

MEMO

日本語▸訳文

(会社で)

A：なにか食べるものを買いに、下の階のコンビニに行くところです。

B：あら、ほんとう？ 私にために何か買ってくださいませんか？

A：いいですよ。[6]

B：クリーム入りのコーヒーを1カップだけ、お願いします。

① どこに**泊まり**(stay)ますか？
② いつお時間がありますか？
③ 何がほしいのですか？
④ あなたは、なぜそんなに忙しいのですか？

答えの▸出し方

正解は③。

2 次の１から５までの対話文の ☐ 内に入れるのに最も適当なものを，それぞれ①～④のうちから一つずつ選びなさい。

4 (At a train station)

A：Can I have two tickets for the 7:00 a.m. express train to Munich?

B：I'm sorry. We don't have any seats left on that train.

A：Well, [7]

B：Not until 10:00 a.m.

① do we have time for breakfast?　② how much does it cost?

③ can we stand near the table?　④ what time is the next train?

2018年 11月実施 大問2−4

覚えるべき▸単語

● express train[イクスプレス　トレイン]：急行列車

● Can I have：(直訳は「私は(キップを)もてますか？」だが)　キップ買えますか？

● Munichi[ミューニック]：ミュンヘン（ドイツの都市名）

● any ～ left：何も残っていません。left は leave(残る、離れる)の過去分詞。「残された」

● breakfast [ブレックファースト]：朝食

MEMO

日本語▸訳文

(駅で)

A：ミュンヘン行きの午前７時の急行列車のキップを２枚買いたいのですが？

B:ごめんなさい。(直訳:残された席を我々は持っていない)その列車には残った席が一つもないのですが。

A：そうですか、それじゃ [7]

B：午前 10 時までありません。

① 朝食をいただく時間はありますか？

② 値段はいくらですか？

③ テーブルのそばに立つことができますか？

④ 次の列車は何時ですか？

答えの▸出し方

④が正解である。次の B の答が列車の出発時間になっている。

2 次の1から5までの対話文の ［　　］ 内に入れるのに最も適当なものを，
それぞれ①～④のうちから一つずつ選びなさい。

5 （At a Lost and Found Office）

A：Hello. I lost my umbrella a little while ago. I think I left it in the food court.

B：Can you describe it?

A：Well, ［ 8 ］

B：Yes, we've got it here. Someone found it and turned it in.

① on the chair, near the donut shop.
② it was hard to find it.
③ it's black, with a wooden handle.
④ as soon as possible.

2018年 11月実施 大問2−5

覚えるべき ▸ 単語

● Lost and Found Office：遺失物《いしつぶつ》（わすれもの）係。（直訳：失い、見つける事務所）

● umbrella［アンブ**レ**ラ］：傘《かさ》

● a little while：少しの時間

● left：「leave：置き忘れる、離れる」の過去形、過去分詞形。ここでは過去形。

● describe［ディスク**ライ**ブ］：（詳しく）述べる

● hard to ～：～するのは困難だ

※ food court［フードコード］については、51ページ参照。

MEMO

日本語 ▸ 訳文

（遺失物係で）

A：こんにちは、少し前に私は傘を失くしました。置き忘れたのはフードコートだと思います。

B：どんな傘か言うことができますか？

A：そうですね、［8］

B：はい、それ（あなたの傘）はここに来ています。誰かが見つけてここに持ってきたのでした。

① ドーナツ店の近くのいすの上です。
② それはほとんど見つけることができないものでした。
③ 黒くて持つところは木でできています。
④ できるだけ早く。

答えの ▸ 出し方

③が正解である。はて②の「見つけるのが難しい傘」って、どんな傘なんだろう？ 小さすぎて見えない一寸法師《いっすんぼうし》の傘とか？

大問3（大問6のあとに掲載《けいさい》）は後回しにして大問4に進みます。

4 次の1から3の各メッセージの送り手が意図したものとして最も適当なものを，それぞれ①〜④のうちから一つずつ選びなさい。

1 Usually, when people speak, others rely on the sounds they hear to understand. However, people with hearing problems can instead use sign language as a way of communicating with others. In sign language, hands are used to make the signs, and people can understand the meaning by watching and reading them.

① 手話の変遷を説明する。　② 手話の学習法を紹介する。

③ 手話の起源を説明する。　④ 手話の特徴を紹介する。

2015年 11月実施 大問4−1

覚えるべき▸単語

● Usually［ユージュアリー］：ふつうは…

● rely on ～［リライ オン］：～にたよる

● sound［サウンド］：音《おと》

● understand［アンダスタンド］：わかる、理解する

● However［ハウエバー］：しかしながら

● problem［プロブレム］：問題、（ここでは）障害《しょうがい》

● instead［インスティッド］：のかわりに

● language［ランゲッジ］：言語《げんご》

● communicating with ～［コミュニケイティング ウィズ］：話を交《か》わす

● meaning［ミーニング］：意味

MEMO

日本語▸訳文

ふつう、人々が話をするとき、他の人（聞く人）は聞いて理解するのに音に頼《たよ》っています。しかし、聞くことに障害がある人は、ほかの人と話をするのに、音の代《かわ》りにサイン（みぶり）言語を使うことができます。サイン言語（手話《しゅわ》）では、手がサインを作るのに使われます。そうして、話し相手の人はそのサインを見たり読み取ったりすることで意味を理解できるのです。

<英文理解の補足>

with［ウィズ］ A with B は「B付《つ》きのA」。people with hearing problem「聞くことに問題つきの人」つまり、「聴力に問題を抱える人」の意味になる。

答えの▸出し方

④が正解。

①へ③が正解なら、過去形の動詞が使われた文章が入っているはずだが、それはない。

4 次の1から3の各メッセージの送り手が意図したものとして最も適当なものを，それぞれ①～④のうちから一つずつ選びなさい。

2 Ms. Harrison worked as an editor at a publishing company for more than 15 years, but she retired last year. Now she enjoys doing what she had always wanted to do before retirement. She takes painting lessons twice a week, spends time chatting with her close friends over coffee, and reads a lot of books.

① 退職の予定を知らせる。　② 仕事上の問題を説明する。

③ 退職後の生活の様子を述べる。　④ 現在の仕事内容を伝える。

2015年 11月実施 大問4−2

覚えるべき▸単語

● as：～として

● editor [**エ**ディター]：編集者《へんしゅうしゃ》。最後が「er」でなく「or」であることに注意。

● publishing company [**パ**ブリシング **カン**パニー]：出版社《しゅっぱんしゃ》

● retire [リ**タイ**ヤー]：退職《たいしょく》する。retirement [リ**タイ**ヤメント]：退職

● enjoy [エン**ジョイ**]：楽《たの》しむ

● spend [スペンド]：使う。spend time ～ing：～に時間を過ごす。

● painting [**ペイ**ンティング]：絵を描くこと

● chatting [**チャッ**ティング]：おしゃべり

※もしキミが、文章に出てくる“retire”と“retirement”の単語を知らなかったとする。下の4つの選択肢の日本語の文章に「退職」がしつこく出てくる。すると“retire”は「退職」と見当がつく。と同時に、この「退職」が入っている①か③のどちらかが正解と分かる。

MEMO

日本語▸訳文

ハリソン女史は15年以上、出版社で編集者として仕事をしてきましたが、昨年退職しました。今は退職前にいつもしたがっていたことをして楽しんでいます。彼女は週に2回絵のレッスンを受け、親密な友人とコーヒーを飲みながらおしゃべりをして時間をすごし、そしてたくさん本を読んでいます。

＜注意すべき文体＞

● what (文章A)：(文章A)することを(日本語の「したこと、すること」の「こと」に当たる)

● do what she had always wanted to do before retirement：退職前からいつもしたがっていた**こと**をする

● over coffee：(直訳：コーヒーに覆《おお》いかぶさって)コーヒーを飲みながら

答えの▸出し方

③が正解。

4 次の1から3の各メッセージの送り手が意図したものとして最も適当なものを，それぞれ①～④のうちから一つずつ選びなさい。

3 Before you begin to fill in the blanks in the application form, read everything carefully to know what is being asked. Then have all the information you need at hand, including your bank account number and driver's license number. After you've finished, check all the sections again to make sure the form is complete.

① 論文の書き方を教える。
② 用紙の記入方法を説明する。
③ 情報の収集方法を尋ねる。
④ 銀行口座の開設を勧める。

2015年 11月実施 大問4−3

覚えるべき ▸ 単語

- fill [フィル]：(字を) 埋める
- blank [ブランク]：空欄《くうらん》
- application form [アプリケイション　フォーム]：申込書《もうしこみしょ》。(こじつけ覚え「りんご apple を申し込む書類」)
- carefully [**ケア**フリー]：注意深く
- information [インフォー**メイ**ション]：情報《じょうほう》
- finish [フィニシュ]：終わる
- make sure：確《たし》かめる
- complete [コンプ**リー**ト]：完璧《かんぺき》である

MEMO

日本語 ▸ 訳文

申込書の空欄を埋め始める前に、注意深く聞かれていることすべてを読みなさい。次に、あなたが必要な全ての情報を手元に用意しなさい。それには、銀行口座番号とか、運転免許証の番号を含みます。(書き) 終わったら、すべての項目をチェックし、申し込みが完璧であることを確かめます。

<注目>

一つ前にならった「what + (文章)」、ここでは「what is being asked」で「聞かれること」。

答えの ▸ 出し方

②が正解である。

注意：bank account number：銀行口座番号、driver's license：運転免許証、の２つは覚えること。

4 次の1から3の各メッセージの送り手が意図したものとして最も適当なものを，それぞれ①～④のうちから一つずつ選びなさい。

1 A little girl wearing a blue sweater has just been found in the food court. She has a white bag. If you are looking for this child, please come to the lost child counter on the second floor of this building, next to the elevators. Thank you.

① 食事する場所を紹介する。　② 子供服売り場の案内をする。
③ 自分の家族を紹介する。　④ 迷子の案内をする。

2016 年 11 月実施 大問4−1

覚えるべき▸単語

● court［コート］:（本来は「中庭」）、それが「裁判所」、（テニスなどの）コート、売り場、と意味が広がった。

ここでは「売場」。ただし、「売場」の意味は 2003 年発行の辞書にも載っていない。この 2003 年以後にさらに拡がった意味なのであろう。

さらに、英語の専門家の意見では、セルフサービス式で食品が販売されるマーケットの区画のことだそうだ。こうなってくると、しまりすの親方も完全にお手上げである。だだし、こんな精密な意味は知らなくても正解は出せる。短い単語で日本語に訳せない。カタカナで「フードコート」と書くのは、分かった気にさせるごまかし日本語になるであろう。

● look for：さがす
● lost child：「失われた子供」→「迷子《まいご》」
● counter［**カウ**ンター］：窓口《まどぐち》、係《かかり》
● next to ～［ネクスト　トゥ］：～のとなり

日本語▸訳文

青のセーターを着た小さな女の子が food court(セルフサービス式で食品が販売されるマーケットの区画)で見つかりました。この子は白いカバンを持っています。この女の子を探しておられるのでしたら、このビルの2階、エレベーターの隣《となり》の迷子受付まで来てください。ありがとうございました。

答えの▸出し方

④が正解。

【正解の出し方】

英語が全然ダメなキミでも、先頭の「A little girl」が「小さな女の子」であることはわかるでしょう。カンのいい人なら、これだけで「迷子の案内だ」とわかるはず。「カン」を役立てられるのも英語の実力のうちなのである。「look for：さがす」は高認に何度も現れてきた語句。絶対覚えること！

4 次の1から3の各メッセージの送り手が意図したものとして最も適当なものを，それぞれ①～④のうちから一つずつ選びなさい。

2 Pollution is a big problem. There are many kinds of pollution, including water, air, land, and noise pollution. Before discussing this problem together, it is very important for us to learn more about each kind of pollution. Please pick one and write a report on it. Hand it in at the beginning of class on Tuesday.

① 問題の原因を説明する。
② 宿題の内容を指示する。
③ 問題の解決策を述べる。
④ 宿題の期限を変更する。

2016年 11月実施 大問4−2

覚えるべき▸単語

★重要 **pollution**［ポ**リュー**ション］：汚染《おせん》、公害

● problem［プ**ロ**ブレム］：問題

● including［インク**ルー**ディング］：～を含めて

● noise［ノイズ］：雑音、騒音

● discuss［ディス**カス**］：議論する、話し合う

Before discussing：議論の前に

● important［イン**ポー**タント］：重要な

● hand in：提出する

MEMO

日本語▸訳文

汚染公害は大きな問題です。水質汚染、大気汚染、土壌汚染、そして騒音と多くの種類の公害があります。みんなで一緒《いっしょ》にこの問題を議論する前に、一つ一つの公害をもっと学ぶのがとても重要です。（問題を）一つ選び、それに関してレポートを書きなさい。火曜日の授業が始まるときに提出しなさい。

答えの▸出し方

②が正解である。英文を最後まできちんと読まないと①、③、④のどれかを間違って選んでしまいそうである。「小さな女の子」だけで正解が得られた前問とは大きく異なる。

4 次の1から3の各メッセージの送り手が意図したものとして最も適当なものを，それぞれ①〜④のうちから一つずつ選びなさい。

3 Because our company family picnic was so successful last year, we've decided to do it again this year. But we need your ideas for a place! We hope to find a good place for 80 people, where we can have a BBQ, hold a few games for children, and set up a volleyball court for adults. Thanks in advance.

① 会社の行事に関する案を募集する。
② スポーツの競技方法を説明する。
③ 運動会の準備状況を報告する。
④ ボランティア活動の内容を伝える。

2016年 11月実施 大問4−3

覚えるべき▸単語

- company［カンパニー］：会社
- successful［サクセスフル］：成功した（形容詞）、成功の
- volleyball［バリボール］：バレーボール
- adult：大人
- in advance：前もって

日本語▸訳文

去年のわが社の家族ピクニックが大成功だったので、今年もまた行うことに決定しました。しかし、場所に関するみなさんの意見が必要です。（ご提案を募集《ぼしゅう》いたします）。80人のためのよい場所を見つけたいのです。（そしてそこでは）バーベキューができて、子供たちのために2、3のゲームを開催し、大人にはバレーボールコートを用意できるような場所です。よろしくお願いします。（直訳：もしよい提案が出れば、あらかじめお礼を言っておきます）。

MEMO

答えの▸出し方

最初に「our company：わが社」が出てくる。さらに「わが社のピクニックを今年も行う」と出てくる。「会社の」から始まる①が正解である。

4 次の1から3の各メッセージの送り手が意図したものとして最も適当なものを，それぞれ①～④のうちから一つずつ選びなさい。

1 I've just heard that you fell and broke your leg yesterday and are in hospital now. I'm really worried about you. I'll come and see you tomorrow. Let me know if you need anything. I hope you're not in too much pain.

① 事故の様子を伝える。
② 病気の原因を調べる。
③ 災害の状況を報告する。
④ 怪我の見舞いを述べる。

2017 年 11 月実施 大問4−1

覚えるべき▸単語

● heard that ＋（文章）：heard［ハード］は「hear［ヒア］：聞く」の過去形。that 以下のことを聞きました。
● fell［フェル］fall［フォール］：倒れる、落ちるの過去形
● worry［ウォリー］：心配する
● hospital［ホスピタル］：病院
● Let me know：知らせてください
● pain［ペイン］：痛み
● come：「来る」だが、日本語と用法が異なる場合がある。日本語では「来る」は話す人に向かって移動することだが、英語では話し相手のところへ近づいて行くことを come と言い、「あなたの所へ（私が）来る」を意味する。こういう場合、日本語（標準語）では「行きます」になる。日本でも九州方言ではこの言い方をする。

MEMO

日本語▸訳文

たった今、昨日あなたが倒れ、脚《あし》を折っていま入院していると聞きました。私は本当に心配しています。私は明日、そちらに行き（come）、あなたに会いに行きます（＝お見舞いに行きます）。何か必要な物があればお知らせください。あなたがひどく痛みませんように望んでおります。

答えの▸出し方

④が正解である。
ヒント。たった3行の英文に“you”が5回も出て来る。「あなたを心配している」ことが分かれば④の正解が出せるだろう。

4 次の1から3の各メッセージの送り手が意図したものとして最も適当なものを，それぞれ①～④のうちから一つずつ選びなさい。

2 Does your work make you tired? However good you are at your job, you sometimes need a rest. How about visiting a Caribbean island, where all you can see around you are the blue ocean and palm trees? For more information, please visit our website. You are just a couple of clicks away from a relaxing Caribbean vacation!

① 友人の健康を気遣う。　② 転職について助言をする。
③ 島の自然環境を説明する。　④ 旅行の宣伝をする。

2017年 11月実施 大問4−2

覚えるべき▶単語

● tire：疲《つか》れる。make you tired：あなたを疲れさせる。make A（形容詞）：Aを（形容詞）のようにする。make the room clean：部屋をきれいにする。

●However（＋形容詞）：どんなに～であっても
However good：どんなによくても

● need：必要だ（英語では動詞になる）。（「必要な」と形容詞として使われるのが一般的）。

● rest：休み

● How about ～ ing：～するのはいかがですか？
「How about」で「いかがですか？」

● visit［**ヴィ**ジット］：訪問する

● palm tree［パーム（「l」は発音しない）トゥリー］：椰子《やし》の木

● information［インフォー**メイ**ション］：情報

● a couple of［ア**カ**プルオブ］：（数字の）2。この3語をtwoの一語に置き換えてもよい。

MEMO

日本語▶訳文

あなたはお仕事に疲れていませんか（直訳：あなたの仕事があなたを疲れさせていませんか）？

あなたのお仕事がどれほど順調でも（直訳：あなたがお仕事でどれほどよくても）、時にはあなたには休みが必要です。カリブ島へ旅行するのはどうでしょうか？　そこでは、あなたの周りに見えるのはもっと青い海と椰子の木だけです。もっと詳しく知りたいときには（直訳：もっと多くの情報のためには）どうぞ私たちのウェブサイトにお寄りください。ゆったりとしたカリブの休暇へは2回クリックするだけなのです（直訳：2回クリックするだけで、カリブ休暇になります）。

答えの▶出し方

これは旅行会社の宣伝じゃな。④が正解。前の病気見舞いの問題に引きずられて①を選ばないように。一番最初の「あなたは仕事で疲れていませんか」の文にダマされると①を選びそうになる。なお、「カリブ海」はあるが、「カリブ島」は実在しない。

4 次の1から3の各メッセージの送り手が意図したものとして最も適当なものを，それぞれ①～④のうちから一つずつ選びなさい。

3 The next train from Platform 4 is a limited express heading to South Coast Station via White Fox Station. Passengers need to have a reserved seat ticket on this limited express. There are no non-reserved seats on this train. Please watch your step when boarding the train. Thank you.

① 電車の到着時刻を案内する。
② 次に発車する電車を案内する。
③ 新しい電車の性能を説明する。
④ 電車での旅行を勧める。

2017年 11月実施 大問4−3

覚えるべき▸単語

● limited express：特急。express［イクスプレス］：急行

● heading［ヘディング］to：head は「頭」。「頭が向いた」の意味から「～行きの」

● via［バイア］：～を経由して

● passengers［パッセンジャーズ］：乗客

●reserved seat ticket：指定席券
non-reserved seats：自由席
「reserved[リザーブド]」は予約された

● watch your step：足下《あしもと》に御注意

● boarding：乗車

MEMO

日本語▸訳文

4番線の次の列車はホワイトフォックス駅経由サウスコースト駅行きの特急です。この特急に乗られるお客様は、指定席券が必要です。この列車には自由席はありません、列車に乗られるときには足下《あしもと》に気をつけてください。ありがとうございます。

答えの▸出し方

②が正解。①も紛《まぎ》らわしいが、本文最初の文章は出発時刻の案内であって到着時刻の案内ではない。「白狐《しろぎつね》(White Fox) 駅を経由して南海岸駅行き」ね。なんか化《ば》かされそう。③「新しい電車の性能」って何だろう？　こういう意味が分からない選択肢は×だ。

4 次の1から3の各メッセージの送り手が意図したものとして最も適当なものを，それぞれ①～④のうちから一つずつ選びなさい。

1 I stayed at this hotel last weekend. It is located in the center of the city. It took me just a few minutes to get there from the nearest station. The staff were friendly, and the room was big and quite comfortable, especially for one person. I would be happy to stay here again the next time I visit.

① ホテルの感想を述べる。
② ホテルの開業を宣伝する。
③ ホテルの部屋を予約する。
④ ホテルの建設を計画する。

2018年 11月実施 大問4−1

覚えるべき ▸ 単語

- be located：～に位置する、～にある
- It takes（人）（時間）to ～：（人）が～するのに（時間）かかる
- took：（時間が）かかる
- comfortable［**カン**ファタブル］：快適な
- especially［エス**ペ**シアリー］：特に

日本語 ▸ 訳文

私はこの前の週末、このホテルに**宿泊した(stayed)**。そのホテルは市の中心にある。もよりの駅からそのホテルへは数分で着いた。ホテルの従業員は人なつこく、とくに一人で泊まる人にとっては、部屋は大きくてまったく快適であった。次回私が訪れたときにもここに泊まれたら幸いである。

MEMO

答えの ▸ 出し方

①が正解である。

4 次の 1 から 3 の各メッセージの送り手が意図したものとして最も適当なものを，それぞれ①～④のうちから一つずつ選びなさい。

2 This is the computer room. You can enjoy free access to the Internet during lunchtime and after school. If you want to use the computer room at other times, you must have permission from your teacher in advance. Eating and drinking is not allowed inside.

① コンピューターの性能を紹介する。
② 授業の予定を伝える。
③ 校内の食事場所を案内する。
④ 施設の利用方法を説明する。

2018 年 11 月実施 大問4−2

覚えるべき ▸ 単語

- permission [パーミッシオン]：許可
- in advance [イン　アドバンス]：前もって
- allow [アラウ]：許《ゆる》す

日本語 ▸ 訳文

ここはコンピューター室です。昼食時間と放課後はインターネットに自由にアクセスして楽しむことができます。その他の時間にコンピューターを使いたいのなら、あらかじめあなたの（担任の）先生の許可を取っておく必要があります。室内で食べたり飲んだりすることは許されません。

答えの ▸ 出し方

④が正解である。ダマされて①を選ばないように。

MEMO

4 次の1から3の各メッセージの送り手が意図したものとして最も適当なものを，それぞれ①〜④のうちから一つずつ選びなさい。

3 GKK Fitness Center is looking for students over 18 years old to work part-time during the summer break. No special skills are required. Duties will include organizing the member cards and files, and cleaning. If you are interested in working with us, please visit the reception desk.

① 会員を募集する。
② 従業員を募集する。
③ サービスの変更を伝える。
④ サービスの終了を伝える。

2018年 11月実施 大問4−3

覚えるべき ▸ 単語

● Fitness Center：健康運動《けんこうたいそう》クラブ、フィットネスクラブ

★重要 **look for**：探《さが》す

● the summer break [ザ　サマー　ブレイク]：夏休み

● skill [スキル]：専門技術

● reqire [リク**ワ**イア]：要求する

● duty [ディユーティー]：義務、職務内容

● be interesting in 〜：〜に興味がある

● reception desk [レセプション　デスク]：受付窓口《うけつけまどぐち》

MEMO

日本語 ▸ 訳文

GKKフィットネスクラブでは夏休みのパートタイムの仕事をしてくださる18歳以上の学生さんを探しています。特別な技能《ぎのう》はいりません。仕事には、会員カードとファイル(会員名簿)をとりまとめること、掃除をすることを含みます。もしあなたが、我々と働くことに興味があるのでしたら、受付窓口を訪問してください。

答えの ▸ 出し方

②が正解。①が正解と誤解しやすい。

5 次の 1 から 3 の各英文の ☐ 内に入れるのに最も適当なものを，それぞれ①～④のうちから一つずつ選びなさい。

1 Ted is going to have a job interview at a clothing company next Monday. To his surprise, the company told him that he shouldn't wear a formal business suit for his interview. He is wondering if he should really follow what he was told and wear **18** clothes.

① brand-new　② similar　③ casual　④ expensive

2015 年 11 月実施 大問5−1

覚えるべき▸単語

- be going to：①～するつもりです。②～するところです。ここでは①
- job：仕事。job interview：就職面接《しゅうしょくめんせつ》
- clothing company：衣類会社《いるいがいしゃ》＝服を作っている会社
- surprise［サプライズ］：驚く
  To his surprise　（彼が）驚いたことには
- wear［ウエアー］：着《き》る
- formal［フォーマル］：正式な
- wonder if：かしらと思う
- follow［フォロウ］：従《したが》う
- casual：普段着《ふだんぎ》の、くだけた
- expensive：値段の高い

MEMO

日本語▸訳文

次の月曜日、テッドは衣服会社へ就職面接を受けるつもりでいます。驚いたことに、会社は彼に「面接の時には正式なスーツを着てこないように」と言いました。彼は、本当に会社に言われたように［18］な服を着ていくべきかどうかと思っています。

① 有名ブランドの新作（服）
② 同じような（服）
③ 普段着《ふだんぎ》の（服）
④ 高価な（服）

答えの▸出し方

③が正解。

注意：casual には「偶然《ぐうぜん》の」という意味がある。「普段着の」と意味がかけ離れているが、両方覚えておきたい。

5 次の 1 から 3 の各英文の [　　] 内に入れるのに最も適当なものを，それぞれ①～④のうちから一つずつ選びなさい。

2 I use a pocket diary to write down my schedule. It is an old-fashioned paper notebook, not a modern digital one. I like it because I can write down everything instead of [19] it. It helps me to be in the right place at the right time. All my important information is there, so I always carry it wherever I go.

① working　② reading　③ standing　④ typing

2015 年 11 月実施 大問5−2

覚えるべき ▸ 単語

- diary [**ダイ**アリー]：日記《にっき》
- schedule [**シェ**ジュール、スケジュール]：スケジュール、予定
- old-fashioned [**オ**ールド**ファ**ッションド]：旧式の、古くさい型の
- instead[インス**テ**ィッド]of ～ ing
- carry [**キャ**リー]：運ぶ、持ち歩く
- similar [**シ**ミラー]：似《に》た

MEMO

日本語 ▸ 訳文

私は自分の予定を書き入れるためのポケット日記（手帳）を使っている。それは旧式の紙のノートで、現代的な電子手帳ではない。私はその手帳を気に入っている。なぜならそれは [19] するのではなく、何でも書き入れられるからだ。その手帳は適切な時間に適切な場所に私が行くのを手伝ってくれる。重要な情報《じょうほう》のすべてがそこに（書かれて）ある。だから私はどこへでもいつも持ち歩いているのである。

①（それを）動かすこと
②（それを）読むこと
③（それを）立てること
④（それを）タイプすること

答えの ▸ 出し方

～する代わりに、全てを書き留《とど》める、だから「タイプするのではなく手で書く」となる。④が正解。

5 次の 1 から 3 の各英文の [ ] 内に入れるのに最も適当なものを，それぞれ①～④のうちから一つずつ選びなさい。

3 Eating breakfast has several benefits. It gives us energy to start the day, and we can concentrate better when our brains get enough glucose from the food we eat. [20], some experts say that we can avoid overeating, because by eating breakfast we want to eat less throughout the day.

① Also　② By chance　③ As usual　④ However

2015 年 11 月実施 大問5−3

覚えるべき▸単語

- breakfast [ブレックファースト]：朝食《ちょうしょく》
- benefit [ベネフィット]：利点《りてん》、長所《ちょうしょ》
- concentrate [コンセントレイト]：集中する
- brain [ブレイン]：脳《のう》
- glucose [グルコース]：ブドウ糖《とう》
- expert [イクスパート]：専門家《せんもんか》
- avoid [アボイド]：避《さ》ける
- overeating [オーバーイーティング]：食べ過ぎ
- throughout the day [スルーアウト　ザ　デイ]：その日一日中

MEMO

日本語▸訳文

朝食を食べることにはいくつもの長所がある。朝食はその日一日をスタートさせるエネルギーを与えてくれる。そうして我々は食べたものから十分なブドウ糖を脳が獲得《かくとく》することによって集中することができるのである。[20] 一部の専門家は、朝飯は過食を避けることができる、なぜなら朝食を食べることによって一日中食べる量を少なくしよう思うからであるという。

① そしてまた、～もまた
② たまたま、偶然にも
③ いつもの通り
④ しかしながら

答えの▸出し方

①が正解。

5 穴埋め
数学 Mathematics
国語 Japanese

5 次の１から３の各英文の［　　］内に入れるのに最も適当なものを，それぞれ①～④のうちから一つずつ選びなさい。

1 When you give a speech, you need to try to relax. On the stage, look at the listeners in a friendly way. You are not just speaking into a microphone but to the [18]. You should use easy words and expressions, so that everyone can understand you.

① owners　② volunteers　③ audience　④ nature

2016年 11月実施 大問5−1

覚えるべき▸単語

● speech［スピーチ］：講演、演説《えんぜつ》。give a speech：演説をする

● relax［リ**ラ**ックス］：気を楽にする、リラックスする

● listener［**リ**スナー］：演説を聴いている（一人の）人。audience［**オー**ディエンス］：聴衆《ちょうしゅう》は演説を聴いている大勢の人。

● expression［イクスプ**レッ**ション］：表現。express には「表現する」と「急行」の意味あり。

● understand［アンダース**タン**ド］：理解する

MEMO

日本語▸訳文

あなたが演説をするときには、リラックスすることに努めなさい。舞台では、親しみを込めて聴衆を見つめなさい。あなたは、マイクにだけ話しかけるのではなく、[18] に話しかけなさい。だれもがあなたの言うことが理解できるように、あなたは易しい言葉と表現を使うべきです。

① 所有者

② ボランティア

③ 聴衆

④ 自然

答えの▸出し方

[18] は③「聴衆」が正解。

5 次の1から3の各英文の ☐ 内に入れるのに最も適当なものを，それぞれ①～④のうちから一つずつ選びなさい。

2 Curry and rice is one of the most popular dishes in Japan. It is quick and easy to make. First, cut up some meat and vegetables. Next, fry them in a pan, add water, and let the mixture boil for several minutes. [19] , add some curry roux, stir, and serve with rice!

① Finally　② Accidentally　③ Luckily　④ Clearly

2016年 11月実施 大問5−2

覚えるべき▶単語

- curry and rice：カレーライス
- popular［**ポ**ピュラー］：人気のある。（こじつけ覚え「ポプラは人気のある木」。）
- dish：料理、（元の意味は皿＜さら＞）
- meat［ミート］：肉
- cut up：切り刻《きざ》む
- vegetable［ベジタブル］：野菜
- fry［フライ］：炒《いた》める
- pan［パン］：平鍋《ひらなべ》（深鍋は pot）
- add［アッド］：加える
- curry roux：カレールー
- stir［スター］：かき混ぜる

MEMO

日本語▶訳文

カレーライスは日本では一番人気のある料理の一つです。それは素早く簡単に作ることができます。最初に、肉と野菜を切り刻みなさい。次にそれらを平鍋で炒《いた》め、その混ざったものを数分間煮ます。[19] カレールーを加え混ぜ、そうしてご飯と一緒に出します。

① 最後に
② 偶然に
③ 幸いにも
④ はっきりと

答えの▶出し方

①が正解。

5 次の１から３の各英文の ［　　］ 内に入れるのに最も適当なものを，それぞれ①～④のうちから一つずつ選びなさい。

3 After writing your story on your computer, be sure to ［ 20 ］ your file. To do this, select the command from the drop-down menu. Then choose a folder for the file and give the file a name. It is important to remember the name and location of the file.

① spend　　② save　　③ sell　　④ search

2016年 11月実施 大問5−3

覚えるべき▸単語

- story［ス**トー**リー］：話
- be sure to ～［ビー**シュアー**トゥ］：必ず～する
- select［セ**レ**クト］：選ぶ（＝choose）
- command［コ**マンド**］：命令
- important［イン**ポー**タント］：重要な
- remember［リ**メン**バー］：覚える
- location［ロケーション］：位置
- spend［スペンド］：費《つい》やす
- search［サーチ］：探《さが》す

MEMO

日本語▸訳文

話をコンピューターで書いた後は、必ずあなたのファイルを［20］しなくてはなりません。そのためには、プルダウンメニューから命令を選び出します。そうして、ファイルのためのフォルダーを選び、ファイルに名前を付けます。ファイルの名前としまった場所を覚えておくことが大切です。

① 費やす
② 保存する
③ 売る
④ 探《さが》す

答えの▸出し方

正解は②。「save［セイブ］」は元々「とっておく」の意味で「保存する」、「救《すく》う」、「節約《せつやく》する」、「音《おと》を小さくする」の意味がある。

5 次の1から3の各英文の [　　] 内に入れるのに最も適当なものを，それぞれ①～④のうちから一つずつ選びなさい。

1 If you want to be a good speaker of English, take advantage of every chance to speak English. Don't be shy and don't be afraid of making mistakes. The most important thing is not to speak English perfectly [18] to make yourself understood and enjoy communicating with others.

① then　　② or　　③ but　　④ so

2017年 11月実施 大問5−1

覚えるべき▸単語

- advantage［アド**バン**ティジ］：有利な立場、利点
- take advantage of：（チャンスを）利用する
- shy［シャイ］：恥《はず》かしがりの
- be afraid of［ビー　アフ**レイ**ド　オブ］：恐れる
- important［イン**ポー**タント］：重要な
- perfectly［**パー**フェクトリー］：完璧に、完全に
- communicate with ～［コミュニ**ケイ**ト ウィズ］：～と会話する

MEMO

日本語▸訳文

もしあなたが、上手《じょうず》な英語の話し手になろうとするのならば、英語を話すあらゆるチャンスを利用することです。恥ずかしがったり、間違いを恐れてはいけません。一番重要なことは完璧《かんぺき》に英語を話すことではなくて、[18] あなた自身（の言うこと）を理解してもらい、他の人との会話を楽しむことです。

答えの▸出し方

「Aではなくて Bだ」の言い方は　not A but B。だから、③ but が正解。

5 次の 1 から 3 の各英文の [ ] 内に入れるのに最も適当なものを，それぞれ①～④のうちから一つずつ選びなさい。

2 On a trip to England, Aki found a fried tomato on her plate as part of her breakfast. She liked tomatoes in salad, but it was the first time for her to eat a cooked tomato. She also saw some people put beans on toast, which she had never seen before. It was surprising for her to see people eat tomatoes and beans in such [19] ways.

① quick ② different ③ official ④ expensive

2017 年 11 月実施 大問5−2

覚えるべき ▸ 単語

- trip to：への旅行
- fried：(fry の過去分詞) 揚《あ》げた、炒《いた》めた
- cook：(火を使って) 料理する
- surprise [サプ**ライ**ズ]：驚《おどろ》く
- different [**ディ**ファレント]：異《こと》なった
- way：「道」→「方法」、「やり方」
- official [**オ**フィシアル]：公式な、正式な
- expensive [イクス**ペン**シブ]：値段が高い。高価な。（こじつけ覚え「いくつも鉛筆《ペンシル》を買うと値段が高くなる」）

MEMO

日本語 ▸ 訳文

イングランド (英国南部、主要部) を旅行中、アキは朝食の一部として自分の皿の上に炒めたトマトがあるのを見つけました。アキはトマトがサラダに入っているのは好きですが、（火で温《あたた》めて）料理されたトマトを食べるのは初めてでした。アキはまた、一部の人がトーストパンの上に豆を置いている人がいるのを見ました。それもアキが以前には見たことがないものでした。人々がトマトや豆をそのような [19] なやり方で食べているのを見るのは驚きでした。

① 速《はや》い
② 異なった
③ 公的な
④ 値段が高い

答えの ▸ 出し方

正解は、②異なった、になります。

＜注意すべき語法＞

3 行目の which は直前の toast を指すのではなく、前の文全体を指す。

5 次の 1 から 3 の各英文の □ 内に入れるのに最も適当なものを，それぞれ①～④のうちから一つずつ選びなさい。

3 The new president of the student council gave a long speech to all students at the assembly. As a [20], she looked to the future and spoke about the need for change. She also explained her plan to make life at school more positive and pleasant for everyone.

① leader　② worker　③ listener　④ maker

2017 年 11 月実施 大問5−3

覚えるべき単語

- president [プ**レ**ジデント]：会長、「大統領」の意味もある
- council [**カ**ウンスル]：議会
- assembly [ア**セン**ブリー]：集会
- As a ～：～として
- spoke[スポーク]：speak（話す）の過去形
- positive [ポジティブ]：積極的《せっきょくてき》な

（やってみる）President Trump[プレジデント トランプ]（トランプ大統領）を 5 回発音してみなさい。

（参考）相談する（counsel）のが議会（council）。発音はどちらも[カウンシル]。カウンセラー（相談してくれる人）は日本語になっている。

（assembly のこじつけ覚え「集会でアセかくのひさしブリだなあ」）。

MEMO

日本語訳文

生徒会の新しい会長は集会で全生徒に向かって長い演説をしました。[20] として、彼女は将来を見つめ、変化のために必要なことを話しました。彼女はまた、皆にとって学校生活をもっと積極的で楽しくするというプランを述べました。

① リーダー
② 労働者
③ 聞き手
④ 製造者、メイカー

答えの出し方

①が正解。「リーダーとして」

5 次の1から3の各英文の [   ] 内に入れるのに最も適当なものを，それぞれ①～④のうちから一つずつ選びなさい。

1 The British Museum in London is very large and impressive. It has thousands of objects on display in more than 60 gallery rooms, and you cannot possibly see everything in one day. Therefore, it is a [18] to plan your visit before you go, so you can see the things you want to see most.

① sad fact　② common error　③ good idea　④ big change

2018年 11月実施 大問5－1

覚えるべき▸単語

● museum［ミュージアム］：博物館《はくぶつかん》
● impressive［インプレッシブ］：印象的《いんしょうてき》な、感動的な
●object［オブジェクト］：(展示《てんじ》)物《ぶつ》（「対象」が元の意味)
● display［ディスプレイ］：展示《てんじ》
● gallery room［ガレリー　ルーム］：展示室《てんじしつ》
● possibly［ポシブリー］：たぶん
● therefore［ゼアフォー］：だから
● visit［ビジット］：訪問
● It is A to B(動詞)：BするのはAです。最初のItはto＋動詞を指していて、「～することは」という文章を表す。
● sad：悲しい
● common error［コモンエラー］：みんながよくやる間違い。commonは「共通の」が元の意味。(こじつけ覚え「水戸黄門《みとこうもん》はみんな好き」。)

［文法］ It is a good Idea to plan ～ で、to planは「計画すること」ですが、これが主語。つまり「計画することは良い考えです」となるのですが、英語ではit is [   ] to（動詞）の形になります。"it"は「それ」ではなく「～すること」の仮《かり》の主語になっているのです。

日本語▸訳文

ロンドンの英国博物館はたいへん大きく印象的です。60以上の展示室に何千という展示物があります。あなたはすべてを1日で見ることはたぶんできないでしょう。だから、博物館に行く前に、一番見たいものを見ることができるように計画しておくのは［18］です。

① 悲しい事実
② みんながよくやる間違い
③ よい考え
④ 大きな変化

答えの▸出し方

③が正解。

5 次の1から3の各英文の ☐ 内に入れるのに最も適当なものを，それぞれ①～④のうちから一つずつ選びなさい。

2 Anne and Kelly are twins. They have very different personalities, though they look very much alike. Anne always likes to try new things, especially new foods, but Kelly usually doesn't. [19] , Anne is quite talkative while Kelly is quiet and shy.

① For example　② Instead　③ In addition　④ However

2018年 11月実施 大問5−2

覚えるべき ▸ 単語

● twin[トゥィン]：双子《ふたご》

● alike[アライク]:似ている。(こじつけ覚え「あらい君とよく似ている」)

● different [ディファレント]：違った、異なった

● personality [パーソナリティー]：個性、性格（「ラジオの音楽番組の司会」の意味はない）

● especially [エスペシャリー]：特《とく》に

● talkative [トーカティブ]：おしゃべりの

● shy [シャイ]：恥《はず》かしがりの

● quite [クワイト]:全く。「quiet [クワイエット]：静かだ、注意」。quite と quiet と取り違《ちが》えないように注意。

【注意】

選択肢の①～④も [覚えるべき単語] である。

日本語 ▸ 訳文

アンネとケリーはふたごです。二人は大変似て見えますが、全く違う性格です。アンネはいつも新しいことをやってみるのが好きです。特に新しい食べ物がきです。しかしケリーはふだんそうではありません。[19]、ケリーは静かで恥《はず》かしがり屋ですが、アンネは全くのおしゃべりです。

① 例《たと》えば、For example[フォーリグザンプル]
② そのかわりに、Instead[インスティッド]
③ そのうえ、In addition[インアディション]
④ しかしながら、However[ハウエバー]

【注意】

英語の元の文章では、「アンネ while ケリー」の順であって、日本語訳文と順序が逆であることに注意。アンネの方が話題の中心である。ケリーは「添え物」。これがコンマ“,”1個ついて 「アンネ , while ケリー」だと、ケリーの方が話題の中心になる。この場合の日本語訳文は「アンネは全くのおしゃべりですが、ケリーは静かで恥ずかしがり屋です」になる。

これ、英語の専門の先生の御教授。しまりすの親方もこんな微妙な意味の違いは知らなかった。

答えの ▸ 出し方

③「そのうえ」が正解である。「おしゃべり」は「新しい物好き」の一つの表れではないので、①「例えば」はダメ。

5 次の1から3の各英文の ［　　］ 内に入れるのに最も適当なものを，それぞれ①～④のうちから一つずつ選びなさい。

3 Fog can cause problems for drivers. It limits the ability of drivers to see things in the distance. While driving in fog, it is often difficult for drivers to see people and other cars on the road ahead. They have to slow down to ［ 20 ］ accidents.

① cause　　② report　　③ experience　　④ avoid

2018年 11月実施 大問5−3

覚えるべき ▸ 単語

● fog［フォグ］：霧《きり》

★重要 **cause**［コース］：原因となる。引き起こす

● driver［ドゥ**ライ**バー］：運転者

● limit［**リ**ミット］：制限する

● ability［ア**ビ**リティー］：能力

● in the distance［**ディ**スタンス］：遠くに。distance は距離。

● while：～のあいだ。while ～ ing：～している間は

● ahead［アヘッド］：前方に

● experience［イクス**ピ**アリアンス］：経験《けいけん》する

● accident［**ア**クシデント］：事故《じこ》

<注意> 2つの「c」の読み方が違っている。

★重要 **avoid**［アボイド］：避ける

［文法］3つの to ＋動詞の用法

1行目の "ability of drivers to see" は「運転手の見る能力」。2行目の "it is often difficult to see" は、「見ること」で、この文の意味上の主語で it が仮の主語である。「見ることはしばしば難しいとなる。3行目の "to avoid " は「避けるために」の目的を表す「to」である。この3行の文に3回あらわれる「to」の用法が全部違っていることに注意したい。

日本語 ▸ 訳文

霧は車の運転者に問題を引き起こす可能性がある。霧は遠くの物を見る運転者の能力《のうりょく》を制限《せいげん》する。運転者が霧の中にいる間じゅう、道路の前方の人を見たり他の車を見るのがしばしば困難になる。運転者は事故を［20］するために、速度を落とさねばならない。

① 引き起こす
② 報告する
③ 経験する
④ 避《さ》ける（avoid［ア**ヴォ**イド］）

答えの ▸ 出し方

正解は④。「事故を避ける」ために、で④が正解である。

6 次のデータと英文を読み，１から４の［　　］内に入れるのに最も適当なものを，それぞれ①～④のうちから一つずつ選びなさい。

Earnings from School Festival Food Stands

Food	Class	Day 1 Earnings (yen)	Day 2 Earnings (yen)	Total (yen)
Frankfurter sausages	(A)	12, 500	23, 600	36, 100
Fried noodles	(B)	12, 200	17, 500	29, 700
Grilled chicken	2-3	11, 800	10, 080	21, 880
Potatoes with butter	2-6	11, 500	18, 300	29, 800
Ramen	(C)	8, 200	15, 700	23, 900

Every year, students in second-year classes at Minami High School are in charge of selling food at their fall festival. Since the school only allows a total of five food stands, not every class is able to have one. In 2013, there were eight second-year classes, and all of them wanted to run a food stand. The five lucky ones were chosen by lottery.

Each of those five classes decided what food to sell. Classes 2-1, 2-3, and 2-7 all wanted to sell the same dish, fried noodles, so they had to have another lottery. This time, Class 2-7 was chosen to sell fried noodles. The other classes then all decided to offer different items: Frankfurter sausages, grilled chicken, potatoes with butter, and ramen. All five classes also decided to serve drinks along with the food. Classes 2-2, 2-5, and 2-8 decided to show movies, have a ghost maze, and run a ring toss game, respectively.

On the first day of the festival, most of the classes earned approximately the same amount of money from selling the food. Only Class 2-4 earned less, because the ramen noodles they ordered didn't arrive on time. At the end of the first day, the classes with food stands were satisfied with their earnings, but they hoped to do better the next day, because they planned to give all their profits to poor children in other countries.

On the second day of the festival, huge differences in earnings appeared. The class selling Frankfurter sausages earned much more than the other classes. This was because they decided to reduce the price of their sausages. When they did so, the line in front of their stand began to grow, and for the rest of the day, many people waited to buy the cheaper sausages. Since they had a large hot plate, they were able to cook many sausages at the same time. In contrast, Class 2-3 was unable to increase their sales, because they had only one small grill and could not prepare their food fast enough.

21 1 In the table, (A), (B), and (C) refer to: 21

①	(A) 2-1	(B) 2-4	(C) 2-7
②	(A) 2-7	(B) 2-1	(C) 2-4
③	(A) 2-1	(B) 2-7	(C) 2-4
④	(A) 2-7	(B) 2-4	(C) 2-1

22 2 The table shows that overall 22

① the grilled chicken stand earned the most money.

② all classes earned about the same amount.

③ the class selling ramen made the most money.

④ the Frankfurter sausage stand earned the most.

23 3 According to the table and the passage, 23

① one class started serving food later than the others on Day 1.

② differences appeared because of the weather.

③ earnings at all stands were similar on Day 2.

④ the class selling potatoes made less money than the others.

24 4 According to the passage, 24

① some classes did not want to have food stands.

② a ghost maze was operated by two classes.

③ a lottery was used to decide who could serve drinks.

④ five classes planned to use their earnings to help children.

2015年 11月実施 大問6

覚えるべき ▸ 単語

● earning [アーニング]：利益、売上利益

● stand [スタンド]：売店、売場、“run a food stand” の run は「走る」ではなく「運営する」である。

● fall [フォール]：秋 (= autumn)、同じつづりで「落ちる」の意味もある。

● in charge of ～：～の担当をしている

● since [シンス]：なので

● allow [アラウ]：許す

● lottery [ロタリー]：くじ引き

● be chosen [チョーズン]：選ばれる。chosen は chose「選ぶ」の過去分詞。

● decide [ディサイド]：決める

● have to ～：～なければならない

● item [アイテム]：品目《ひんもく》、種類

● along with：～といっしょに

● ghost maze [ゴースト　メイズ]：お化《ば》け屋

敷。maze は「迷路《めいろ》」

● ring toss [リング　トス]：輪投《わな》げ

★重要 **approximately** [アプ**ロ**クシメトリー]：ほぼ、だいたい

● didn't arrive on time：時間通りに到着しなかった　→　到着が遅《おく》れた

● satisfy [**サ**ティスファイ] with：～に満足《まんぞく》する

● profit [**プロ**フィット]：利益《りえき》

● huge [ヒュージ]：大きな、巨大な

● difference [**ディ**ファレンス]：差《さ》、違《ちが》い

● appear [ア**ピ**アー]：現《あらわ》れる

● much more：よりずっと多くの

● price [プライス]：値段《ねだん》

● In contrast [コント**ラ**スト]：これに反して

● prepare [プリ**ペア**]：準備する

日本語・訳文

訳文で太字部分は、「覚えるべき単語」のリストにある部分である。

【表の訳文】学校祭の食品売場での売上利益

食品	クラス	1日目 利益(円)	2日目 利益(円)	合計
フランクフルトソーセージ	(A)	12,500	23,600	36,100
焼きそば	(B)	12,200	17,500	29,700
グリルドチキン	2-3	11,800	10,080	21,880
バター付きポテト	2-6	11,500	18,300	29,800
ラーメン	(C)	8,200	15,700	23,900

毎年、南高校の2年生たちは、**秋**の学校祭で食品売場での販売**を担当します**。学校は食品売場は5カ所しか**許可して**いないので、必ずしもどのクラスも1個のスタンド（売店）をもてるわけではありません。2013年には2年生は8つのクラスがあり、どのクラスも食品スタンドを開くのを希望していました。その幸運な5つのクラスは**くじ**によって**選ばれました**。

これらの5クラスはそれぞれ、どの食品を売るかを**決めました**。2-1、2-3、2-7クラスはみなおなじ料理・焼きそばを売りたがっていました。だから、もう一回くじをしなければ**なりませんでした**。今度は、2-7クラスが焼きそば販売に選ばれました。それで他のクラスは他の**品目**(item)を選びました。即《すなわ》ち、フランクフクトソーセージ、グリルド（てりやき）チキン、バター付きポテト、それにラーメンです。5クラスはみな、食品と**一緒《いっしょ》に**飲み物を出すことを決めました。2-2、2-5、2-8のクラスはそれぞれ、映画の上映、**お化け屋敷**、**輪投《わな》げ**をすることにしました。↗

学校祭のはじめの日、ほとんどのクラスは食品スタンドで**ほぼ**同じ売上利益がありました。ただ2-4クラスだけは他より利益が少なくなりました。ラーメンの麺《めん》の**到着が遅れた**ためです。第1日目の最後には、食品売場のクラスはみなその利益**に満足しました**。

しかし彼らは、次の日にはもっとうまくやること（利益が多くなること）を望みました。なぜなら彼らはその**利益**を他国の貧しい子供たちにあげることを計画していたからです。

学校祭の2日目、売上利益に**大きな違い**が**現れました**。フランクフルトソーセージを売っていたクラスが他のクラス**よりずっと多く**の利益を出したのです。これはなぜかというと、そのソーセージの**値段**を下げることに決めたらからです。彼らがそう決めたとき、スタンドの前の人の列が長くなり始めました。その日のそれ以後の時間、多くの人々が安くなったソーセージを買おうとしました。彼らが大きな鉄板を持っていたので、同時に多くのソーセージを焼くことができました。**これとは反対に**2-3クラスは売上を増やすことはできませんでした。なぜなら、彼らは小さな1個のグリル（焼き器）しか持っておらず、料理を十分速く**準備する**ことができなかったからです。

答えの出し方

21

表の (A)、(B)、(C) はどのクラスが入るか (refer to) ?

【答えの出し方】

本文６行目に「2-7 クラスが焼きそばを売るくじを引き当てた」とあるので(B) は2-7である。これだけで③が正解とわかる。

本文中でRamen(ラーメン) を探すと、2-4 クラスが利益が少なかったのは麺の到着が遅れた、とあるので (C) は 2-4 クラスである。本文にフランクフルトソーセージはどのクラスが売ったのかは書いていない。③が正解なのだから 2-1 クラスだったのだろう。

22

表から**全体として** (overall) [22] であることがわかる。

① グリルチキン売場が一番多くのお金を**稼《かせ》いだ** (earned)

→正しくない。フランクフルトソーセージ売場が一番多かった。

② 全てのクラスがおよそ同じくらい利益があった。

→正しいとも間違っているとも言える。判断は後回し。

③ ラーメン売場が一番多くの**売上げた** (make money)

→むしろ少ない方である (×)。

④ フランクフルトソーセージ売場が一番稼《かせ》いだ。

→正しい。したがって②は間違いであった。

正解は④。

【注意】 選択問題にしばしば正しいとも間違っているとも言える②のような文が混《ま》ざっていることがある。判断は後回しにするのがよい。

23

表と本文に**よれば** (according to)[23]

① １日目に、１つのクラスが他のクラスより料理を出す開始時間か遅れた

→ラーメンが麺の到着が遅れた、正しい。

② 天候のために (because[ビコーズ] of)(利益に) 差が出た

→どこにも天候のことは出てこない (×)。

③ ２日目はどのスタンド（売店）もだいたい同じ売上であった

→フランクフルト売場の利益が突出して大きく、グリルドチキンが少なかった (×)

④ バター付きポテト売場は他より稼《かせ》ぎが少なかった

→利益第２位でこの文は間違い (×)。

正解は①である。

24

本文によれば、[24]

① あるクラスは食品売場を持ちたがらなかった

→×だね。どのクラスも持ちたがった。だから１回目のくじになった。

② お化け屋敷は２つのクラスによって行われた

→×。各クラス１つずつだった。

③ 誰が飲み物を出すかでくじが行われた。

→×。飲み物でくじは行われていない。

④ ５つのクラスが彼らの利益を子供たちを助けることに使うことを計画した。→○

正解は④。

6 次のデータと英文を読み，1から4の[　　]内に入れるのに最も適当なものを，それぞれ①～④のうちから一つずつ選びなさい。

Number of hours students volunteered per month in 2015

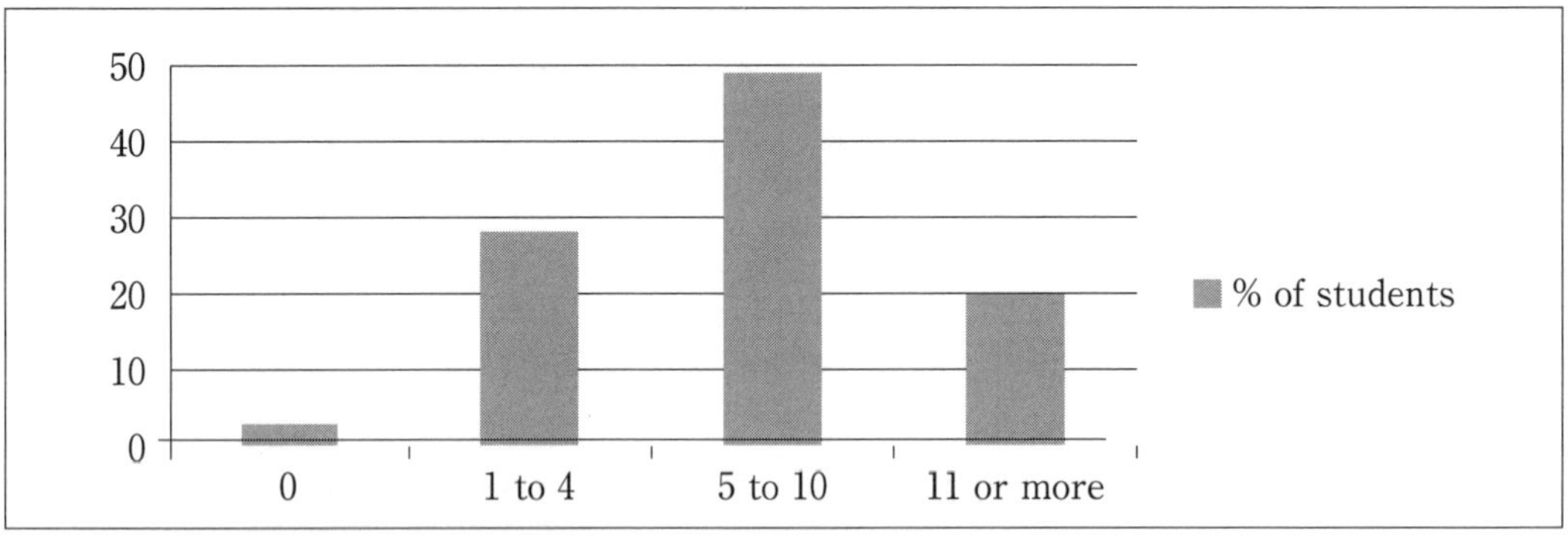

Most important reasons for doing volunteer work

Help people or community	44%
Learn something new	24%
Get work experience	20%
Other	12%

St. Martin's High School conducts a survey of student volunteer work every year. The survey results show that many students have positive attitudes toward volunteering. The graph above shows the average amount of time that the students spent doing volunteer work per month in 2015. The table shows the most important reasons given for participating.

The teachers at the school have encouraged their students to volunteer since 2009. Before then, few students did volunteer work. When Brian Amster, the present principal, first came to the school in 2008, he found that there was little communication among students, their families, and the community. As St. Martin's High School was in a newly developed area, more than half of the students and their families were newcomers, and they did not know each other or the area very well. Mr. Amster thought this was not good for the students and the community.

Mr. Amster came up with the idea of volunteer work. He wanted his students to have more contact with the local people through helping those in need. The local people really welcomed the volunteer activities. Volunteering gave many students a chance to learn a lot, and their self-esteem improved. It was good for the community and the students themselves, too.

Mr. Amster says, "In the beginning, most of the volunteer activities involved helping old people. Today, however, more and more students are doing activities related to the environment, such as cleaning parks and other public areas. Parents are also encouraged to help, and each year, more and more parents are participating." One thing that makes Mr. Amster especially proud is that most students continue volunteering even after graduation.

21 1 According to the graph and the table, which of the following is true about the students at St. Martin's?

① Nearly half of them did five to ten hours of volunteer work a month.

② A large percentage of them did not do any volunteer work.

③ They were not so interested in helping others as in learning something new.

④ The most popular reason for volunteering was to get work experience.

22 2 According to the passage, which of the following is true about St. Martin's in 2008?

① Parents wanted to move the school to a new location in a new city.

② Mr. Amster thought the students should learn more about the community.

③ The students did more volunteer work with their families than in 2009.

④ Half of the students and their families decided to leave the community.

23 3 According to the passage, which of the following is true?

① Volunteering has helped many students improve their self-esteem.

② The 2009 volunteer projects mainly involved cleaning the environment.

③ Most students stop doing volunteer work when they graduate from school.

④ Parents of the students do not take part in volunteer activities.

2016年 11月実施 大問6

覚えるべき▶単語

● important［インポータント］：重要な

● reason［リーズン］：理由

● community［コミュニティー］：地域社会

● experience［イクスピアリアンス］：経験

●conduct［コンダクト］a survey［サーベイ］：調査を行う。conductには「実施する」と「指導する」という2つの意味がある。また、conductorは、電車の車掌さんである。

● result［リザルト］：結果

● average［アベレッジ］amount［アマウント］：平均の量

● positive［ポジティブ］attitude［アティチュード］：積極的な姿勢

● participate［パーティシペイト］：参加する

● encourage [エン**カ**レッジ]：励《はげ》ます。奨励《しょうれい》する
● Few students ～：～する生徒はほとんどいなかった
● principal [**プリ**ンシプル]：校長
● find [ファインド] that ～：～ということに気がつく
● communication [コミュニ**ケイ**ション] among[ア**マン**グ]：～の間の対話
● St. = Saint[セイント]：聖～
● develop [ディ**ベ**ロップ]：発展させる
● newcomer [**ニュー**カマー]：新しく引っ越してきた人、(「新入生」の意味もある)
● each other：互《たが》いに
● come up with the idea of ～：～というアイデアに思いついた、～というアイデアが浮かんだ
● those in need：こまっている人たち (直訳：必要の中の彼ら)
● self-esteem [セルフエス**ティ**ーム]：自尊心《じそんしん》
● improve [インプ**ルー**ブ]：改善《かいぜん》する
● involve [イン**ボ**ルブ]：含《ふく》む
● environment [エン**バイ**ロンメント]：環境《かんきょう》
● more and more students are ～ ing：だんだん多くの生徒たちが～するようになった
● related [リ**レイ**ティッド] to ～：～に関連《かんれん》した
● public area [パブリックエアリア]：公共の場所
● parents [**ペア**レンツ]：両親
● proud [プラウド]：誇りに思う (形容詞)
● graduation [グラデュ**エイ**ション]：卒業

日本語・訳文

●表題：2015 年の一ヶ月当たりボランティア活動を学生の数 (%)

●横軸が 2015 年のボランティア活動時間、縦軸が 1 ヶ月当たりの各時間数ボランティア活動を行う生徒のパーセント数。

●棒グラフから 0 時間 (つまりボランティア活動をしていない) が 3%ほど。1 ～ 4 時間が 28%ほど、5 ～ 10 時間が 49% ほど、11 時間以上が 20% 程であることがわかる。

◆ボランティア活動をする一番主な理由

人々や地域社会を助けるため	44%
なにか新しいことを学ぶため	24%
仕事の経験を得るため	20%
その他	12%

【本文】

セントマーティン高校では、毎年生徒たちのボランティア活動の**調査を行っている**。調査の**結果**、多くの生徒がボランティア活動に**積極的な姿勢**を持っていることが示された。上のグラフは 2015 年に 1 ヶ月当たりのボタンティア活動の**平均時間**を表《あらわ》している。表はボランティアに**参加**する一番主な**理由**を表している。

この高校の先生たちは、2009 年以来ボランティア活動をすることを奨励《しょうれい》してきた。それ以前はほとんどの生徒がボランティア活動を行うことはなかった。今の**校長**・ブライアン・アムスター先生が 2008 年に始めてこの学校に赴任《ふにん》したとき、生徒たちと、彼らの家族と、地域社会の間に対話がほとんどない (little) ことに気がついた。セントマーティン高校は、**新興地** (新しく町になった地域) にあるため、半分以上の生徒と彼らの**両親**たちは、よそから**新しく移住してきた人たち**であった。このため彼らは**お互いを**知らないし、またこの**地域社会**をよく知らなかった。アムスター先生は、これは生徒にとっても、地域社会にとってもよくないことだと思った。

アムスター先生はボランティア活動を**思いついた**。アムスティー先生は生徒たちがこの地元《じもと》の人たちと助け合いを通じて、もっと対話をしてほしいと思った。地元の住民たちはボランティア活動を心から歓迎した。ボランティア活動は多くの生徒たちに多く学ぶ機会を与え、**自尊心**が**高まった**。このことは地域社会にとっても生徒たちに

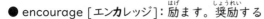

とってもよいことであった。

アムスター先生はこう言う。「最初は、大部分のボランティア活動には老人を手助けすることが含まれていました。しかし今では、だんだん多くの生徒たちが、環境に関係した活動を行っています。たとえば、公園や他の公共エリアの掃除《そうじ》などです。生徒たちの両親にも手助けすることが呼びかけられていて、年々より多くの両親たちが参加するようになりました」。アムスター先生が特に自慢する一つのことは、生徒たちは卒業の後さえ、ボランティア活動を続けることです。

答えの出し方

21

According to the graph and the table（グラフと表によれば） セントマーティン高校の生徒について次の（文の）どれが本当(true［トゥルー］)か？

① 生徒の半分近くが一ヶ月につき5時間から10時間を行っている。この英文は正しいね。

② 大部分の生徒は何のボランティア活動もしていない。（×）

③ 生徒たちは、何か新しいことを学ぶほどには、他人を助けることに特に興味《きょうみ》を持っていない。「be interested［インタ**レ**スティッド］in～：～に興味を持つ。（×）」

④ ボランティア活動をすることの一番多い(popular)の理由は仕事の経験を得ることである。表によると、人々や地域社会を助けるためが44％で一番多い理由である。（×）

【答えの出し方】

正解は①。小問1はグラフに注目するだけで正解が取れる。長文が苦手でもこの問いのようにグラフを見るだけで正解を出せる問いがあるのだ。

22

本文(passage)によると、次のうちどれが2008年のセントマークス高校について正しいか。

① 両親は市の新しい場所に学校を移転することを望んでいる。(×)

② アムスター先生は「生徒たちはもっと地域社会を学ぶべきだ」と思っていた。(○)

③ 生徒たちは、2009年より家族と一緒にするボランティアを多く行った。(×)

④ 半分の生徒や家族は地域社会を離れることを決めた。(×)

【答えの出し方】

正解は②。

23

本文によれば、**次の**(following［**フォローイ**ング］)どれが真実か？

① ボランティア活動は多くの生徒に**自尊心**(self-esteem)を高めるのに役立っている。(○)

② 2009年のボランティア**計画**は、おもに**環境清掃**であった。(×)

③ 多くの生徒は**卒業**(graduate from school)したあとは、ボランティア活動を止めてしまう。(×)

④ 生徒の親たちはボランティア活動に参加しない（×）

【答えの出し方】

①が正解。②環境の掃除は後で始まったことなので「×」。③、④は本文の記載事実に反する。

6 次のデータと英文を読み，１から４の［　　］内に入れるのに最も適当なものを，それぞれ①～④のうちから一つずつ選びなさい。

Things that cause or might cause cancer

Group	Description	Examples
Group 1	Things that cause cancer in humans	Smoking, processed meat (bacon and sausage), exposure to the sun, alcohol
Group 2A	Things that probably cause cancer in humans	Steroids, red meat
Group 2B	Things that possibly cause cancer in humans	Coffee, gasoline, pickles

（http://www.vox.com/2015/10/26/9617928/iarc-cancer-risk-carcinogenic　より作成）

The World Health Organization (WHO) is part of the United Nations. It works to improve health all over the world. The WHO does everything it can to fight diseases such as HIV/AIDS, but it also tries to help people to lead healthier lifestyles. The WHO gives advice on exercising and healthy eating, for example. People around the world use this advice to try to live healthier lives.

The International Agency for Research on Cancer (IARC) belongs to the WHO. There are many types of cancer and also many causes of cancer. The IARC looks at research into the causes of cancer in order to give advice to people. This is a difficult job, however, because some things clearly cause cancer and some things only *might* cause cancer. The IARC's job is to make lists of these things. The table above shows only three of the five groups in the full list. Group 1 contains things that cause cancer in humans. Group 2A contains things that probably cause cancer in humans. The IARC is able to say this because the things in Group 2A are known to cause cancer in animals, and therefore, they also probably cause cancer in humans. Group 2B contains things that possibly cause cancer in humans, because these things sometimes cause cancer in animals.

It may not be necessary to avoid everything on the list. The list shows things that have a link to cancer, or things that might have a link to cancer. It does not tell us if the risk is big or small. It is well known, for example, that smoking is dangerous and is connected to lung cancer as well as other types of cancer. If you smoke, your chances of getting cancer are much higher. We cannot say that sunshine and bacon are equal to smoking in their level of danger, but the IARC says that we should be careful with the things on the list to reduce our risk of getting cancer.

21　1　According to the table, which of the following is true?

① Steroids and alcohol belong to the same group.

② Group 1 contains things that cause cancer in people.

③ Pickles are not in the same group as coffee.

④ Group 2A does not include any food items.

22　2　According to the passage, which of the following is true?

① The IARC, specializing in cancer, is part of the WHO.

② The IARC cancer-causing list has a total of four groups.

③ The IARC encourages people to have their pets tested.

④ The IARC's job is to raise money for animal research.

23　3　According to the passage, which of the following is true?

① People generally do not like to cook dishes using bacon.

② The IARC does not tell us to avoid everything on the list.

③ We should immediately stop eating bacon and sausage.

④ We should eat whatever foods we like every day.

2017年 11月実施 大問6

覚えるべき▶単語

- cancer [**キャ**ンサー]：癌《がん》。「癌はキャンセルしたい」と覚える。
- processed meat [プロセスト ミート]：肉の加工品
- exposure [イクス**ポー**ジャー]：露出《ろしゅつ》。日光に当たること。
- steroid [**ステ**ロイド]：ペルヒドロシクロペンタノフェナントレン環系化合物、またはこれと密接な関係をもつ化合物の総称。(書いてるしまりすの親方も何のことかわかりません。これに関しては質問はしないでください)。
- pickles [ピクルス]：つけもの
- contain [コン**テイ**ン]：含む

日本語・訳文

◆癌の原因物質、または原因の疑いのある物質

グループ	説明	例
グループ1	人体で癌の原因となるもの	喫煙(たばこを吸うこと)、肉の加工品(ベーコンとソーセージ)、日光への露出、酒類
グループ2A	癌の原因になる可能性のあるもの	ステロイド、赤身肉
グループ2B	癌の原因になる可能性が考えられるもの	コーヒー、ガソリン、つけもの

【本文】

世界保険機構 (WHO) は国連《こくれん》 (UN) の一部である。その仕事は世界中のすべての人の健康を向上させることである。WHO はエイズのような病気と闘《たたか》うあらゆることを行っている。WHO はまた、人々がより健康な生活を送る手助けもしている。WHO は例えば運動や健康的な食事について助言をしている。世界中の人々はより健康な生活を送ろうとするためのアドバイス (助言) を活用することができる。

国際癌研究局 (IARC) は WHO に属している。癌には多くのタイプがあり、また癌には多くの原因がある。IARC は人々に癌を予防する助言を与えるための調査で癌の原因の究明をしている。これは難しい仕事である。というのも、ある物は明白に癌の原因であり、ある物は癌を引き起こす可能性しかない物もあるからだ。IARC の仕事は、このようなもののリストを作ることである。上の表は、すべての要因の中から5グループから、3グループだけを抜き出して示したものである。グループ1は人体に癌を引き起こす物質が含まれている。グループ 2A には、人体に癌をひきおこす可能性のある物質が含まれている。IARC は、グループ 2A の物質は、(人以外の) 動物に癌を引き起こすと知られていて、このためにこれらの物質は人間にも癌を引き起こす可能性があるとしている。グループ 2B の物質は、動物に癌を引き起こすことがあるため、人間にも癌を引き起こすかもしれない物質である。

このリストに揚げられているすべての物質を避《さ》ける必要は無いかもしれない (may)。このリストは癌と関連のある物質、あるいはたぶん関連のある物質を示している。この表は、そこに書かれた物質の危険が大きいか小さいかについては何も言っていない。たとえば、たばこを吸うことは危険であってその他の癌と同様に肺ガンと関係している。もしあなたがたばこを吸う人であったら、あなたは癌になる可能性は高まるであろう。日光に体をさらすことや、ベーコンを食べることがたばこを吸うことと同じくらい危険とは言えない。しかし IARC は、我々が癌になる危険性を減らす (reduce) には、リストに挙げられた物には注意すべきである、と言う。

21

表によると、次のどれが正しいか？

① ステロイドとアルコールは同じグループに属している。

② グループ 1 には癌の原因になるものを含んでいる。

③ つけものはコーヒーとは同じグループではない。

④ グループ 2A には、食品はまったく含まれていない。

【答えの出し方】

②が正しい。①ステロイドはグループ 2A、アルコールはグループ 1 である。③つけものとコーヒーは同じグループだから「×」。④グループ 2A には「赤身肉」が入っているので「×」。
この問題は表を見るだけでも正解が出せる。

22

本文に従えば正しいのは次のどれか？

① 癌に専門化した IARC は WHO(世界保健機構) の一部分である。

→ 本文の⑥行目に IARC が初めて出てくる。その 1 行を読めば「The International Agency for Research on Cancer(IARC) belongs to the WHO.(国際癌研究局 IARC は WHO に属する (belong to)」と書いてある。この 1 行だけ読めば①が正解であることが分かる。

② IARC の癌原因リストは全部で 4 グループからなっている。

→「list」という単語を探していくと「表はもとの 5 グループから 3 つだけ抜き出した物だとある。だから×。

③ IARC は人々に自分のペットをテストすることを奨励している。(×)

④ IARC の仕事は動物の研究でお金を儲けることだ。(×)

→③④は本文を見なくても、選択肢の言っていること自体が「明らかに違う」な内容であるので×である。

23

① 人々は概してベーコンを使って料理を作りたがらなくなった。(×)

② IARC はリストに載ったすべてを避けるべきだと言っているのではない。(○)

③ 我々は直 (ただ) ちにソーセージとベーコンを食べるのを止めるべきだ。(×)

④ 我々は毎日好きな物なら何でも食べるべきだ。(×)

【答えの出し方】

この問題は本文の最後の 7 行。It から始まる段落 (文の先頭が 5 文字分下げて印刷してあるところから新しい段落が始まっている) の内容を聞く問題である。①③④とも意味は明瞭だが、そんなことは最後の 7 行には書いてないことは分かるだろう。②が正解である。③④とくに、④は明らかに違う内容。このような選択肢は本文を読まなくても (×) を付けることができる。

6 次のデータと英文を読み，1から4の [ ] 内に入れるのに最も適当なものを，それぞれ①～④のうちから一つずつ選びなさい。

Flower Sales in 2016

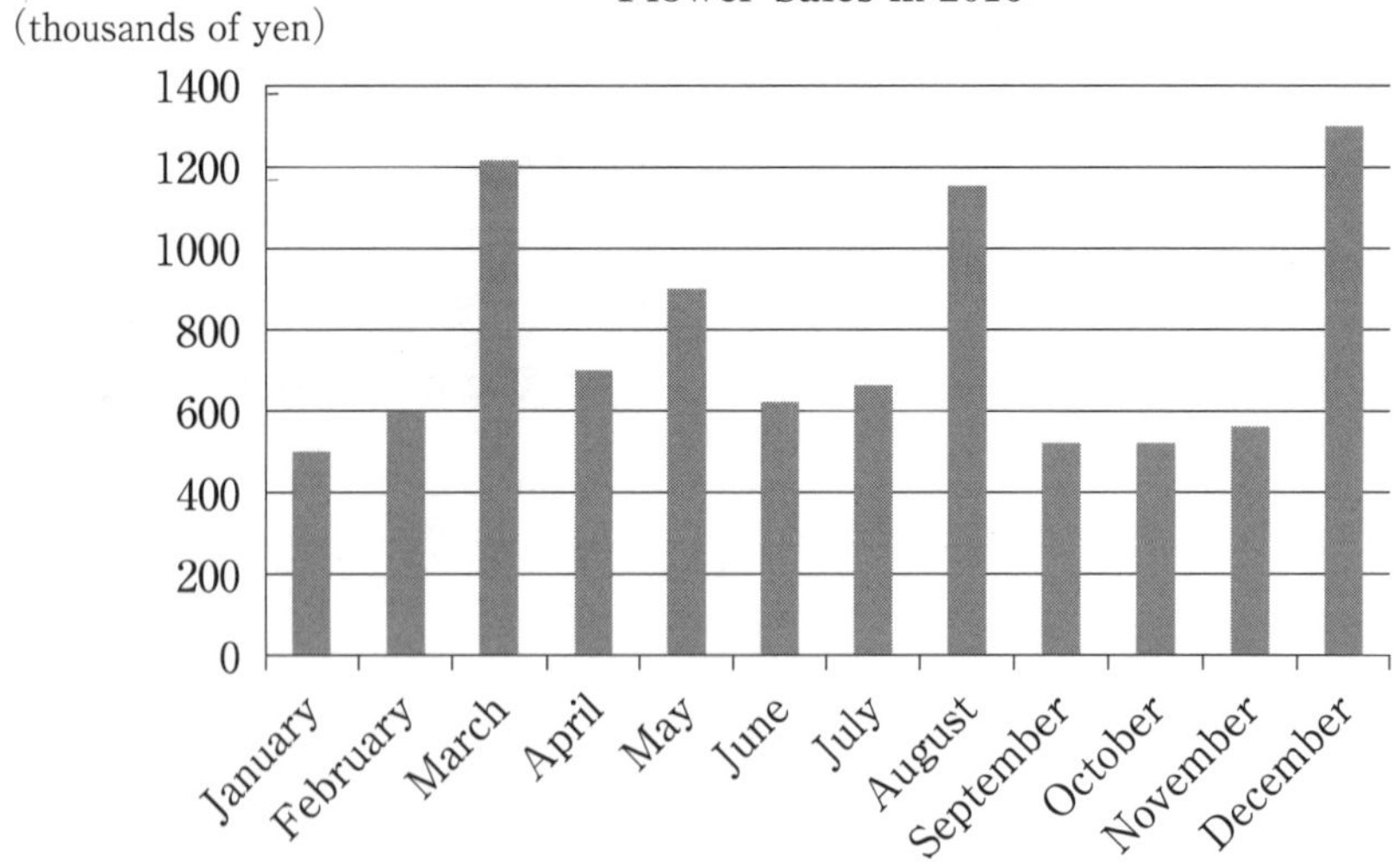

In 2014, Margaret opened a new flower shop in Nagoya. Her shop was just in front of a railway station and soon became popular. Her customers included children, teenagers, and working people who used the station. At the end of 2016, she looked carefully at her monthly sales for the whole year. She made a graph to make the yearly trends easier to see.

According to her data, flowers sold best in December. During the Christmas season, people buy flowers for Christmas parties, and some people choose flower bouquets as presents. Also, flowers are a common feature when celebrating the New Year, and people tend to buy more expensive flowers at the end of the year. In March, there are many opportunities to send flower bouquets, such as graduation ceremonies and job transfers. Similarly, in May, people often buy flower bouquets for Mother's Day. Interestingly, sales were good in August, too. The reason is that many Japanese people bring flowers to family graves in the summer.

On the other hand, flowers did not sell well during fall. Margaret wanted to attract new customers and increase sales in that season. She came up with two ideas. One was to target Respect-for-the-Aged Day on the third Monday in September. She was sure some people would want to send flowers to grandparents on that day. The other was a Halloween promotion. She decided to make bouquets in the typical colors of Halloween that people could put in their homes on that day. She hoped that her total yearly sales would be higher the next year.

21 1 According to the graph, which of the following is true?

① The flower shop had the lowest sales in May.

② Flowers sold much more in September than in August.

③ June and December had almost the same amount of sales.

④ Sales in March were about twice as high as those in February.

22 2 According to the passage, which of the following is true?

① Flower sales in summer were low because of the hot weather.

② The shop sold a lot of flowers over the Christmas season.

③ The shop was not popular among children and young people.

④ Flower sales slowed down in March because there were fewer events.

23 3 According to the passage, which of the following is true?

① Margaret thought that she could not increase sales in fall.

② Margaret decided to try to sell more around the end of the year.

③ Margaret wanted people to send flowers to grandparents at Halloween.

④ Margaret planned to sell more flowers on Respect-for-the-Aged Day.

2018年 11月実施 大問6

日本語・訳文

2014年、マーガレットは新しい花屋を名古屋に開店《かいてん》した。彼女の店はちょうど**鉄道駅の前** (in front of a railway station) にあって、**まもなく** (soon) **人気**《にんき》 (popular) のある店になった。店の**お客** (customer [**カ**スタマー]) には、子供や十代の若い人、そして駅を利用する働いている人たちがいた。2016年の年末に、彼女は1年間↗の月ごとの売上を注意深く見た。彼女は1年間の売上の傾向を見やすくするためにグラフを作った。

彼女のデータによると、花は12月に一番よく売れていた。クリスマス期間に、人々はパーティー用の花を買う。プレゼントに花束《はなたば》を選ぶ人もいる。また花は新年を祝うための一般的な飾《かざ》りものである。このため人々は年末により高価な花を買うのである。3 月には、卒業式や就職《しゅうしょく》、転職《てんしょく》などで花束を贈る**機会** (opportunity [オポ**テュ**ニティ]) が多い。同じように 5 月には人々は母の日のためによく花束を買う。おもしろいことに、花の売り上げは 8 月にも多い。この季節には日本人は花を家族のお墓に持って行く (「お盆」)。

一方《いっぽう》では (これらの月とは反対に)、秋 (fall) には花は売れない。マーガレットは、この季節にも新しいお客を**ひきつけ** (attract)、売上を**増やし** (increase [インク**リー**ズ]) たかった。彼女には**二つのアイデアがひらめいた** (came up to two ideas)。ひとつは 9 月の第 3 月曜日の**敬老の日** (Respect-for-the-Aged Day, respect は「尊敬する」) である。彼女はきっとある人たちは**おじいさんおばあさん** (grandparents [グラン ド**ペア**レンツ]) に花を送りたくなるだろう、と彼女は**確信した** (She was sure). 二つ目はハローウィン (収穫祭、カボチャのお面を付けてお祭りをする) の**企画** (promotion [プロ**モー**ション]) である。彼女はハローウィンの日に、人々がそれを家に持って帰れるようなハロウィーン独特の色の典型的花束 (ブーケ) を作ろうと**決心した** (decided [ディ**サイ**ディッド])。彼女は次の年には 1 年全体の花の売上高がもっと上がることを**望んでいる** (hope [ホープ])。

【こじつけ覚え】

increase[インクリーズ]:「英単語《イングリッシュ》が増える」。

oppotunity[オポチュニティ]:「犬の尾《お》っぽに注意して!踏《ふ》む機会が多いから」

答えの出し方

21

グラフからみて、次のどれが正しいか?

① 花屋は 5 月に**売上** (sale) が最も少ない

② 花は 8 月より 9 月に多く売れている。

③ 6 月と 12 月はほとんど同じくらいの**量** (amount) が売れている

④ 3 月の売り上げは 2 月のほぼ **2 倍** (twice [トゥ**ワイ**ス]) である。

【答えの出し方】

① 5 月は多い方だね (×)

② 8 月の方が多く売れているね (×)

③ 12 月の方が 6 月の倍ほども売れているね (×)

④ 3 月は 2 月の約 2 倍売れているね (○)

正解は④。→本文を読まなくても正解が分かる。英語のレベル A の人も点数をもぎ取ってほしい。

22

本文によれば次のどれが正しいか?

① 夏の花の売上は少ない。**なぜならば** (because) 暑いので売上が少ないからだ。

② 花屋はクリスマスの季節じゅうたくさんの花を売った。

③ 花屋は子供や若い人の間で**人気がない** (not popular)

④ 花の売上は 3 月にしだいに減っていく。なぜなら、行事が少ないからだ。

【答えの出し方】

この小問もグラフを見ているだけで答えが出せる。

① グラフでは「夏は売上が少ない」わけではない(×)

② 花屋はクリスマスシーズンじゅう、多くの花が売れている。

→ 12 月が 1 年で一番花か売れているので、そうなんだろうなあ (○)

③ 本文には人気があると書いてある (×)

④ 三月はたくさん売れている (×)

→③④はちょっと考えれば明らかに違う文であることが分かるだろう。

23

① マーガレットは**秋** (fall=autumn) には売り上げを増やせないと思った。

② マーガレットは年末にもっと花を売ることを決心した。

③ マーガレットは人々がハロウィン (秋の収穫祭、カボチャなどで仮装する) のとき祖父母に花を送るようにしたかった。

④ マーガレットは敬老の日にもっと花を売ることを計画した。

① 確かに秋は花の売上が少ない。で彼女は「あきらめた」というこの選択肢、×だ。

② 年末はクリスマスや新年ですでに花はたくさん売れている (×)

正解は③か④のどちらかだ。④のなかに「Respect-for-the-Aged Day(敬老の日)」という特徴 (とくちょう) のある単語が出てくる。本文でこの単語が出てくる文章の前後だけ読めばよい。本文の最後の方にこう書いてある。

「She came up with two ideas(彼女には2つのアイデアが思い浮かんだ). One is to target(的《まと》にする。目を付ける) Respect(尊敬する)-for-the-Aged (老人) Day on the third Monday in September.(9月第3月曜日の敬老の日に目を付けた)」。「She was sure some people would want to send flowers to grandparents on that day.(ある人たちは敬老の日に祖父母に花を贈りたがるようになるだろう(would)と彼女は確信した。)」つまり、彼女は老人の日に花を贈る習慣を作ろうと計画したのだ。

④が正解である。

③はダメ。彼女は敬老の日とハローウィンとは結びつけてはいない。あれ？本文を 3 行読むだけで 3 つとも正解を出すことができた。

respect[レスペクト]「尊敬する」は重要単語。

裏ワザ

大問 6 は、本文全体を先に読むことはしない。グラフ問題は本文を読まないで OK。

あと 2 個の小問も、各 4 つの選択肢を読む → 間違いとすぐわかる 2 個の選択肢に×をつける → 正解の候補 2 個の選択肢に現れている「特徴のある単語」を書き出す → その単語の現れている本文中の文章とその前後 3 行だけ読む → これで大問 6 は 3 つとも正解が出せる。

そうか！ この手でバレンタインデーの習慣がチョコレート業者によって作られたのだな。しまりすの親方も、まんまとだまされていたわい。

英語の苦手なグループ A の人は、やや難しい文法問題の大問 3、長文問題の大問 7 はパスしてもいいだろう。ただし、この本で勉強する最初グループ A であった人も、2 回目以後の勉強では大問 3、および大問 7 に挑戦してみるのがいいでしょう。

3 次の 1 から 3 の各英文がまとまりのある文章になるようにそれぞれ①～⑤の語(句)を並べかえたとき，2 番目と 4 番目に入るものを選びなさい。

1 Mark loves cooking. He spent a lot of time and energy on a cooking contest last week, so he was very disappointed when he didn't win any of the prizes. It took him ＿＿ [9] ＿＿ [10] ＿＿ get over the disappointment.

① couple	② to	③ a
④ days	⑤ of	

2015 年 11 月実施 大問3−1

覚えるべき▸単語

● be disappointed [ディサ**ポイ**ンティド]：がっかりする

● disappointment [ディサ**ポイ**ントメント]：がっかりすること、気落ち、絶望

● not ～ any：ひとつも～ない

● win：勝つ、(賞を) 獲得する

● prize [プライズ]：賞《しょう》

● get over：打ち勝つ、(絶望から) 回復する、立ち直る

[こじつけ覚え]disappointment：「でさあ、ポイント取れなかった。がっかりだなあ」

MEMO

日本語▸訳文

マークは料理がすきです。彼は先週かなりの時間とエネルギーを料理コンテストのために使いました。だから彼がどの賞も取れなかったとき、非常にがっかりしました。かれが絶望から立ち直るのに［9］、［10］かかりました。

答えの▸出し方

a couple of days to が正解。a couple of は two に置き換えてかまわない。couple [カップル] は「夫婦」立ち直るのに二日《ふつか》かかりました、となる。

3 次の1から3の各英文がまとまりのある文章になるようにそれぞれ①～⑤の語(句)を並べかえたとき，2番目と4番目に入るものを選びなさい。

2 People in Japan have easy access to clean water, but some people in other countries must use water from unclean rivers. It is not safe to ＿＿ [11] ＿＿ [12] ＿＿ drinking, but they have no choice.

① for　② use　③ cooking
④ or　⑤ the water

2015年 11月実施 大問3−2

覚えるべき▶単語

● access [アクセス]：(2個のcの音が違うことに注意)接近。「have easy access：簡単に近づく(手にする)ことができる」

日本語・訳文

日本の人々はきれいな水が簡単に手に入る(直訳：簡単に近づくことができる)。しかし、他の国の人々のなかには、汚《きたな》い川の水を使わなくてはならない人もいる。それ(汚い水)を[11]、[12]したり飲んだりするのは安全ではない。しかし、彼らには(汚い水を使う)以外選択肢はないのだ。

MEMO

答えの▶出し方

It is ～ to(動詞)の文は、「(動詞)することは～だ」の文である。したがってtoの直後は動詞である。①～⑤で動詞はuseの1個だけ。その後には「使う物(the water)」が入る。正解は、「(to) use the water for cooking or (drinking)：その水を料理や飲むのに使う」となる。[11]は⑤ the water、[12]は③ cookingが入る。

3 次の 1 から 3 の各英文がまとまりのある文章になるようにそれぞれ①～⑤の語(句)を並べかえたとき，2 番目と 4 番目に入るものを選びなさい。

3 Donna was surprised when she started at university. She found that _____ [13] _____ [14] _____. She wanted to look more fashionable herself, so she went to a hair salon to get a new hairstyle.

① were　② many of　③ very fashionable
④ the　⑤ students

2015 年 11 月実施 大問3−3

覚えるべき ▸ 単語

● be surprised［サプライズド］：驚《おどろ》く
● university［ユニバーシティー］：大学
● find that：であることを見いだす、～であることに気づく。found［ファウンド］は find の過去形。

日本語 ▸ 訳文

ドナは大学生活を始めて驚いた。彼女は［13］、［14］であることに気づいた。彼女は自分がもっとおしゃれに見えるようになりたかった。そこで彼女は新しいヘアスタイルするために美容院《びよういん》へ行った。

MEMO

答えの ▸ 出し方

「many of the students were very fashionable：学生たちの多くがおしゃれなことを」となって、［13］には④ the、［14］には① were が入る。

3 次の1から3の各英文がまとまりのある文章になるようにそれぞれ①～⑤の語(句)を並べかえたとき，2番目と4番目に入るものを選びなさい。

1 Bears are animals that hibernate in winter. Before winter comes, they begin to eat more and more to prepare for their long winter sleep. In late summer and early autumn, bears can be seen busily eating. They are ＿＿ [9] ＿＿ [10] ＿＿ as they can.

① as　　② eat　　③ trying

④ much　　⑤ to

2016年 11月実施 大問3−1

覚えるべき▸単語

- bear［ベア］：熊《くま》
- animal［アニマル］：動物
- prepare［プリペア］for：～を準備する
- as much as they can：彼らはできるだけたくさん

日本語▸訳文

熊は冬に「hibernate」する動物である。冬が来る前に、熊たちは長い冬眠を準備するためにさらにたくさん食べ始める。夏の終わりから秋の初めにかけて、熊たちはできるだけ［9］、［10］する。

MEMO

答えの▸出し方

この英文には明らかに高認程度を超える単語が1個入っている。hibernateであるが、**「知らない単語があっても気にせず乗り越えていく」のも英語の実力なのである。**

「They are trying to eat as much as they can（熊たちはできるだけたくさんたべようと試みる）」となって、［9］にはto⑤が、［10］にはas①が入る。hibernateは「冬眠する」だ！

3 次の1から3の各英文がまとまりのある文章になるようにそれぞれ①～⑤の語(句)を並べかえたとき，2番目と4番目に入るものを選びなさい。

2 Nothing went right for Ken today. While doing the laundry in the morning, he dropped his mobile phone in the washing machine, and the phone stopped working. In the afternoon, he rushed to a cafe to meet his friends, but none of them showed up because _____ [11] _____ [12] _____ place.

① went　　② wrong　　③ to

④ he　　⑤ the

2016年 11月実施 大問3－2

覚えるべき▸単語

● While ～ ing：～している間

● laundry［ローンドリー］：洗濯《せんたく》物。do the laundry：洗濯をする

● mobile phone［モーバル フォーンまたはモビール フォーン］：携帯電話

● wrong［ロング（wは発音せず）］：悪い、間違った。良い悪いの悪いではなく「誤った」の意味。

● show up：現れる

【必ずしも覚えなくてもいい語句】

● Nothing went right for Ken：go right は「順調に行く」、この句は、（直訳：ケンにとっては何も順調に行かなかった）ケンは全くついてなかった。

MEMO

日本語▸訳文

ケンは今日、全くついてなかった。朝洗濯しているとき、携帯電話を洗濯機の中に落としてしまい、携帯電話は動かなくなった。午後、友人たちに会うために喫茶店に駆けて行った。しかし友人は一人も姿を現さなかった。なぜならば［11］、［12］。

答えの▸出し方

「he went to the wrong place：かれは間違った場所に行ったからである。」となって、［11］には①、［12］には⑤が入る。

because［ビコーズ］は「なぜならば」という接続詞だから、この直後には文の主語が入る。つまり名詞（句）か代名詞である。①～⑤の中でこれに適するのは、he（彼）しかない。

3 次の1から3の各英文がまとまりのある文章になるようにそれぞれ①～⑤の語(句)を並べかえたとき，2番目と4番目に入るものを選びなさい。

3 I ate at a new restaurant last night. I ordered some things from the menu, but the waiter brought me dishes that were different from my order. When I told him, he ____ [13] ____ [14] ____ and hurried back to the kitchen to get what I had actually ordered.

① mistake　② said　③ sorry
④ his　⑤ for

2016年 11月実施 大問3−3

覚えるべき▶単語

- ate［エィト］：食べた、eat の過去形
- order［**オーダー**］：注文する
- dish［ディッシュ］：皿《さら》、(ここでは)料理
- brought［ブロート］：bring(運《はこ》ぶ)の過去形
- be different［**ディ**ファレント］：from ～とは別の。different は「異なる」で、あとに from が続くことが多い。

日本語▶訳文

昨夜、私は新しいレストランで食事をした。私はメニューからいくつかの料理を注文した。しかし、ウエイターは私が注文したのとは別の料理を運んできた。ウエイターに言うと、彼は［13］、［14］、私が実際に注文した料理を取りにあわてて台所に戻った。

MEMO

答えの▶出し方

he said <u>sorry</u> for <u>his</u> mistake(彼の間違いに対してお詫《わ》びを言って)［13］には③ sorry、［14］には④が入る。
say sorry「お詫びを言う」

3 次の1から3の各英文がまとまりのある文章になるようにそれぞれ①～⑤の語(句)を並べかえたとき，2番目と4番目に入るものを選びなさい。

1 Many years ago on hot summer days, the children of the village often went swimming in the river. Most children just played in the water, but some of the braver boys _____ [9] _____ [10] _____ from the bridge, where the river was deep.

① liked to　　② into　　③ the
④ dive　　⑤ water

2017年 11月実施 大問3−1

覚えるべき▶単語

● brave［ブレイブ］：勇敢《ゆうかん》な。braver（比較級）より勇敢な
● courageous［カ**レイ**ジャス］：勇気ある
● just＋動詞：「(動詞) だけする」

日本語▶訳文

何年も前、暑い夏の日に、その村の子供たちはよく川に泳ぎに行きました。大部分の子供たちは、ただ川で泳ぐだけでしたが、より勇敢な少年たちの中には端から［9］、［10］。そこは川が深くなっていたのです。

MEMO

答えの▶出し方

意味からして「橋から水に飛び込んだ」だろうねぇ。「The brave boys liked to dive into the water」となる。［9］に④dive、［10］には③theが入る。

3 次の1から3の各英文がまとまりのある文章になるようにそれぞれ①～⑤の語(句)を並べかえたとき，2番目と4番目に入るものを選びなさい。

2 Last summer, Keiko stayed with a family in Australia for a month. She thinks the experience changed her a lot. Before going to Australia, she ____ [11] ____ [12] ____ about herself, but afterwards, she had more confidence speaking about herself and giving her opinions.

① been　② shy　③ to talk
④ too　⑤ had

2017年 11月実施 大問3−2

覚えるべき▸単語

- afterwards [アフタワーズ]：その後は
- confidence [コンフィデンス]：自信。have confidence：自信を持つ。
- opinion [オピニオン]：意見

日本語・訳文

この前の夏、恵子はオーストラリアの家族とともに一ヶ月間滞在した。この経験は彼女を大きく変えたと思っている。オーストラリアに行く前には、彼女は自分自身を [11]、[12]、しかし、その後は、自分自身について話し、意見を言いながらさらに自信を持った。

MEMO

答えの▸出し方

恥ずかしがり屋で話せなかった、と言う意味にする。「too A(形容詞) to B:Aすぎて B できない」という型にする。A は「shy [シャイ]：恥ずかしがり」、B は talk になる。答えは「had been too shy to talk (恥ずかしがりすぎて話せない)」となる。[11] には① been、[12] には② shy が入る。

3 次の 1 から 3 の各英文がまとまりのある文章になるようにそれぞれ①～⑤の語(句)を並べかえたとき，2 番目と 4 番目に入るものを選びなさい。

3 John loved to go to the beach every year. He hated the August crowds, so he usually went to the beach in early September. The weather in September was nicer. It ＿＿＿ [13] ＿＿＿ [14] ＿＿＿ July or August.

① not as　　② in　　③ hot

④ was　　⑤ as

2017 年 11 月実施 大問3−3

覚えるべき▸単語

● crowd［クラウド］：群衆、人出。crowded：混《こ》んでいる。crow［クロー］：カラス

● weather［ウェザー］：天気

日本語▸訳文

ジョンは毎年浜へ行くのがすきでした。しかし彼は８月の人の大混雑はいやがっていました。そこで、彼は９月の初旬《しょじゅん》に浜へ行くのがつねでした。９月の天気はよりすばらしかったのです。天気は[13]、[14] (7 月または８月と比べて)。

MEMO

答えの▸出し方

it は９月はじめの天気(気候)を指している。９月の気候と 7、８月の気候を比べた文章になるはず。また月をあらわす July、August につく前置詞は「in」である。日だと「on」である。On Sunday など。「It was not as hot as in」となって [13] には①が [14] には②が入る。

3 次の1から3の各英文がまとまりのある文章になるようにそれぞれ①～⑤の語(句)を並べかえたとき，2番目と4番目に入るものを選びなさい。

1 The test will start in 10 minutes, so please clear away everything on your desk and leave only your pencils and erasers. The test ＿＿ [9] ＿＿ [10] ＿＿. During this time, you must remain in the classroom.

① for　　② an　　③ will
④ hour　　⑤ last

2018年 11月実施 大問3−1

覚えるべき▸単語

- leave［リーブ］：残す
- eraser［イ**レ**イザー］：消しゴム
- remain［リ**メ**イン］：残る、とどまる
- last［ラースト］：続く（「最後の」の意味もある）

日本語▸訳文

テストは10分後に始まります、だから机の上にあるものは全部かたずけてください。ただ鉛筆と消しゴムだけ（机の上に）のこしてください。テストは［9］、［10］。この時間中、教室に残っていなくてはいけません。

MEMO

答えの▸出し方

「The test will last for an hour.（テストは1時間続きます）」。［9］には⑤ last が、［10］には② an が入る。

3 次の1から3の各英文がまとまりのある文章になるようにそれぞれ①～⑤の語(句)を並べかえたとき，2番目と4番目に入るものを選びなさい。

2 Every time I visit my grandparents, I help them with their garden. They grow many different kinds of vegetables there. Last week ____ [11] ____ [12] ____ from the garden. They were so fresh and tasted very good.

① sent　② they　③ some
④ me　⑤ tomatoes

2018年 11月実施 大問3−2

覚えるべき▸単語

● every time A B：A するごとに B します。
● grandparents［グランド**ペア**レンツ］：祖父母、おじいさんとおばあさん
● different［ディファレント］：異《こと》なった
● taste good［テイスト　グッド］：おいしい味がする

日本語▸訳文

私が祖父母の所を訪ねるたびに、私は庭仕事を手伝《てつだ》います。祖父母はそこでたくさんの種類の野菜を育《そだ》てています。先週、庭でとれた[11]、[12]。それらは新鮮《しんせん》でおいしかったです。

MEMO

答えの▸出し方

「they sent me some tomatoes」と入って、[11]には① sent、[12]には③ some が入る。

3 次の1から3の各英文がまとまりのある文章になるようにそれぞれ①～⑤の語(句)を並べかえたとき，2番目と4番目に入るものを選びなさい。

3 You may think that reading English books is difficult. If so, I recommend that you ＿＿ [13] ＿＿ [14] ＿＿ written in simple English. Because these stories are often easy to understand, you can enjoy reading them. If you read a lot of them, your English will improve.

① by　　② short　　③ reading
④ start　　⑤ stories

2018年 11月実施 大問3−3

覚えるべき▸単語

★重要 **recommend**［リコメンド］：推薦《すいせん》する
★重要 **improve**［インプルーブ］：改善する
［文法］startの3つの使い方の区別
(A)start to read：今、読み始める。（1秒前には読んでいなかった。）
(B)start reading：（その時すでに）読み始めている。（今も読み続けている。1秒前にも読んでいた。）
(C)start by reading：読みことから始める。
ここは（C）の意味でなくてはならない。

MEMO

日本語▸訳文

あの英語読本（リーダー）はあなたには難しく思われるかもしれません。もしそうなら、私はあなたに、簡単な英語で書かれた［13］、［14］をお勧《すす》めいたします。これらの物語は理解しやすいので、あなたは楽しんで読むことができるでしょう。もし、簡単な英語読本をたくさん読んだら、あなたの英語はずっと向上するでしょう。

答えの▸出し方

「You start by reading short stories（短い物語を読むことから始める）」となって、［13］には① by、［14］には② short が入る。

さあ、いいよ本格的な長文問題7に入ろう。

7 次のデータと英文を読み，1から4の［　　］内に入れるのに最も適当なものを，それぞれ①～④のうちから一つずつ選びなさい。

Cathy sighed as she watched the cherry blossom petals fall from a nearby tree. She was sitting on a bench in a park not far from her school. It was Monday, and Cathy already felt tired. Ever since she entered high school the year before, she had made it a habit to visit the park on her way home from school. It was a peaceful place. She could think about anything she wanted. That day, she had stayed there longer than usual. She couldn't make up her mind whether to go to a local college or one in a foreign country. Studying abroad had always been one of her dreams, but she was worried about living alone, far away from her family. Cathy watched the petals falling slowly from the trees and for a while, it made her feel sleepy. She wished she could stay there forever, without worrying about her future.

Suddenly she heard a voice say, "Forever is a long time." Cathy was surprised. She looked around and saw a little boy sitting on the bench next to her. When had he come? She hadn't noticed. "What?" she asked. "Forever is a long time," the boy said again. Cathy was confused. She hadn't said anything out loud, had she? "What are you talking about?" she said. The boy explained, "I mean you shouldn't stay here for long." Then she asked, "Where are your parents? It's not good to be in a park alone." The boy said nothing and stared at her.

Cathy began to get irritated. Why was this little boy bothering her? But then he looked at her and spoke again. "Don't be afraid to try something new. Trust yourself." Cathy said in a loud voice, "I'm not afraid to start a new life. I have the courage to challenge myself!" As the little boy said something, he began to change. His body became smaller. He grew feathers and wings and changed into a small bird, a mockingbird. Cathy thought this was very strange, but before she could say anything, she felt something vibrating in her pocket.

Cathy quickly opened her eyes and looked around. She realized that she had been dreaming all along. She had fallen asleep on the bench in the park! What time was it? She took her cell phone out of her jacket pocket and saw that she had a text message from her mother. It said: "Cathy, where are you? I'm home and you're not here." Cathy jumped up from the bench and began running towards her house. She had slept so long that her mother had already returned home from work and was looking for her. As she slowed down and started to walk, she knew she was ready to tell her mother about her plans for the future.

25

1 Cathy regularly visited the park because 25

① it was an exciting part of the city.

② it was a good place to think.

③ she liked watching people.

④ she studied the plants and birds.

26

2 Cathy was worried because 26

① she didn't like her hometown at all.

② she had to make a very big decision.

③ she wasn't able to sleep well.

④ she had been having bad dreams.

27

3 The little boy 27

① told her to believe in herself.

② was lost in the park.

③ showed her a beautiful bird.

④ made Cathy wake up.

28

4 Cathy hurried home to tell her mother that 28

① she was very sorry.

② she had made a new friend.

③ she had made up her mind.

④ she would never leave home.

2015年 11月実施 大問7

覚えるべき▶単語

- sigh [サイ]:ため息をつく。「gh」は発音しない。
- petal[ペタル]:花びら
- make it a habit to ～:～するのを習慣にする
- make up one's mind:決心する(注:one's は所有格。実際の文では、主語に応じて my、your、his、her などの形で使われる)
- abroad [アブ**ロー**ド]:外国へ、外国に
- worry [**ウォ**リー]:心配する
- alone [ア**ロー**ン]:ひとりで
- for a while [フォーラ**ワイ**ル]:しばらく
- notice [**ノー**ティス]:気づく
- confuse [コン**フュー**ズ]:(頭が)混乱する
- explain [エクスプ**レイ**ン]:説明する
- I mean:(直訳:私は、～を意味する)私が

言いたいのは～

- stare at [ステアー アット]：じっと見つめる。じろじろ見る。
- get irritate [**イ**リテイト]：いらいらし始める（イリテイト＝いらいら、発音が似ている！）get は元の意味は「手に入れる」だが、ここでは「～の状態になる」の意味。
- bother [ボザー]：悩《なや》ませる。じゃまをする
- feather [**フェ**ザー]：羽《はね》。wing：翼《つばさ》
- realize [**リ**アライズ]：気がつく（「実現する」という意味もある）
- fall asleep [フォール アスリープ]：寝入る、眠《ねむ》り込む
- whether [**ウエ**ザー]：～かどうか。weather は「天気」。発音が近い。

【覚えなくていい単語】

mockingbird：つぐみ（鳥の種類）

日本語・訳文

キャシーは近くの木から落ちてくる桜の花びらを見ながら**ため息をついた**。彼女は学校からそれほど遠くない公園のベンチに座っていた。（その日は）月曜日であった。そうして彼女はすでに疲れを感じていた。昨年高等学校に入って**以来ずっと** (ever since)、学校から帰る途中で、この公園に立ち寄るのを**習慣にしていた**。公園は平和な場所であった。彼女は好きなことを何でも考えることができた。その日、彼女はそこにいつもより長い時間いた。彼女は地元の大学に行くか、それとも**外国の大学に行く**か、ということをまだ**決心**できなかった。外国で学ぶことは、いつも彼女の夢のひとつであった。しかし、家族と離《はな》れて一人で住むことは**心配であった**。キャシーは木からゆっくり落ちてくる花びらをしばらく見ていて、眠くなった（直訳：それが彼女を眠くさせた）。彼女は将来についてなにも心配することなく、そこに永遠にいることができればと思った。

突然彼女は「**永遠** (forever) は長い時間だよ」という声を聞いた。キャシーは驚いた。彼女は**まわりを見まわした** (looked around)、すると小さな少年が彼女の隣でベンチに座っているのが見えた。彼はいつ来たんだろう？　彼女は気がつかなかった。「なに」と彼女は尋《たず》ねた。「永遠は長い時間だよ」と再び少年は言った。彼女は頭が混乱した。彼女は何一つ声に出して言わなかったよね？「なんのことを言っているの？」と彼女は言った。「あなたはここに長い時間いるべきじゃないと言いたいのさ」と少年は説明した。そこで彼女は聞いた。「あなたのお父さん、お母さんはどこにいるの？　公園に一人でいるのはよくないわよ」。少年は何も言わず、彼女をじっと見た。キャシーはいらいらし始めた。この小さな少年はなぜ彼女を悩《なや》ませるのだろう。しかし少年は彼女を見て、再《ふたた》び言った。「何か新しいことを始めるのを恐れないでね。自分を信頼しなさい」、キャシーは大きな声で言った。「私は新しい生活を始めるのを恐れてなんかいないわよ。私には挑戦《ちょうせん》する勇気があるのよ」。少年は何か言いながら、少年は変化し始めた。少年の体はより小さくなった。少年には羽と翼《つばさ》が生え、そうして小さな鳥になった。「つぐみ」だ。彼女はこれはとても奇妙なことだと思った。しかし彼女が何か言おうとする前に何かがポケットの中で振動《しんどう》するのを感じた。

キャシーは急いで目を開け、辺《あた》りを見まわした。彼女はずーっと夢を見ていたのに気がついた。彼女は公園のベンチで寝入ってしまっていたのだ！　いま何時でしょう？彼女は携帯電話をジャケットのポケットから取り出し、お母さんのメッセージがあるのを見た。そこにはこう書いてあった「キャシー、どこにいるの？　私は家に帰ったけれど、あなたはいない」。キャシーはベンチから飛び

あがって、家の方に走り始めた。キャシーはあんまり長く寝ていたものだから、お母さんはすでに仕事から帰ってきて、キャシーを**捜《さが》して** (was looking for) いたのだ。彼女は走る速度を落とし、歩き始めたとき、彼女はお母さんに自分の将来計画について話をする準備ができていると分かっていた。(直訳：そういう心の準備ができている自分を知っていた)。

答えの出し方

25

キャシーは**規則正しく** (regularly：毎日のように) 公園に立ち寄っていた。なぜならば [25]

① そこは町の中でもにぎやかな場所だったから。
② そこは物を考えるのによい場所だったから。
③ 彼女は人々を観察するのが好きだったから。
④ 彼女は**植物** (plants) や鳥について研究していたから。

【答えの出し方】

②が正解

→本文がぼんやりとしか理解できなくても正解が取れるでしょう。

26

キャシーは心配だった、なぜならば [26]

① 彼女が自分が住んでいる町 (hometown) が全然好きではなかったから。
② 彼女は非常に大きな**決断** (decision) をしなければならなかったから。
③ 彼女はよく寝られなかったから。
④ 彼女が悪い夢をずっと見ていたから。

【答えの出し方】

彼女が心配していたのは、将来 (高校卒業後) 地方の大学へ行くか、外国の大学へ行くかを決めなくてはならなくなることだった。②が正解。

decide[ディ**サイ**ド]：決める

decision[ディ**シ**ジョン]：決断

27

その小さな少年は [27]

① 彼女に自分を信じるように言った。
② 公園で**道に迷《まよ》った** (be lost)。
③ 彼女にきれいな小鳥を見せた。
④ キャシーを起《お》こした。

【答えの出し方】

①が正解。②は明らかに違う答えだね。

28

キャシーはお母さんに [28] と言うために、家に急いだ

① 彼女はとてもすまないと思っている。
② 新しい友達ができた。
③ 彼女は決心をしたと。
④ 彼女は決して家を離れない。

【答えの出し方】

③が正解。場合によっては④も正解になりうる。決心した内容が本文には書いてないためである。こういう場合には本文に書いてないことを補わなくてはならない選択肢は×というのが試験問題のルールである。①も間違いではないが、具体的な言いたい内容が書いてある③の方を正解とする。

7 次のデータと英文を読み，1から4の □ 内に入れるのに最も適当なものを，それぞれ①～④のうちから一つずつ選びなさい。

Mariko's grandfather was a teacher who had also been the principal of a primary school. When she was small, her grandfather had already retired from teaching. He used to take her to many places and teach her many things. His lessons were simple and easy to understand, so Mariko liked learning new things from him. She often asked him many questions. Some of them seemed difficult for him, and it took him a while to respond. He studied books and looked through dictionaries to find information. He never failed to answer her questions, so she always wanted to continue learning.

One day, he threw a rope over a high branch of the biggest tree in the garden, so that she could climb up into the tree. However, he didn't say how to do it and just watched her while she was trying. When she succeeded, he shouted, "Well done, Mariko! I knew you could do it!" As soon as Mariko's grandmother heard that, she came out of the house looking pale. She said, "Grandpa, that's very dangerous. You shouldn't make Mariko climb up the tree!" He answered, "I didn't. It was Mariko who climbed up by herself! She found her own way to get up there. I just stood by in case she needed help." Mariko thought how wonderful it would be if she could be like her grandfather in the future and help children do many things, so right at that moment, she decided to become a teacher.

After Mariko started university, her grandfather got sick. Sadly, he died before she graduated and became a teacher. Now she wishes she could show him how much she loves teaching and how hard she tries to help her students learn new things. Her grandfather's approach to teaching continues to be a model for her. She often thinks, "If he were here, what would he do?" Even now, she still wants to ask him many questions, but the one which she wants to ask most of all is, "Are you proud of me?"

24

1 Mariko's grandfather 24

① was principal of a junior high school.

② was a teacher when she was small.

③ often asked her many questions.

④ always answered her questions.

25

2 One day, Mariko's grandfather 25

① cut the branches of the trees.

② watched her climb the tree.

③ climbed the tree with her.

④ explained how to make a rope.

26

3 Mariko decided to be a teacher 26

① to help students learn many things.

② after she started studying at university.

③ because her grandfather became sick.

④ after she saw her grandfather in class.

27

4 Now Mariko wants to 27

① meet the principal of a primary school.

② be the kind of teacher her grandfather was.

③ answer the questions her grandfather asked.

④ learn new things at university.

2016年 11月実施 大問7

日本語・訳文

まり子の祖父は校長先生 (principal) を務めた小学校 (primary school) の先生でした。まり子が小さいとき、この祖父はすでに退職していました。祖父はまり子をたくさんの場所に連れていき、またたくさんのことを教えました。祖父の授業は簡単で分かり易《やす》く、まり子は祖父から新しいことを教わるのが好きでした。まり子は祖父にしばしば多くの**質問** (questions) をしました。その質問のいくつかは祖父にとっても**難しく** (difficult)、**答える** (respond) のに少し時間がかかることもありました。彼は**情報** (information) を見つけるために本を調べ、辞書に目を通しました。彼は決して彼女の質問に答えられないことはなく、だから彼女はいつも学び続けたがりました。

ある日、祖父は庭の一番大きな木の高い枝にロープを投げました。まり子が木に登れるようにするためでした。しかしながら祖父はどのように上るのかはいっさい言わず、まり子が試みている間は、ただじっと見ているだけでした。まり子が(木に登るのに)成功したとき、祖父はこう叫びました。「よくやった、まり子、きっとできると思っていたんだよ」と。まり子の祖母がこれを聞くや否《いな》や、**真っ青な** (pale) 顔で家から出てきました。祖母は言いました、「おじいさん、危ないじゃないの。まり子に木に登らせてはいけませんよ」と。祖父は答えました「いや、私はしていないよ(まり子を登らせてなんかしていないよ)。まり子は自分で木に登ったんだ。まり子は自分で登り方を見つけたんだ。私はただ、まり子が助けが必要になるのに備えてそばにいたんだ」。まりこはこう思いました。「自分も将来、祖父のようになって、子供たちが多くのことをするのを手助けできれば、どんなにすばらしいことだろう」と。このときまり子は将来先生になることを**決心しました** (decided)。

後にまり子が大学生になったとき、祖父は**病気になりました** (got sick)。**悲しいことに** (Sadly)、まり子が(大学を)卒業して先生になる前に祖父は死んでいました。いま、まり子は、まり子がどんなに教えることが好きで、生徒たちに新しいことを学ぶためにどれほど奮闘しているかを祖父に見せることができたらと思っています。祖父の教え方は、まり子の手本として受け継がれています。彼女はよく考えます。「もし祖父がここにいたらどうするだろうか？」今となっても、まり子は祖父にたくさんの質問をしたいと思っています。そのなかで一番したい質問は「おじいさん、あなたは私を誇りに思いますか？」という質問です。

24

まり子の祖父は [24]

① 中学校 (a junior high school) の校長先生でした。

② 彼女が小さいとき先生でした。

③ しばしばたくさんの質問をまり子にしました。

④ いつもまり子の質問に答えていました。

【答えの出し方】

① 小学校の先生でした (×)

② こどものときすでに退職していました (×)

③ まり子が祖父に質問をしていました (×)

正解は④。

25

ある日、まり子の祖父は [25]

① 木の枝を切りました (cut：切る、は現在過去同じ)。

② まり子が木に登るのを見ていました。

③ 彼女といっしょに木に登りました。

④ どうやってロープを作るのかを**説明** (explain [イクスプ**レイ**ン]) しました。

【答えの出し方】

②が正解。①、③、④はしていない。

26

まり子は [26] 先生になる決心をしました

① 生徒たちがたくさんのことを学ぶのを手助けするために。

② 彼女が大学で学び始めてから。

③ 彼女の祖父が病気になったから。

④ 祖父が教室にいるのを見た後。

【答えの出し方】

①が正解。③、④は本文を読めなくても不正解とわかるでしょう。「おじいさんが病気になったらなんで先生になるの？」、「おじいさんが教室にいたらなんで先生になるの？」。バカバカしい選択肢を除くのも英語の能力の一部なんじゃ。

27

今、まり子は [27] したいと思っている

① 小学校の校長先生に会いたい。

② 祖父のような先生になりたい。

③ 祖父が聞いた質問に答えたい。

④ 大学で新しいことを学びたい。

【答えの出し方】

正解は②だね。

【単語の注意】

次の二つの単語を混同しないこと。

○ principal：校長先生

○ principle：原理

● look pale：顔色が悪い

● be used to ～：昔は～だった

7 次のデータと英文を読み，1から4の［　　］内に入れるのに最も適当なものを，それぞれ①～④のうちから一つずつ選びなさい。

One rainy Sunday, Anita woke up and looked outside. "It's raining again..." she said and looked unhappy. "Oh, rainy days are not so bad," Anita's mother, Julia, replied. "I'm sure you can find a way to enjoy a day like today. How about inviting your friends over?" "Thanks, Mom." Anita smiled a little but still looked sad.

"Do you like rain, Mom?" Anita asked. "You usually look happy on rainy days."

Julia replied, "No, I don't like rain, but rainy days always remind me of my old friends. Now, those memories make me feel happy on rainy days. When I was your age, I didn't like rainy days either. Just like you, I loved to do active things outside, especially hiking and cycling. When it rained, I couldn't do the things I liked, so I didn't want to do anything at all. One day, however, my two best friends and I decided to find a way to make rainy days more enjoyable."

"What happened then?" asked Anita.

Julia continued, "We each tried to think of some ways to enjoy rainy days. For the next few months, every time it rained, the three of us met at my home and tried out one of our ideas. The first idea was to try to enjoy getting wet. This seemed like a good idea at the time, but very soon, we got completely wet and felt very cold. Another idea was to walk around together under a big umbrella while singing. That went well for a while, but because of the strong winds and rain, we couldn't hear ourselves sing, and then the umbrella broke. In the end, we did agree that just being together was a good way to spend rainy days. It was much better than just sitting alone at home waiting for the rain to stop."

Julia smiled and said, "Anita, I really want to help you learn to enjoy rainy days, too. That's why I think you should invite your friends over and spend time with them on days like today." Anita finally started to smile and rushed to call her friends.

24

1 Anita was unhappy because she [24]

① had to get up early.

② couldn't go on a trip.

③ had to do homework.

④ didn't like rainy days.

25

2 When Julia was her daughter's age, she and her friends [25]

① looked for places to sleep at night.

② tried to find a way to enjoy rainy days.

③ liked to stay home on sunny days.

④ went cycling every weekend.

26

3 One activity that Julia and her friends did was [26]

① collecting umbrellas.

② going to cafes.

③ going swimming.

④ singing in the rain.

27

4 After listening to her mother, Anita decided to [27]

① invite her friends over.

② buy a new phone.

③ learn more about weather.

④ spend more time with her.

2017年 11月実施 大問7

日本語・訳文

ある雨が降っていた日曜日、アニタは起きて外を見た。「また雨か」と彼女は言って、不幸せそうであった。「あら、雨の日というのはそれほど悪くもないよ」とアニタの母ジュリアは答えた。「あなたはきっと、今日のような日にも愉快に過ごす方法を見つけ出せるわよ。お友達をお呼びするのはどう？」「ありがとう、お母さん」と、彼女は少し笑顔を見せたが、依然として悲しそうに見えた。

「お母さんは雨が好き？」アニタは尋《たず》ねた。「お母さんは雨の日にはいつも幸せそうに見えるわ」

母のジュリアは答えた。「いいえ、私は雨は好きではないわ。けれど、雨の日にはいつも昔の友達のことを思い出すの。雨の日にはいつも、こういう記憶が私を幸せに感じさせるの。私があなたの年齢の頃には、私も雨の日は好きじゃなかったわ。ちょうど今のあなたと同じように、外に出て積極的に行動するのが好きだったわ。特にハイキングやサイクリングなんか。雨が降ると、私の好きなことは何にもできなくなってしまう。だから何にもしたくなくなってしまってたわ。しかしある日、私の二人の親友と私は、雨の日にもっと楽しく過ごす方法を探すことにしたの」

「それで何が起きたの？」とアニタは尋ねた。母のジュリアは**続けた** (continued)。「私たちはそれぞれ雨の日の楽しみ方を考えることにしたの。その後2、3ヶ月の間、雨が降る毎に私たち3人は我が家にあつまって、考えついたことをやってみることにしたの。最初の考えは、ぬれてくることを楽しむと言うものでした。これはよい考えだと最初は思ったけど、すぐ完全にぬれてしまってた大変体が冷えてしまってダメでした。

別の考えは、大きな傘を持って、みんなで歌いながら歩くと言うものでした。この考え、しばらくはうまくいったんだけれども、そのうち風も雨も強くなって、自分たちの歌が聞こえなくなり、そのうえ傘が破れてしまったの。そうして最後に、家の中で一緒にいるのが、雨の日のすごしかたとして一番いいということでみんな賛成したの。一人で家の中で雨がやむのを待つよりずっといい、(ということになったの)」

母ジュリアはほほえんでこういった「アニタ、私は雨の日の楽しみ方を学ぶのを助けたいのよ。だから今日のような日にはお友達を家に呼んで時を過ごせばいいのにと思っているの」アニタは、(それを聞いて)笑顔を見せ始め、急いで友達に電話をしました。<注意>

<注意> call を電話をする、と訳した。「呼びに駆けて行った」と訳すことも可能。

答えの出し方

24

アニタは不幸でした。なぜなら彼女は [24]

① 朝早く起きなくてはならなかったため。

② 旅行に行けなかったため。

③ 宿題をやらなくてはならなかったため。

④ 雨の日が好きではなかったため。

【答えの出し方】

もちろん④が正解だね。①、③は「明らかに違う選択肢」だね。本文最初の 1 行読むだけで、④が正解とわかるねえ。「本文を読む前に、選択肢を読め」が高認高得点のカギなのだ。

25

母ジュリアが娘 (アニタ) の年の頃、彼女とお友達は [25]

① 夜寝るところを**探して** (look for) いた。

② 雨の日の楽しみ方を探していた。

③ 晴れの日に家にいるのが好きだった。

④ 週末毎にサイクリングに出かけていた。

【答えの出し方】

もちろん答えは②だね。

① ジュリアもお友達もホームレスだったの？まさか・・・。

③ 晴れの日に家の中にいるのが好き？ 変わっていますねえ。(英語の専門家の先生のアドバイスは「引きこもりかも知れない」だって)

④ まあ、そうかもしれないけど、「本文にしたがって」の答えにはなっていない。①③は明らかに違う選択肢。

26

母ジュリアとお友達が積極的に行った一つのことは？

① 傘を集めること。

② カフェに行くこと。

③ 泳ぎに行くこと。

④ 雨の中で歌うこと。

【答えの出し方】

④が正解だね。

① 変わった趣味だね。日本の蛇の目傘は集めたかしら。「お宝鑑定団」に出すとか？

② お金が続かないんじゃない？

③ 雨の日に泳ぎに行くの？まあ、室内温水プールもあるけど。①、③は明らかに違う選択肢。

27

お母さんお話を聞いて、アニタ決心して [27]

① 友達を家に呼びました (invite over で家に招待する)。

② 電話を新しく買いました。

③ もっと天気のことを学ぶことにしました。

④ お母さんと一緒にいる時間をもっと多くしました。

【答えの出し方】

①だね。

② 電話会社が喜びそうですねえ。

③ これは立派。雨の日に気象予報士を目指すとは！ 石原良純さんに続け！ でもアニタはどうだろ？

④ これお母さんも喜ぶかなあ？でも決心することじゃないなあ。

7 次のデータと英文を読み，1から4の □ 内に入れるのに最も適当なものを，それぞれ①～④のうちから一つずつ選びなさい。

One day, as Mari was walking home from school, she started thinking about her future. She was eighteen and would soon graduate from high school. The thought of college life excited her, but at the same time, she felt sad to leave her hometown. She was also a member of the art club at school. Every year, each of the graduating students in the club would make something special for their graduation art project. However, Mari had no idea what to make.

There was a small shopping arcade near her school, a street with several small shops. As she walked along the arcade, an elderly woman from a cake shop waved to her. Mari and her friends loved that shop and usually dropped in at least once a week. As Mari waved back to her, she had a bright idea. There were many other familiar faces at this arcade, like the greengrocer, the baker, and the cafe owner. Maybe she could do something for them.

The next day she shared her idea with her friends in the art club. She said, "I am thinking of making signboards for the shops in the arcade. They are always so kind to us. I thought it would be very nice if we made signboards for them, something unique for each shop." She continued, "Every time they look at the signs, they'll remember us after we graduate. Some of us will go on to colleges far away from here, so this is something we can do for our town!" The other students thought her idea was excellent, and decided to help her. They soon began working on the signboards for each shop.

When they finally finished, Mari and the other art club students first went to the cake shop with their signboards. The woman seemed delighted. She said, "Thank you very much. I am happy that you enjoy my cakes. Your signboards will keep us connected after you graduate." Mari knew that graduation meant most of her club friends would be leaving, but at least she felt happy that she did something good for her hometown.

24

1 Mari was wondering 24

① whether she could graduate from high school.

② what she should make before graduation.

③ if her opinion was different from her friends.

④ how difficult her new college life would be.

25

2 When Mari walked along the shopping arcade, she 25

① talked to the greengrocer.

② stopped in at the bakery.

③ waved to an elderly woman.

④ tried to sell some cakes.

26

3 Mari and her art club friends decided to 26

① paint the shops in the arcade.

② give some cakes to the shop owners.

③ volunteer at the shops in the arcade.

④ make a signboard for each shop.

27

4 Mari's art club project helped her to 27

① keep connected with her hometown.

② decide to be a signboard artist.

③ open her own cake shop.

④ stay in her hometown.

2018年 11月実施 大問7

日本語・訳文

ある日、マリは学校から家に帰りながら、彼女は自分の将来のことを考え始めた。

彼女は18歳で、もうすぐ**高校を卒業する** (graduate from high school)。**大学生活** (college life) のことを思うと**うきうきした** (excited) が、しかし同時に、住んでいる町を離れるのは悲しかった。彼女は学校で美術クラブのメンバーであった。毎年、卒業して行くクラブのメンバーは卒業作品のために何か特別な物を制作する計画 (project) を立てる。しかしマリには何を作るべきか分からなかった。

マリの学校の近くに、数軒の店からなる小さな商店街のアーケードがあった。マリがアーケードに沿って歩いて**いると** (as)、年をとった女性がケーキ屋からマリに**手を振った** (wave、元の意味は「波」)。マリとお友達はその店が気に入っており、少なくとも (at least) 週に一度はその店に立ち寄っていた (drop in)。

マリが老女に手を振り返すとき、マリにあるすばらしいアイデアが**浮《う》かんだ** (have)。この商店街には他にもたくさんの**顔なじみ** (familiar faces) がいた。**八百屋《やおや》** (greengrocer) やパン屋、コーヒー店の主人などであった。きっと、彼らのためにマリは何かできるはずだ。

次の日、マリは自分の考えを美術クラブの友人**に伝えた** (share　共有する)。マリはこう言った。「私はいまこの商店街の店の看板《かんばん》を作ることを考えています。店の人たちはいつも親切にしてくれます。もし、店ごとになにか特徴ある看板を作ればすばらしいと思います」。マリは**続けた** (continued)、「私たちが卒業した後も、店の人たちが看板を見るたびに私たちのことを**思い出す** (remember) でしょう。私たちの何人かはここから遠い所の大学に進みます。だから、これが私たちが自分たちの町のためにできることなのです」。学生たちはマリの考えが優《すぐ》れていると思い、彼女を助けることに決めました。彼らは店毎に看板の制作にかかりました。

(看板の制作が) 終わったとき、マリとクラブの友人たちは看板をもって最初にケーキ屋に行きました。あの女性も喜んでいるようでした。彼女は言いました「ありがとう。私のケーキを楽しんでくれたらうれしいわ。あなたたちの作った看板は卒業後も私たちを結びつけ続けることになるでしょう」マリは知っています。卒業というのは彼女の部員の友人の大半が去ってしまうことを意味することを。しかし、**少なくとも** (at least [アト **リー**スト]) 彼女は、自分の住む町によいことをして幸せを感じているのです。

答えの出し方

24

マリは思い迷《まよ》っていた

① 彼女が高校を卒業できるかどうか。

② 卒業前に何をすべきか。

③ 彼女の意見 (opinion[オピニオン] が友達の意見とは違っているのではないか。

④ 大学での生活はどれほど難しいか。

【答えの出し方】

正解は②ですよね。

【覚えるべき単語】

● was wondering [**ワン**ダリング]：～かしらと思っていた

● college [**カ**レッジ]：(単科) 大学、university [ユニ**バー**シティー]：(総合) 大学

● whether [**ウェ**ザー]：かどうか

25

マリが商店街アーケードを歩いていたとき、彼女は [25]

① 八百屋に話かけた。

② パン屋に立ち寄った。

③ 年取った女性に手を振った。

④ ケーキを売ろうとした。

【答えの出し方】

２つ目の段落《だんらく》(文の先頭を４文字分下げて印刷してある文章の先頭) の There was から始まる文章に「walked along the shopping arcade」が出てくる。この３行だけ読めば答えが出てくる。③「老女に手を振った」が正解。

26

マリと美術クラブの友人たちは [26] と決めました

① 商店街の店に絵の具を塗る。

② ケーキを店主にあげる。

③ 商店街の店でボランティア活動をする。

④ 各店に看板を作る。

【答えの出し方】

もちろん、④だね。①なんかやったら、警察が飛んでくるゾ。

27

マリの美術部の計画は、彼女を [27] するのを助けた

① 彼女を住み慣れた町とつなぎ続ける。

② 彼女が看板屋になろうと決心する。

③ 彼女がケーキ屋の店を開く。

④ 住み慣れた町に住み続ける。

【答えの出し方】

③、④は明らかに違う選択肢。②ではないと見破れるか？ ①が正解である。

【単語補足】

● grocer [グローサー]：食料品店。だから greengrocer は「緑の食料品店」つまり「八《や》百《お》屋《や》」

【しまりすの親方から】

ご苦労様でした。高認の英語に合格するだけなら以上の学習で十分でしょう。最後のここまで来たら、少し時間を空けて、最初からもう一度やってみるといいでしょう。驚くほど英語の正解が出せるでしょう。できれば他社で出版されている問題集を買って、この本では取り上げなかった各年の第1回目試験(8月試験)の問題で腕試しをするといいでしょう。

さらに高認で評価Aの好成績を狙う人は、他社で出版されている問題集に載っている各年の8月試験4回分の問題も全部見ておくことをお勧めします。そうすれば大学受験の英語の水準に近いところまで英語の学力を伸ばすことができるはずです。

万物の根源は、数である。(ピタゴラス)

Number rules the universe.（Pythagoras）

E. Maor の The Story of a Number より

数学
MATHEMATICS

数学

掛け算の九九から始まる・高認数学の学習

高認数学の学習のページの目的

この本の数学学習の目的は、この本を読み始めてくれたすべての人に高認数学で80点以上の評価Aを取ってもらうことである。ことに、小学校4年生から算数・数学が苦手で、からっきしダメな人にも高認数学で必ず評価Aの好成績をとれるようにする。これがこの本の高認数学の学習のページの目的である。

高認数学で80点以上を取るのに、このページを読み始めたばかりの人が今数学に強い必要はない。数学が好きである必要もない。みなさんが高認数学で必ず80点以上を取ってやるのだという意志さえあれば、それは必ず実現する。数学と言う坂道を一歩一歩足元を確実にふみしめて行き、それを正直に実行してくれるなら、今はたとえ掛け算の九九もおぼつかない人でも、必ず数学80点以上とることができる。じつは、国語と英語ではこんなことは言えない。次の高認試験で国語と英語にどんな問題が出るのかは確実にはわからないからだ。しかし、数学は次の高認試験で大体どんな問題が出るか、ほとんど確実に分かるのである。

高認数学は毎年ほぼ形の決まった問題が出題される。過去4年分、8回の高認数学の過去問題(過去問）を見ていれば、もう高認数学で出る問題はだいたい全部読めてしまう。みなさんがこの本できちんと勉強するならば、その人を必ず数学80点以上の評点Aを取れるようにする。このしまりすの親方はこれを約束しよう。

この本の高認数学の出発点は掛け算の九九である。これが確実正確にできないとこの先に進むことはできない。それに小数点のある数×整数の計算ができること。そうして、分数の四則(足し算、引き算、掛け算、割り算）が確実にできるようにする。小学校段階の学習はここまでだ。ある数を小数点付きの数字で割り算する、などというムツカシイ問題はできる必要はありません。

続いて中学生の数学の勉強に入る。中学生の勉強では、負数（マイナスの数）とその計算、文字を使った代数式の計算、一次方程式の解き方一次式のグラフの描き方を確実に習得する。ただし中学生が習う作図問題は全く必要ありません。

中学3年生では平方根の計算、2次式の因数分解、根の公式を使って2次式を解くこと、比例計算、ピタゴラスの定理を習うが、これらは高認受験でも必要な知識になって来る。

以上の中学生の数学の復習のページに作成には、ちびむすドリル・中学生のホームページ（*https://happylilac.net/jhs-math1.html*）を参考にしました。

PART Ⅰ　準備の勉強

1 小学校の算数の復習

1.1 掛け算の九九

みなさんは、掛け算の九九を完全にできるだろうか？　7×9はいくつ？　8×4はいくつ？　これが、63と32と答えられる人はつぎへ進んでください。

つぎに、掛け算の九九の表を掲げておきます。

	1	2	3	4	5	6	7	8	9
1	1	2	3	4	5	6	7	8	9
2	2	4	6	8	10	12	14	16	18
3	3	6	9	12	15	18	21	24	27
4	4	8	12	16	20	24	28	32	36
5	5	10	15	20	25	30	35	40	45
6	6	12	18	24	30	36	42	48	54
7	7	14	21	28	35	42	49	56	63
8	8	16	24	32	40	48	48	64	72
9	9	18	27	36	45	54	63	72	81

【九九の表】

● 2の段…ににんが4、にさんが6、にしが8、にご10、にろく12、にしち14、にはち16、にく18

● 3の段…さんにが6、さざんが9、さんし12、さんご15、さぶろく18、さんしち21、さんぱ24、さんく27

● 4の段…しにが8、しさん12、しし16、しご20、しろく24、ししち28、しわ32、しく36

● 5の段…ごに10、ごさん15、ごし20、ごご25、ごろく30、ごしち35、ごは40、ごっく45

● 6の段…ろくに12、ろくさん18、ろくし24、ろくご30、ろくろく36、ろくしち42、ろくは48、ろっく54

● 7の段…しちに14、しちさん21、しちし28、しちご35、しちろく42、しちしち49、しちは56、しちく63

● 8の段…はちに16、はちさん24、はちし32、はちご40、はちろく48、はちしち56、はっぱ64、はっく72

● 9の段…くに18、くさん27、くし36、くご45、くろく54、くしち63、くは72、くく81

4の数字で、下線「____」とつけたのは「よん」、付けていないのは「し」と読んでください。

二重下線「____」を付けたところは、読み方が変則的になります。「が」がはいるのは、2の段の三か所、3の段の二か所の合計五か所だけです。ここに書いてある発音に従《したが》ってください。九九が一か所の間違いもなく言えるようになったら九九は卒業です。

1.2 小数点付《つ》きの数字と整数の掛け算

高認では、たとえば

「1.732 × 27」

を計算しなさい、という場面が出てくるときがあります（これができる人は次に進んでください）。高認の大問5の三角比を使った木の高さ問題などです。電卓を使ってはいけない試験場では、筆算で計算するのですが、確実にできるようになっておきましょう。

まず、掛ける数27の1の位の数7と、掛けられる数1.732の掛け算を行います。

「1.732 × 7」ですが、かけられる数の最後の2と7を掛けて14、ここで1の位の4だけを書いて、10の位の1はしばらく記憶します（紙の端の方に薄い字で書いておいてもよい）。次に最後からの2つめの3と7を掛けて21、この1の位に先ほど記憶した1を足して、2をさっき書いた4の左隣《どなり》に書きます。「24」と書かれているはずです。今度の10の位の2は記憶します。次の7と7を掛けて49、この1の位の9と記憶した2を加えて11、この1の桁の1を「24」の左に書き加えます。「124」と書かれているはずです。

49の十の位の「4」を記憶するはずなのですが、1の位で「9＋2＝11」と10の位に1が繰り上がって来るので、「4」に「1」を足して「5」を記憶します。掛けられる数の先頭の1に7を掛けて、7になります。これに記憶していた「5」を加えて「12」になります。これを「124」の左に書き加えて、「12124」となっているはずです。

それではここで、1.732 × 27 の筆算を実際の作業として見ておきましょう。1行目に掛けられる数1.732を書き、次の行に掛ける数27を書きます。そうして左に「×」印を書き、その下に横線「———」を引きます。その下の行に、いま1732 × 7で求まった12124が書いてあります。その次の行には、掛ける数27の10の位の2と1732の掛け算をして、その結果3464を書きます。

このとき、1段目の「12124」より1桁分左にずらせて「3464」を書きます。3464の左に足し算記号＋を書き、その下に横線を引きます。そうして、12124と3464を縦に足し算します。46764になります。小数点を打つのですが、掛けられる数1.732が小数点以下3桁なので、結果の46764にも小数点以下が3桁となる位置に小数点を打ちます。こうして、得られた46.764がこの掛け算の答になります。

```
    1.732
  ×    27
---------
    12124
  + 3464
---------
   46.764
```

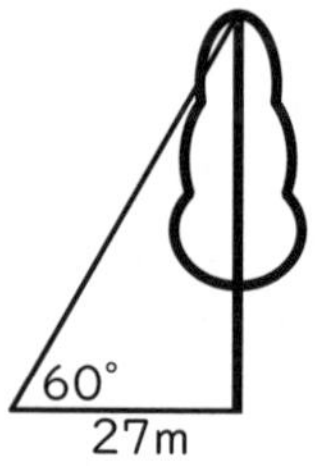

木の高さは
46.764m
と、求まる

練習問題

1.4142 × 18を、筆算で計算しなさい。

答えの出し方

右のように、答えとして24.4556が得られれば、その人はこの項目を卒業です。

```
    1.4142
  ×     18
----------
    113136
  + 14142
----------
   25.4556
```

1.3　分数の計算

分数どうしの足し算、引き算も高認でしばしば現れる計算作業になります。

たとえば　$\dfrac{1}{2}+\dfrac{3}{7}$　はどう計算するか？

これが分かる人は、先に進んでください。これを計算するには、まず分数の次の性質を知っていなくてはなりません。

すなわち「分数の分母と分子にゼロ以外の同じ数を掛けても分数の値は変わらない」

と言うものです。例えば、$\dfrac{1}{2}$の分母と分子に 3 を掛けて、$\dfrac{1\times 3}{2\times 3}=\dfrac{3}{6}$　は元の$\dfrac{1}{2}$と同じというわけです。次のケーキの絵を見てください。確かにそうなっていますね？

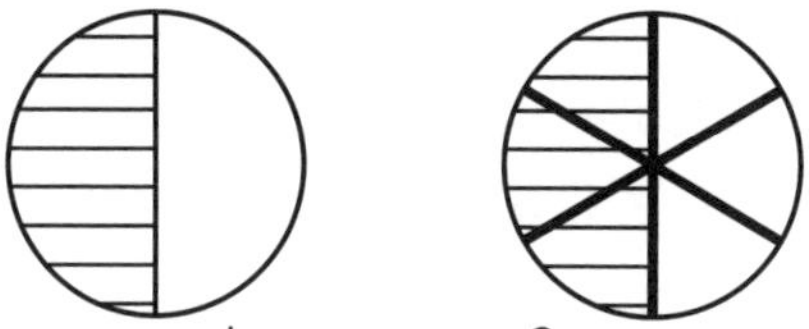

図　ケーキ $\dfrac{1}{2}$は　ケーキ $\dfrac{3}{6}$と同じである。

そこで最初の計算は 「2 つの分数にそれぞれ分母・分子にある数を掛けて、分母を共通にする」のがポイントです。最初の$\dfrac{1}{2}$の分母分子に 7 を掛け、後の$\dfrac{3}{7}$の分母分子に 2 を掛けます。計算してみると、

$$\frac{1}{2}+\frac{3}{7}=\frac{1\times 7}{2\times 7}+\frac{3\times 2}{7\times 2}=\frac{7}{14}+\frac{6}{14}=\frac{7+6}{14}$$

$$=\frac{13}{14}$$

となって、分数どうしの足し算ができました。

実用的には、次のように計算します。

$$\frac{1}{2}+\frac{3}{7}=\frac{1\times 7+3\times 2}{2\times 7}=\frac{7+6}{14}=\frac{13}{14}$$

この操作を「通分《つうぶん》」といいます。

練習問題

次の分数の計算をせよ。

$$\frac{11}{5}-\frac{2}{3}$$

答えの出し方

答えが$\dfrac{23}{15}$ と出てきたら正解です。

次は分数の掛け算です。これは直接分子同士、分母同士を掛け算して答えが出ます。ここで大切なことは、「約分《やくぶん》」を忘れないことです。「約分」とは、分母、分子が同じ数で割り切れるときは、両方その数で割っておくことを意味します。実際には次のようにします。途中の 12 × 52 や 13 × 27 をこの段階では計算しません。12 を 3 × 4、52 を 13 × 4 に分解します。分母と分子に同じ数字が現れたら両方《りょうほう》消します。

$$\frac{12}{13}\times\frac{52}{27}=\frac{12\times 52}{13\times 27}=\frac{\cancel{3}\times 4\times\cancel{13}\times 4}{\cancel{13}\times\cancel{3}\times 9}$$

$$=\frac{4\times 4}{9}=\frac{16}{9}$$

分数の割り算では、割る数を分母・分子を入れ替えて掛け算します。

$$\frac{65}{21}\div\frac{26}{15}=\frac{65\times 15}{21\times 26}=\frac{\cancel{13}\times 5\times 5\times\cancel{3}}{\cancel{3}\times 7\times 2\times\cancel{13}}$$

$$=\frac{5\times 5}{7\times 2}=\frac{25}{14}$$

以上で小学校算数の復習を終わります。

2. 中学校の復習

2.1 負数（マイナスの数）の計算

小学校まで、数と言うのは0（ゼロ）が一番小さくてそれより大きな数だけを考えてきた。中学校で初めて学ぶ代数学では、0より小さな数「負数《ふすう》」を扱う。これに対して0より大きな数を「正数《せいすう》」という。

正の数、0、負の数を考えるには「数直線」を考えると考えやすい。

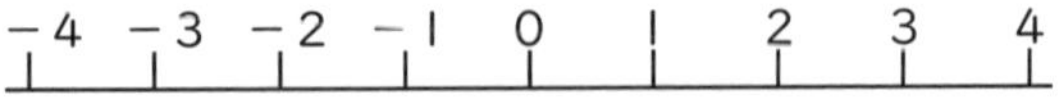

図：数直線

負数の混じった四則（足し算、引き算、掛け算、割り算）を練習しておこう。負数を引くと足し算になること、負数どうしを掛け算すると正数になることなどを頭に入れて、負数の計算ルールに慣れるために、次の計算例を書き写していくとよい。

$5 + (-3) = 5 - 3 = 2$、
$6 - (-2) = 6 + 2 = 8$、
$(-4) + (-3) = -7$、
$4 - 8 = -4$、
$0 - 5 = -5$、
$(-8) - 5 = -13$、
$(-4) + 7 = 3$、
$(-3) \times 4 = -12$、
$5 \times (-8) = -40$、
$(-3) \times (-7) = 21$、
$0.2 \times (-3) = -0.6$、
$25 \times (-0.4) = -10$、
$(-0.3) \times (-0.8) = 0.24$、
$(-15) \div 3 = -5$、
$21 \div (-3) = -7$、
$(-42) \div (-7) = 6$。

掛け算、割り算に関しては、「どちらか1個だけマイナスなら結果はマイナス」、「2個ともマイナスなら結果はプラス」と覚えておくとよい。

2.2 文字と式

中学生以後に習う数学（代数学）では、数のほかに英語の文字（アルファベット）を用いる。a、b、c、d、k、p、q、x、y、z、P、S、Vなどが用いられることが多い。Sは面積、Vは体積をあらわすのに主《おも》に用いられる。

1個120円のリンゴを3個買うといくらか？と言うときには、3×120円$= 360$円と計算できるが、リンゴの値段は毎日変化しているのが普通であるから、かりにリンゴ1個の値段をa円を書いておき、リンゴ3個の値段は$3 \times a$円としておくのである。代数学では掛け算記号「×」は書かないのが普通なので、「リンゴ3個の値段は$3a$円」と表記する。蜜柑《みかん》1個がb円であるとき、リンゴ3個、蜜柑5個を買った時に値段Pは $P = 3a + 5b$ と書くことができる。このように表したものを「式」とよぶ。また「+」記号でつながった$3a$や$5b$などを「項《こう》」という。では、これにリンゴ7個、蜜柑4個、つまり、$7a + 4b$を加えると、合計の値段は？　これは、次のように計算できる。

$$
\begin{aligned}
P &= (3a + 5b) + (7a + 4b) \\
&= (3 + 7)\,a + (5 + 4)\,b \\
&= 10a + 9b
\end{aligned}
$$

ここでは、aのある項を集め、bのある項を集めて、それぞれ計算していることに注意すること。また、リンゴ1個の場合、$1a$と書いてもよいが、1は書かずに単にaと書くのが普通である。このような動作を「式の計算」という。式の計算を5つほど練習しておこう。

練習問題

次の計算をしなさい。ここまでで説明していないルールもあるが、練習しているうちに覚えていってください。

① $(5a + 8b) + (3a + 5b)$

② $(8a + 7b) - (3a + 6b)$

③ $(2a - 5b) - (a - 8b)$

④ $(a + 2b) - 3(2a - 7b)$

⑤ $3(x + 2y - 6) - 2(x - 2y - 5)$

答えの出し方

① $8a + 13b$
② $5a + b$
③ $2a - 5b - a + 8b = a + 3b$
④ $a + 2b - 6a + 21b = -5a + 23b$
⑤ $3x + 6y - 18 - 2x + 4y + 10$
$= x + 10y - 8$

割り算記号「÷」はふつう中学数学では使わない。かわりに分数で表す。$a \div b$ と書かず $\frac{a}{b}$ と書く。

今度は文字同士の掛け算を含む式の計算を少し練習しておこう。数学では掛け算記号「×」は書かないので、a と b を掛けたもの（積《せき》）は単に ab と書く。一辺の長さが a（cm）の正方形の面積は、$a \times a$ であるが、このように同じ数字どうしを掛け算した場合には、a^2 と書いて、「a の二乗《じじょう》」という。

練習問題

① $2a(3a + 5b + 2c) - 5b(a - c)$

② $ab(a - 2b)$

答えの出し方

① $6a^2 + 10ab + 4ac - 5ab + 5bc$
$= 6a^2 + 5ab + 4ac + 5bc$
② $a^2b - 2ab^2$

文字同士の掛け算を含む式の計算を練習しておこう。

2.3 式の展開・特別な式の展開公式

カッコ「(　)」でくくられた式同士の掛け算の問題をやっておこう。

$(2a + 5b)(3a - 7b)$ を展開しなさい。

という問題がでたときは、2つのカッコの中の「前同士（$2a \times 3a$）」、「前と後ろ（$2a \times (-7b)$）」、「後ろと前（$5b \times 3a$）」「後ろ同士（$5b \times (-7b)$）」を全部計算して、この4つを加えます。答えは

$6a^2 - 14ab + 15ab - 35b^2$
$= 6a^2 + ab - 35b^2$

になります。このような計算を「式の展開」と言います。

少し式の展開の問題をやっておきます。

練習問題

① $(2a + 3b)(5a - 2b)$

② $(2x - 5)(3x + 1)$

答えの出し方

① $10a^2 - 4ab + 15ab - 6b^2$

$= 10a^2 + 11ab - 6b^2$

② $6x^2 + 2x - 15x - 5 = 6x^2 - 13x - 5$

【特別な形の展開公式】

つぎの3つの特別な形の展開は、公式として記憶すること。

（何度も紙に書いて）

Ⅰ…和と差の積の公式

$(a + b)(a - b) = a^2 - b^2$

Ⅱ…和の二乗公式

$(a + b)^2 = a^2 + 2ab + b^2$

Ⅲ…差の二乗公式

$(a - b)^2 = a^2 - 2ab + b^2$

この3つの公式を応用した式の展開問題をやっておこう。

練習問題

① $(x + 5)(x - 5)$

② $(a + 2)^2$

③ $(x - \frac{1}{2})^2$

答えの出し方

① $x^2 - 25$

② $a^2 + 4a + 4$

③ $x^2 - x + \frac{1}{4}$

2.4 一次方程式の解法

1個120円のリンゴをいくつか買い、1個50円の箱に詰めてもらったら770円になった。リンゴはいくつ買ったか？という問題を考えよう。

買ったリンゴの個数を x 個とすると、リンゴの値段は合計 $120 \times x$ になる。これに箱代として50円を支払うのだから、全部の値段は、$120x + 50$ 円になる。これが770円に等しいから、次の式が成り立つ。

$120x + 50 = 770 \cdots$ ①

このように、求めたい数（未知数《みちすう》）が入った式を「方程式」という。

①の方程式の「＝」の左側を「左辺《さへん》」、右側を「右辺《うへん》」と呼ぶ。方程式①の x を求めるには、まず、①の方程式の　左辺・右辺の両方から50を引く。

$120x + 50 - 50 = 770 - 50$

となって

$120x = 720 \cdots$ ②

が得られる。

いま、①式から②式に進めるのに「両辺から50を引く」と言ったが、①式の右辺の「＋50」を、符号を変えて「－50」にして左辺にもってくる、と言っても同じ結果になっている。この動作を「移項《いこう》」という。今後は「①の式の右辺の50を左辺に移項して　$120x = 770 - 50$ とする」と書いてしまって、いちいち「両辺からともに50を引く」というまわりくどい言い方をしないことにする。

さて②が得られると、両辺を120で割って、

$x = \frac{720}{120} = 6 \cdots$ ③

となり買ったリンゴは6個であったことが分かる。

例 2）3 時 15 分を少し過ぎて、時計の長針と短針がぴったり重なるのは 3 時何分か？

【答】

長針は 1 時間で文字盤を一周する（360° 進む）から、1 分あたり $\frac{360}{60} = 6°$ 進む。短針は 1 時間で 30° 進むから、1 分間に 0.5° 進むことになる。

3 時 x 分の長針の位置は真上（12 時）方向からの角度で $6x$ 度のところにいる。短針はこのとき $90 + 0.5x$ 度のところにいる。

両方の針が重なるのは、この両方の角度が等しいときで、$6x = 90 + 0.5x$ が成り立つ。

右辺の $0.5x$ を左辺に移項すると

$5.5x = 90$ となって、

$$x = \frac{90}{5.5} = \frac{180}{11} = 16\frac{4}{11}$$

となるので、両針が重なる時刻は

3時 $16\frac{4}{11}$ 分である（答）。

これはおよそ 3 時 16 分 21.818 秒である。

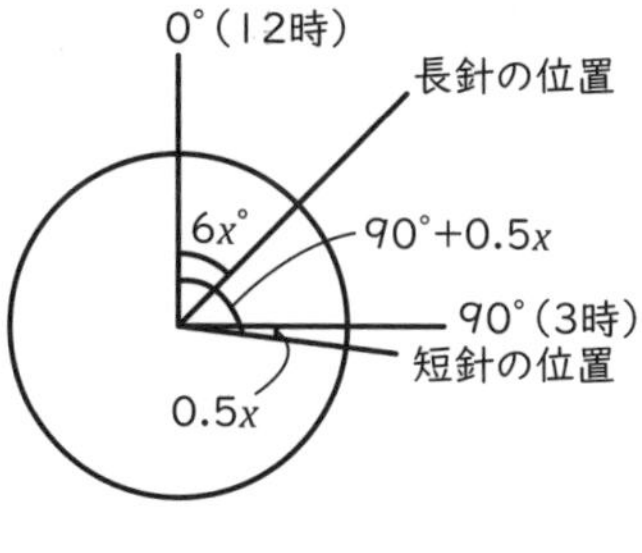

一次不等式の計算も同じように計算するのですが、これはこの後の過去問研究に 4 つほど例が出てきますので、そこで練習してください。

2.5 直線のグラフ

いま、x と y の間に $y = 2x - 2$ という関係があるとする。この式で $x = -3, -2, -1, 0, 1, 2, 3$ の値を次々に入れていくと、次の表のようにそれぞれ y の値が求まる。この（x, y）の値を横軸に x 軸、縦軸に y 軸を取った座標にプロットする（グラフに描き入れる）と図のような直線が現れる。

X	-3	-2	-1	0	1	2	3	4
Y	-8	-6	-4	-2	0	2	4	6

この直線は、x 方向に 1 進めば、y 方向に 2 上昇するような「傾《かたむ》き」で、y 軸と $y = -2$ で交わっている。

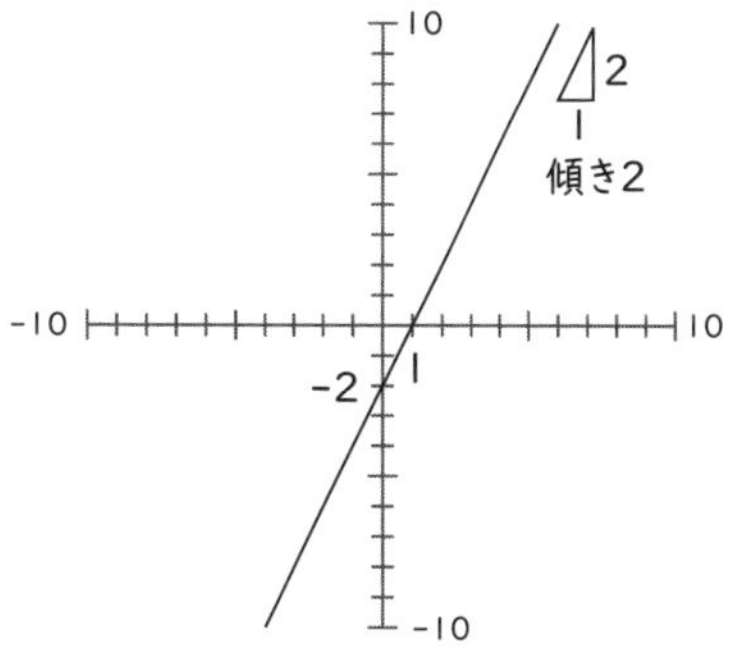

$y = 2x - 2$ のグラフ

一般に、x と y の間に $y = mx + b$ の関係がある場合には、傾きが m で、b は y 軸との交点（y 切片《せっぺん》）である直線を表している。

練習問題

次の式のグラフを描け。

① $y = -\frac{1}{2}x + 3$

② $3x - 2y + 6 = 0$

答えの出し方

① y 切片が3、傾《かたむ》きが$-\frac{1}{2}$（xが1増えたらyは0.5下がる）のグラフは下図になる。

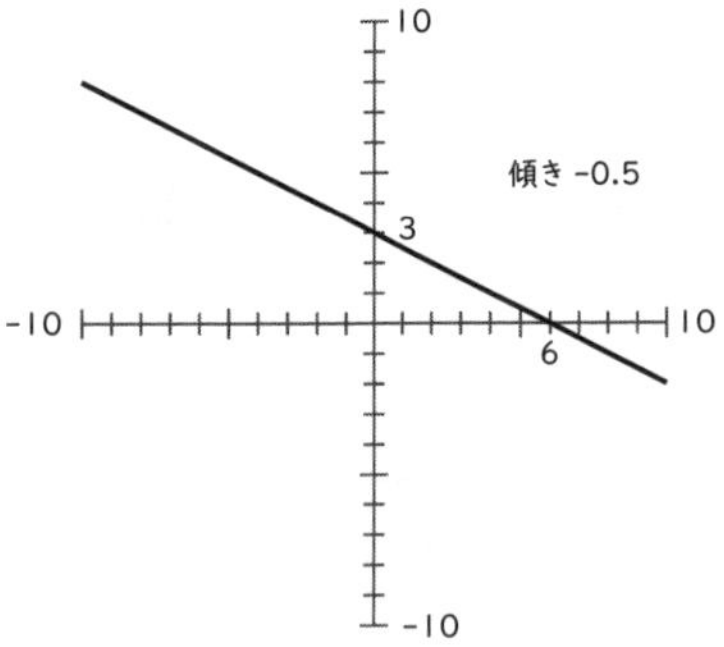

② $3x+6$を右辺に移項すると$-2y=-3x-6$となる。両辺を-2で割ると$y=\frac{3}{2}x+3$となって、これはy切片が3、傾きが$\frac{3}{2}$のグラフになる。

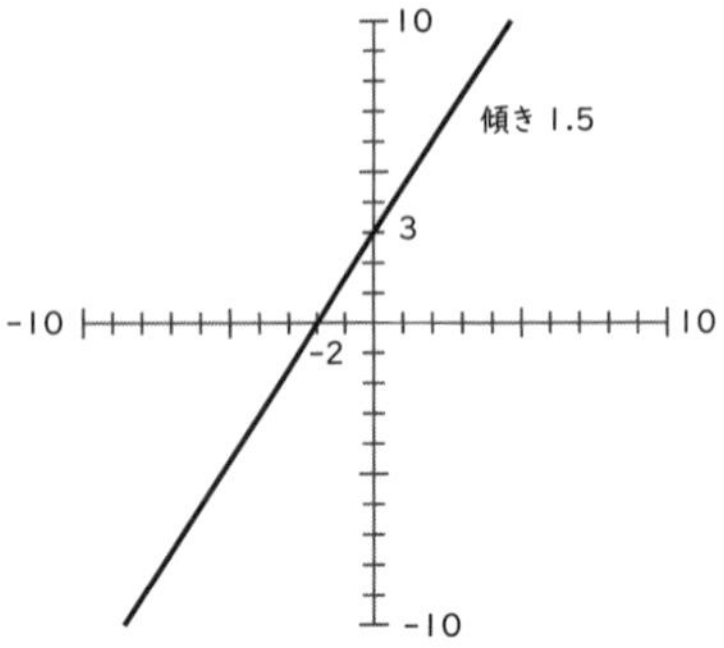

◎ $y=ax^2$のグラフ

（原点を頂点とす放物線のグラフ）

今度は、$y=x^2$のグラフを考えてみよう。xに-3、-2、-1、0、1、2、3、□の値を次々に入れて、yを求めると次の表ができる。

X	-3	-2	-1	0	1	2	3
Y	9	4	1	0	1	4	9

これをプロットする（グラフに描《えが》き入れる）と、Uの字型の次のようなグラフができる。この形を「放物線《ほうぶつせん》」という。このグラフは、y軸に関して左右対称で、$x=0$のとき、yは最小値$y=0$となる。この放物線の（0, 0）の点を「放物線の頂点《ちょうてん》」とよぶ。

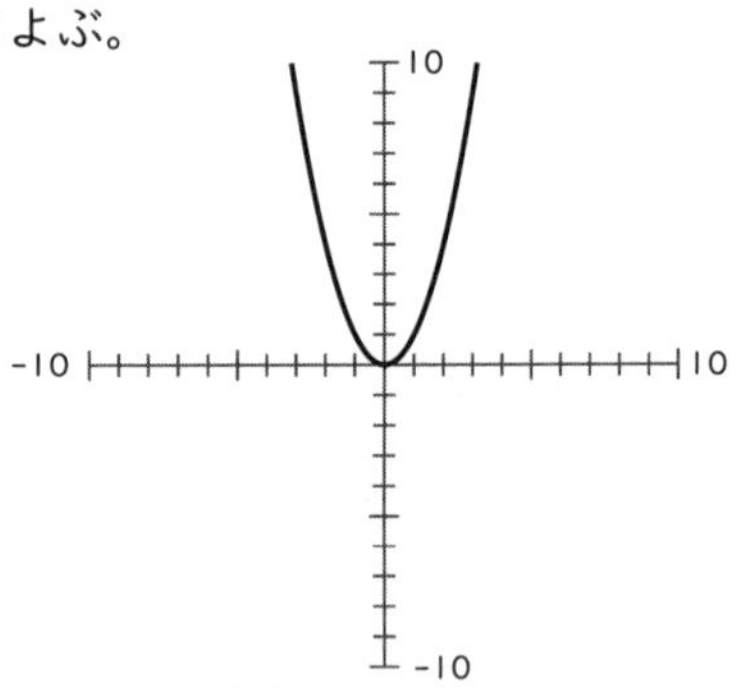

放物線 $y=x^2$のグラフ

今度は、

①$y=2x^2$

②$y=\frac{1}{2}x^2$

③$y=0.1x^2$

④$y=-x^2$

⑤$y=-0.3x^2$

のグラフを描くと次のようになる。

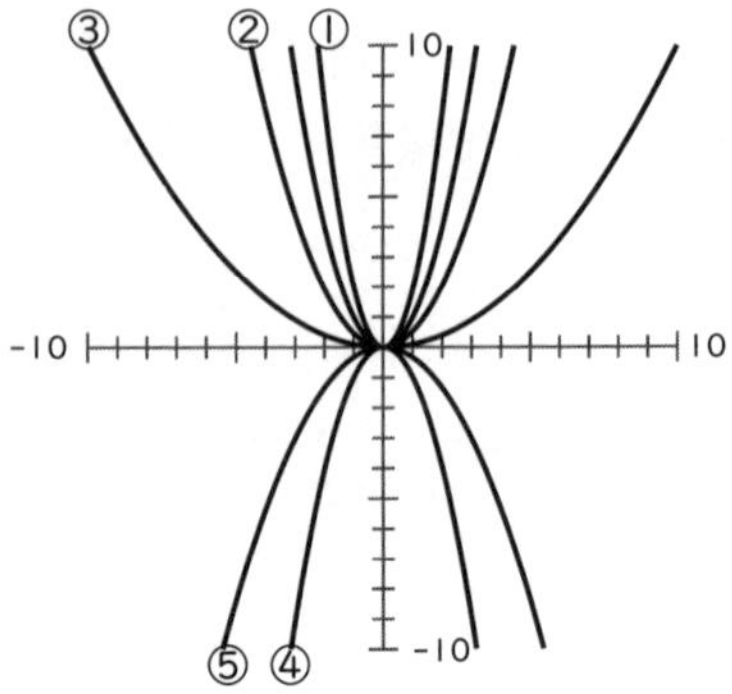

$y=ax^2$のタイプの放物線

この図から$y = ax^2$のグラフはaが正だと上開きの放物線で、数が大きいほど「すぼまった」、小さいほど「広がった」放物線になることが分かる。aが負だと下開きの放物線となり、絶対値がゼロに近いほど広がった放物線になることが分かる。この図に描かれた多数の放物線の頂点はすべて原点（0，0）にある。

2.6 平方根

1、2、3、4、5、6、7、8、9のおなじ数字どうしを掛け算すると、

1、4、9、16、25、36、49、64、81の9個の数が求まる。このように同じ整数を二乗して出てきた数を「平方数《へいほうすう》」という。そこで、例えば、64を見て、この数から元の数字8を出す動作を「平方根《へいほうこん》を求《もと》める」といい、

$\sqrt{64}=8$

という書き方をして、「ルート64は8」と読む。例えば$\sqrt{4}=2$、$\sqrt{25}=5$、$\sqrt{49}=7$である。

以上のように、$\sqrt{\ }$の中が幸いにも平方数であれば、すんなり$\sqrt{\ }$をなくすことができるが、平方数でなければ、ふつうは小数点以下が無限に不規則に続く「無理数《むりすう》」と呼ばれる数になる。

例えば、

$$1.41421356 \times 1.41421356 = 2$$

になるので、

$\sqrt{2} = 1.41421356\cdots$という数になる。$\sqrt{2}$は無理数である。

（平方数×整数）が$\sqrt{\ }$の中にあるときは、ルートの中の数を小さくすることができる。例えば

$\sqrt{12} = \sqrt{4 \times 3} = \sqrt{4} \times \sqrt{3} = 2\sqrt{3}$、

$\sqrt{72} = \sqrt{36 \times 2} = 6\sqrt{2}$

2.7 分母に平方根（無理数）がある場合の有理化

例えば、$\frac{4}{\sqrt{2}}$のように分母に無理数の平方根があるのは好ましくない形である。というのは、整数を小数点以下無限に続く数で割り算をする、というのは困難だからである。こういう時には「分母分子に同じ数を掛けても分数の数値は変らない」の原則に従い、その同じ無理数を分母分子に掛けるのである。この例では$\sqrt{2}$を分母分子に掛けると

$$\frac{4}{\sqrt{2}} = \frac{4\sqrt{2}}{\sqrt{2}\sqrt{2}} = \frac{4\sqrt{2}}{2}$$
$$= 2\sqrt{2}$$

となって、分母に無理数がある状態が解消された。この操作を「分母の有理化《ゆうりか》」という。

2.8 二次式の因数分解 その1
（x^2の係数が1の場合）

カッコのついた数式同士の積の展開計算を復習しよう。例えば次の例を考える。

$(x + 4)(x + 7)$を計算すると、

$x^2 + 11x + 28$が得られる。

では、$x^2 + 11x + 28$が示されたとき、これを元のカッコ同士の積の形に戻す、というのは、どうすればいいのであろう。この操作を「因数分解《いんすうぶんかい》」という。中学校数学の範囲では、x^2の項の前に何の数字も書いてない（つまり1と書いてあるのと同じ）ときの因数分解だけを扱う。

$(x + 4)(x + 7)$を計算したら、

$x^2 + 11x + 28$になった、というとき、最後の28はどうして得られたのかと言うと、元の二つのカッコの後ろどうし（つまり4と7）の積として得られたものであった。真ん中の、xの項の前の数字11はどうして得られたのかと言うと、4と7を足し算して得られたものであった。すると、掛け算すれば最後の数、足し算すれば真ん中の数になる2つの数字（pとqとする）が見つかれば、$(x + p)(x + q)$として因数分解ができることになる。

練習問題

次の式を因数分解せよ。

① $x^2 + 7x + 12$

② $x^2 + 14x + 24$

答えの出し方

① 掛けたら 12、足したら 7 になる 2 つの数字は 3 と 4。だから因数分解すると

$(x + 3)(x + 4)$ となる。

② 掛けたら 24、足したら 14 になる 2 つの数は？ 2 と 12 だね。だから因数分解すると

$(x + 2)(x + 12)$ となる。

真ん中の項がマイナスの数字の場合を考えよう

$x^2 - 12x + 35$ のような場合には、掛けて 35、足して 12 になる 2 つの数字、5 と 7 が見つかったら、かっこの中は両方マイナスになって $(x - 5)(x - 7)$ が答になる。

練習問題

次の式を因数分解せよ。

① $x^2 - 8x + 15$

② $x^2 - 10x + 21$

答えの出し方

① 掛けたら 15、足したら 8 になる 2 つの数字は 3 と 5。だから因数分解すると

$(x - 3)(x - 5)$ となる。

② 掛けたら 21、足したら 10 になる 2 つの数は？ 3 と 7 だね。だから因数分解すると

$(x - 3)(x - 7)$ となる。

最後の数字がマイナスの場合

これは、2 つのカッコの後の数字が、片方がプラス、片方がマイナス、のケースである。掛け算したら最後の数字になる、までは同じだが、今度は引き算したら真ん中の数字になる 2 つの数字を探すことになる。

練習問題

次の式を因数分解せよ。

① $x^2 - 3x - 28$

② $x^2 + 3x - 54$

答えの出し方

① 掛けたら 28 になり、引いたら 3 になる 2 つの数は？ 7 と 4 だね。真ん中の数字が－3 になるように、7 の方に「－」を付ける。

答は $(x - 7)(x + 3)$ になる。

② 掛けたら 54、引いたら 3 になる 2 つの数字は？ 6 と 9 だね。真ん中が＋3 だから 9 の方に＋を付ける。

答は $(x + 9)(x - 6)$ になる。

公式によって一発で因数分解できる
2つの特殊ケース

【ケース1】

二乗の差のとき$(a^2-b^2)=(a+b)(a-b)$の公式が使える場合）

例:$9x^2-16=(3x+4)(3x-4)$ になる。

【ケース2】

和の二乗公式の形（真ん中の項の半分の二乗が第3項になっている場合）

例：$x^2-6x+9=(x-3)^2$ になる。

2.9 二次式の因数分解 その2
x^2の前の数字が1ではない場合「たすき掛け計算」

ふたたび2つの1次式のカッコの積（展開）を考えよう。たとえば

$(2x-5)(3x+7)=6x^2-x-35$ に

と計算できる。

問題は、後の $6x^2-x-35$ を見て、もとの $(2x-5)(3x+7)$ を導き出せるかどうかである。前の数字6は、カッコの前どうしの2と3の積であった。

最後の数字−35は、かっこの中の後ろの数字−5と+7の積であった。ということは、前の6を作る数字の組、例えば、(2と3)、後の数字−35を掛け算して作り出す数字の組（5と−7）または（−5と7）を組み合わせて、真ん中の−1を作り出せるかどうかを考えればよい。

このために、「たすき掛け計算図表」を作るのが有効である。

まず、先頭の6を作る数字の組、2と3を、縦に書き連ねる。

次に、最後の−35を作る数字の組、例えば（5と−7）を縦に書き連ねる。以下の図のようにである。

```
2    5
3   −7
```

つぎに、左下の3と右上の5の積15 を上の段の右方に記入する。さらに左上の2と右下の−7の積−14を右端下段に書き込む。最後に、右端の15と−14を足した数+1を右端下に書き込む。+1になった。これがまん中の項の数字−1と一致しているか？ 残念一致していない。ダメ。

```
2 ＼／  5 →   15
3 ／＼ −7 → −14
           ──────
            +1 ダメ
```

では、5、−7とはせず、−5、7にして再度やってみる。

```
2 ＼／ −5 → −15
3 ／＼  7 →  14
           ──────
            −1 成功!
```

となって、真ん中の項−1と一致していた。成功！

$(2x-5)(3x+7)$と因数分解に成功した。
以上の作業は高認に非常によく出てくる。

練習問題

次の２次式を因数分解せよ。

① $3x^2 + 5x + 2$

② $8x^2 - 2x - 3$

③ $2x^2 - 9x + 4$

答えの出し方

次の答に自力で達すれば、その人の実力は高認合格ラインに達したと判定される。

① $(3x + 2)(x + 1)$

② $(4x - 3)(2x + 1)$

③ $(2x - 1)(x - 4)$

③の例で、２と４を同じ段に並べる組み合わせは初めからダメ。$(2x - 4)$ は $2(x - 2)$ と書けるから、３つ全部の数字が偶数になっているはずである。「同じ段に同じ数の倍数を並べてはいけない（３と６とか）」。この知識で、大幅にダメな組み合わせが排除でき、正しい組み合わせにすばやく達することができる。

2.10 二次方程式の解法

次に取り上げるのは二次方程式
$ax^2 + bx + c = 0$ を解けという問題である。

【ケースA】

この２次方程式が因数分解できるなら、因数分解して解く。

●例１：$x^2 + x - 6 = 0$ を解け。

【答の出し方】

因数分解できる形。

$x^2 + x - 6 = (x - 2)(x + 3) = 0$ となるから、

$x - 2 = 0$ または $x + 3 = 0$

これらから $x = 2$　または $x = -3$　（答）

●例２：$12x^2 - 16x - 3 = 0$ を解け。

【答の出し方】

因数分解すれば $(2x - 3)(6x + 1) = 0$

これから

$x = \frac{2}{3}$ または　$x = -\frac{1}{6}$　（答）

【ケースB】

因数分解できない場合には、根の公式を使う。

（B１） $ax^2 + bx + c = 0$ の解は、次の根の公式

$$x = \frac{-b \pm \sqrt{b^2 - 4ac}}{2a}$$

を使う。絶対覚えておくべき公式である。

ここで「±」は、プラスの場合もマイナスの場合も両方とも解であるという意味である。

●例１：$x^2 - x - 1 = 0$ を解け。

$$x = \frac{1 \pm \sqrt{1 - 4 \times 1 \times (-1)}}{2 \times 1}$$

$$= \frac{1 \pm \sqrt{5}}{2}$$　（答）

●例 2：$3x^2 + 5x - 3 = 0$ を解け。

【答の出し方】

$$x = \frac{-5 \pm \sqrt{5^2 - 4 \times 3 \times (-3)}}{2 \times 3}$$

$$= \frac{-5 \pm \sqrt{61}}{6} \quad (答)$$

(B2) $ax^2 + bx + c = 0$ の b が偶数（2 の倍数）の場合。つまり $ax^2 + 2b'x + c = 0$ の場合。この場合には次の根の公式によって

$$x = \frac{-b' \pm \sqrt{b'^2 - ac}}{a}$$

で計算できる。元の公式の、2 と 4 を「忘れていい」公式である。

●例：二次方程式 $x^2 - 6x + 3 = 0$ を解け。

【答の出し方】

真ん中の項は 6 で偶数。$a = 1$、$b' = -3$、$c = 3$ のケース。

答は　$x = 3 \pm \sqrt{9 - 1 \times 3} = 3 \pm \sqrt{6}$　になる。

練習問題

次の二次方程式を解け。

① $2x^2 + 8x + 5 = 0$

② $x^2 + 10x - 3 = 0$

答えの出し方

① $a = 2$、$b' = 4$、$c = 5$ のケース。

$$x = \frac{-4 \pm \sqrt{4^2 - 2 \times 5}}{2} = \frac{-4 \pm \sqrt{6}}{2}$$

② $a = 1$、$b' = 5$、$c = -3$ のケース

$x = -5 \pm \sqrt{5^2 - 1 \times (-3)}$

$= -5 \pm \sqrt{28} = -5 \pm 2\sqrt{7}$

最後 $\sqrt{28}$ で終わらないように！

2.11　三平方の定理（ピタゴラスの定理）

直角三角形の斜辺の長さを a、直角を挟《はさ》む 2 辺の長さをそれぞれ b、c とすると、

$a^2 = b^2 + c^2$　の関係がある。

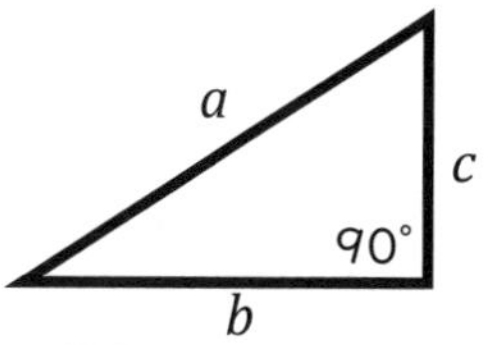

【問題①】

直角を挟む 2 辺の長さが 3cm と 4cm であった。斜辺の長さはいくらか？

斜辺の長さを a とすると、ピタゴラスの定理から、

$a^2 = b^2 + c^2 = 3 \times 3 + 4 \times 4$

$= 9 + 16 = 25$ となって、25 の平方根は 5。

だから斜辺の長さは 5cm（答）

【問題②】

直角二等辺三角形の直角を挟む 2 辺の長さがともに 1m であるとき、斜辺の長さを求めよ。

$a^2 = 1^2 + 1^2 = 2$ したがって斜辺の長さは

$a = \sqrt{2}\,m$（答）

PART Ⅱ 過去問研究

1 式の変形と集合問題

1－1 式の計算

1 次の[ア]～[カ]の[ ]を適切にうめなさい。

（1）$A = 3x - 1$, $B = 5x^2 + 3x - 1$, $C = x^2 + 6x - 1$ のとき，
$2A + B - 2C =$ [ア] $x^2 -$ [イ] $x -$ [ウ] である。

（2018年8月試験）

答えの出し方

この問題は、素直に計算するだけ。A、B、C のところに各々式を入れてみる。

$2A + B - 2C$
$= 2(3x - 1) + 5x^2 + 3x - 1 - 2(x^2 + 6x - 1)$
$= 6x - 2 + 5x^2 + 3x - 1 - 2x^2 - 12x + 2$
$= 3x^2 - 3x - 1$ （答）

1 次の[ア]～[カ]の[ ]を適切にうめなさい。

（1）A から $x^2 + 2x - 5$ を引いたら $2x^2 - 4x - 1$ になった。
このとき、$A =$ [ア] $x^2 -$ [イ] $x -$ [ウ] である。

（2018年11月試験）

答えの出し方

こう考えてみる。簡単な文章に置き換えるのだ。この場合「7から3を引いたら4になった。このとき7は？」と書きなおせば、答の7は3＋4で求まることが分かるね？　だから A は ここに現れた2つの式を足せばよい。だから

$A = (x^2 + 2x - 5) + (2x^2 - 4x - 1)$
$= 3x^2 - 2x - 6$ （答）

1 次の ア ～ カ の ☐ を適切にうめなさい。

（1）A から $-4x^2+5x+10$ を引いたら $2A$ となった。
このとき、$A=$ ア x^2- イ $x-$ ウエ である。

（2016年11月試験）

答えの出し方

この問題は、A から $-A$ を引いたら $2A$ になる、と気が付いた人は、

$-A=-4x^2+5x+10$

だから両辺符号を逆にして

$A=4x^2-5x-10$

と一気に答にたどり着く。

では気が付かなかった人は？

$A=ax^2+bx+c$

と置いてみる。

すると、A から

$-4x^2+5x+10$

を引くと

$ax^2+bx+c-(-4x^2+5x+10)$

$=(a+4)x^2+(b-5)x+(c-10)$

これが $2A$ に等しい。

つまり、$2ax^2+2bx+2c$ に等しいから

$a+4=2a$、

$b-5=2b$、

$c-10=2c$

この3つの式から

$a=4$、$b=-5$，$c=-10$ と求められる。

だから

$A=ax^2+bx+c$

$=4x^2-5x-10$ となる。

1－2 式の展開

1 次の ア ～ カ の □ を適切にうめなさい。

（2）$(x-3y+2)(x-3y-2)$ を展開すると オ になる。

次の①～④のうちから正しいものを一つ選べ。

① x^2+9y^2-4

② $x^2+9y^2-6xy-4$

③ $x^2-9y^2+6xy-4$

④ $x^2-9y^2-6xy-4$

（2016年11月試験）

答えの出し方

公式 「和と差の積は、二乗の差に等しい」

つまり

$(a+b)(a-b)=a^2-b^2$

の公式が使えないかと考えると、この場合、

$a=x-3y$、 $b=2$

のケースであることが分かる。

元の式を a、b で置き換えて書くと

$(x-3y+2)(x-3y-2)$

$=(a+b)(a-b)=a^2-b^2$

となって、置き戻せばとなって②が正しい。

実際の計算では、いちいち a、b に置きなおして最後におきもどすことはせず、頭の中で置きなおして次のように計算してしまう。

$(x-3y+2)(x-3y-2)$

$=((x-3y)+2)((x-3y)-2)$

$=(x-3y)^2-2^2$

$=x^2-6xy+9y^2-4$

となって、②が正しい。

計算経過が理解できるまで、この4行を何度も紙に書いてこの技を身に付けてしまってほしい。

裏ワザ

【その1】

①～④で違っているのは、y^2 と xy の係数（前にかかっている数字）だけ。

$(x-3y+2)(x-3y-2)$ の式で、y^2 の項を作ることを考えると、次の図の上側のカッコように $+9y^2$ になる。また、xy の項を作ることを考えると、下の2つのカッコの和になって $-6xy$ になることがわかる。だから②が正しいことが分かる。

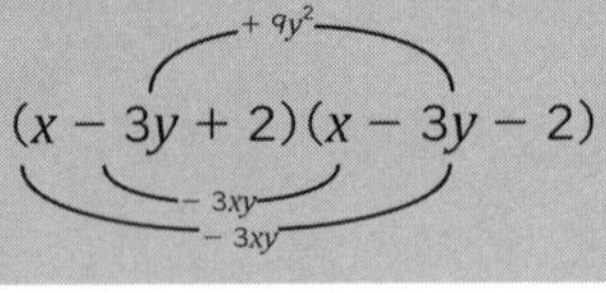

【その2】

x も y も両方とも1にしちゃうと $(x-3y+2)$ が $(1-3+2)=0$ になる。

①で $x=1$、$y=1$ にすると6。②では0。③は－6、④は－18となって②が正しいとわかる。

1 次の ア ～ カ の □ を適切にうめなさい。

（2）$(x+y+1)^2$ を展開すると エ になる。

次の①～④のうちから正しいものを一つ選べ。

① x^2+y^2+1

② $x^2+2xy+y^2+1$

③ $x^2+xy+y^2+x+y+1$

④ $x^2+2xy+y^2+2x+2y+1$

（2018 年 11 月試験）

答えの▶出し方

二乗の展開公式 $(a+b)^2=a^2+2ab+b^2$ を使うのだが、$(x+y)$ の部分を最初は崩さないで 1 つの文字のようにあつかって、次のように計算する。

$(x+y+1)^2=((x+y)+1)^2$

$=(x+y)^2+2(x+y)+1$

$=x^2+2xy+y^2+2x+2y+1$

となって④が正しい。この式の変形も慣れるまで紙に書き写して「手に覚えさせよう」。

【裏ワザ】

$x=1$, $y=1$ とすると $(x+y+1)^2$

$=3^2=9$

①は $1+1+1=3$（×）、

② $1+2+1+1=5$（×）、

③ $1+1+1+1+1+1=6$（×）

④ $1+2+1+2+2+1=9$（○）

1 次の ア ～ カ の □ を適切にうめなさい。

（2）$x(x-1)(x-2)$ を展開すると

x^3- エ x^2+ オ x

になる。

（2017 年 11 月験）

答えの▶出し方

エは 3、オは 2。

1－3 因数分解

1 次の ア ～ カ の □ を適切にうめなさい。

（1）$(x-3)^2+4(x-3)$ を因数分解すると

$(x-$ ア $)(x+$ イ $)$

になる。

（2016年8月試験）

答えの出し方

式の中の繰り返して現れる部分は、文字に置き換える。この例では $x-3$ を a に置き換えると a^2+4a となって、$a(a+4)$ と因数分解できる。置き戻すと、

$(x-3)(x-3+4)=(x-3)(x+1)$

となって、これが答。アは3、イは1。

実際には置きかえは頭の中だけでやって

$(x-3)^2+4(x-3)$

$=(x-3)(x-3+4)=(x-3)(x+1)$

という計算の流れをマスターしたい。

1 次の ア ～ カ の □ を適切にうめなさい。

（1）$2x^2-x-6$ を因数分解すると

$(x-$ ア $)($ イ $x+$ ウ $)$

になる。

（2017年11月試験）

答えの出し方

2次式の因数分解は「たすき掛け」の計算法を完全にマスターしておきたい。

今の場合、次のように計算される。まず x^2 の係数2に注目して、掛け算して2になる2つの数字を見つけ出し、A 列に縦《たて》に書き連ねる。図では、掛けて2になる1と2を A 列に縦に並べた。

次に最後の数字「－6」に注目して掛けて－6になる2つの数字を B 列の縦に書き連ねる。図ではかけて－6になる－2と3を縦に書き連ねた。次に、左下の2と右上の－2を掛けた－4を右端に書く。さらに左上の1と右下の3を掛け算した3を下の段の右端に書く。最後に右端に縦に並んだ－4と3を足し算して下に－1と書く。この数字が、まんなかのxの項の係数に等しければ成功、等しくなければ、掛け算の組み合わせを変える。

こうして、下の図の上の行（1，－2）から $(x-2)$ と書き、下の行（2，3）から $(2x+3)$ と書いて、掛け算の形、

$(x-2)(2x+3)$ が

因数分解した結果で、

これが答となる。

A列　B列

1 ╲╱ －2 → －4

2 ╱╲ 3 → 3

－1

1 − 4 無理数分母の有理化

【問題に入る前に】

数字の平方根は、ふつうには無限に不規則に小数点以下の数字が並んだものとなる。例えば

$\sqrt{5} = 2.2360679\ldots$ となる。このように、小数点以下が不規則に無限に続く数を「無理数《むりすう》」という。このような平方根（無理数）が分母に入っているのは「厭《いや》」である。割り算の計算が大変だからだ。そこで、なんとか分母から平方根を追い出す工夫《くふう》をする。まず、分母に平方根が1個だけ単独で入っている場合を考える。

たとえば

$\dfrac{6}{\sqrt{3}}$のような数を考える。

この場合には、分母、分子に$\sqrt{3}$と言う、同じ数を掛けるのがよい。すると

$$\frac{6}{\sqrt{3}} = \frac{6 \times \sqrt{3}}{\sqrt{3} \times \sqrt{3}} = \frac{6\sqrt{3}}{3}$$

$= 2\sqrt{3}$ となって、

分母から平方数を追い出すことに成功した。この操作を「分母の有理化《ゆうりか》」という。

では、分母が

$$\frac{4}{\sqrt{5} + \sqrt{3}}$$

のような形はどうすればよいのだろうか？

$(a + b)(a - b) = a^2 - b^2$ の公式を利用するのである。

つまり、元の式の分母・分子に（$\sqrt{5} - \sqrt{3}$）を掛ければ

$$\frac{4}{\sqrt{5} + \sqrt{3}} = \frac{4 \times (\sqrt{5} - \sqrt{3})}{(\sqrt{5} + \sqrt{3})(\sqrt{5} - \sqrt{3})}$$

$$= \frac{4(\sqrt{5} - \sqrt{3})}{(5 - 3)} = 2(\sqrt{5} - \sqrt{3})$$

となって、分母の有理化に成功する。それでは過去問をやっていこう。

1 次の［ア］～［カ］の［　］を適切にうめなさい。

（2）$\dfrac{1}{(\sqrt{2} + 1)}$ は,分母を有理化すると、

$\sqrt{\boxed{エ}} - \boxed{オ}$ になる。

（2016年8月試験）

答えの出し方

分母・分子に（$\sqrt{2} - 1$）を掛けると

$$\frac{1}{\sqrt{2} + 1} = \frac{(\sqrt{2} - 1)}{(\sqrt{2} + 1)(\sqrt{2} - 1)}$$

$$= \frac{(\sqrt{2} - 1)}{2 - 1} = \sqrt{2} - 1 \quad （答）$$

Ｉ－５ 必要条件と十分条件

【問題に入る前に】

サルは動物の一種である。このことを「(そのものが) サルならば (そのものは) 動物である」といい、記号的に、(サル) ⇒ (動物) と書く。

この関係は「(そのものが) サルであれば、それは動物であると十分に言いうるであろう。」

また逆に「(そのものが) サルであるためには、(そのものはまず) 動物でなくてはならない」といえる。このとき、「動物であること」は「サルである」ために必要であることがわかる。

そうすると

(サル) ⇒ (動物) という関係が成り立つとき、(サル) であることは (動物) であることの十分条件。

(動物) であることは (サル) であるために必要条件である。ということができる。

そこで、ぜひ覚えておきたい図がある。次の図である

十 ⇒ 必

これさえ覚えておけば万能である。

野球はスポーツである。だから

(野球) ⇒ (スポーツ)

が成り立つ。 十⇒必 の図を覚えていれば、

「野球はスポーツであることの十分条件である」

「スポーツであることは野球であることの必要条件である」

ということがあまり考えることなく「パッ」と言えるのである。

では過去問をやっていこう。

1 次の ア ～ カ の ［　］ を適切にうめなさい。

(３) x、y を整数とするとき，$x+y=3$ は $x=2$ かつ $y=1$ であるための ［カ］

次の①～④のうちから正しいものを一つ選べ

① 必要条件であるが、十分条件ではない

② 十分条件であるが、必要条件ではない

③ 必要十分条件である

④ 必要条件でも十分条件でもない

(２０１６年８月試験)

答えの出し方

P：$x+y=3$ であること。

Q：$x=2$ かつ $y=1$ であること。

明らかに $Q \Rightarrow P$ が成り立っている。

「十⇒必」の公式に当てはめれば、P は「必」である。

だから「必要条件」が正解。①が正しい。

1 次の［ア］～［カ］の［　］を適切にうめなさい。

（3）四角形$ABCD$が長方形であることは，四角形$ABCD$が正方形であるための［カ］。
次の①～④のうちから正しいものを一つ選べ。

① 必要条件であるが十分条件でない
② 十分条件であるが必要条件でない
③ 必要十分条件である
④ 必要条件でも十分条件でもない

（2018年8月試験）

答えの▸出し方

P: 長方形である。
Q: 正方形である。
とかけば、正方形は長方形の1種なので、
$Q \Rightarrow P$が成り立つ。↗

したがってPは必要条件である。①が正しい。

【集合問題】

1 次の［ア］～［カ］の［　］を適切にうめなさい。

（3）$\cup = \{1, 2, 3, 4, 5, 6, 7, 8, 9\}$を全体集合とする。
$\cup$の部分集合$A = \{1, 3, 5, 7, 9\}$，　$B = \{2, 3, 6, 8\}$について，
$A \cap B$の要素であるものは［カ］である。
次の①～④のうちから正しいものを一つ選べ。

① 1　　② 2　　③ 3　　④ 4

（2017年11月試験）

答えの▸出し方

まず記号の意味から。「∩」は「両方のグループ（集合）のどっちにも入っているもの」を表す。だから、Aが$\{1, 3, 5, 7, 9\}$で、Bが$\{2, 3, 6, 8\}$の場合には、この2つのどちらのグループにも入っているのは、3だけである。③が正しい。

次の問題はもうヒントなしでできるでしょう。
「∪」は「どっちかに入っていればOK」で、
$A \cup B = \{1, 2, 3, 5, 6, 7, 8, 9\}$になる。

1 次の［ア］～［カ］の［　］を適切にうめなさい。

（3）2つの集合 A，B について，$A = \{1, 2, 3, 4, 5, 6\}$， $B = \{3, 6, 9\}$ のとき，$A \cap B =$［オ］である。
次の①～④のうちから正しいものを一つ選べ。

① $\{9\}$
② $\{3, 6\}$
③ $\{1, 2, 4, 5\}$
④ $\{1, 2, 3, 4, 5, 6, 9\}$

（2018年11月試験）

答えの出し方

どっちにも入っているのは3と6。 だから②が正解である。

1 次の［ア］～［カ］の［　］を適切にうめなさい。

（3）集合 U とその部分集合 A，B の関係が，右の図のようになっている。
このとき $A \cap \overline{B}$ を表すのは［カ］の図の斜線部分である。
次の①～④のうちから正しいものを一つ選べ。

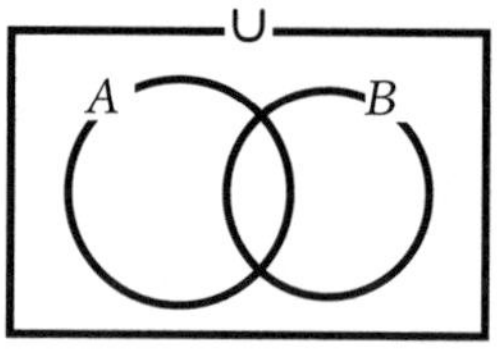

①
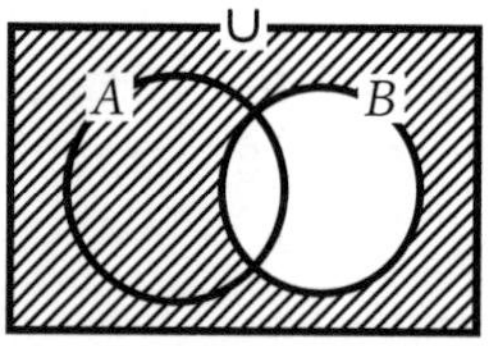

②
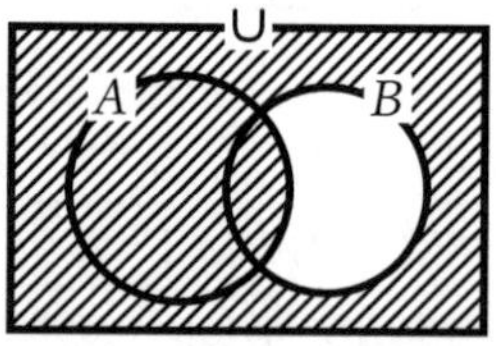

③
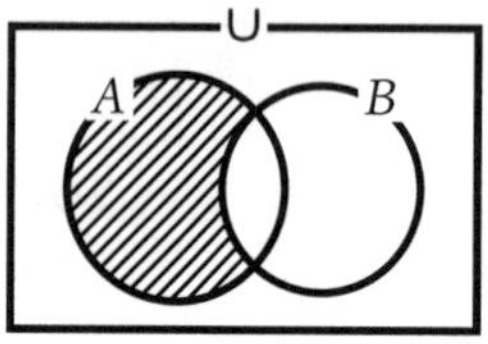

④
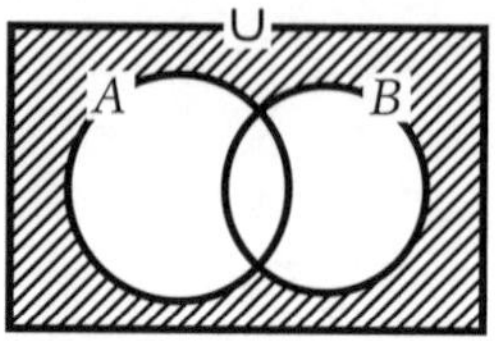

（2016年11月試験）

答えの出し方

$A \cap \overline{B}$ をコトバで解釈《かいしゃく》する。$\overline{B}$ は「B ではないもの」を意味する。

選択肢①の斜線領域は $\overline{B}$ を表したものである。（∩）だからこの領域と A の領域の両方に入っていなくてはならない。③が正しい。

2 不等式問題と文章問題

2－1 不等式を解く

2 次の ア ～ ウ の □ を適切にうめなさい。

（1）一次不等式 $0.3(x+1) > 0.4x+1$ を解くと，その解は ア である。

次の①～④のうちから正しいものを一つ選べ。

① $x > 2$　② $x < 2$　③ $x > -7$　④ $x < -7$

（2016 年 8 月試験）

答えの出し方

不等式を 10 倍して

$3(x+1) > 4x+10$

つまり $3x+3 > 4x+10$ となる。

x の項を左辺に、ただの数の項（常数項）を右辺に移すと、

$3x-4x > 10-3$

つまり $-x > 7$

を得る。**ここで両辺の符号を変えるが、このとき不等号の向きが逆になることに注意する。**

結局 $x < -7$ となって④が正しい。

裏ワザ

数直線を書いて、2、－ 7、0、100 を書き入れる。

①～④の言っている範囲を書き入れる（下の図）。

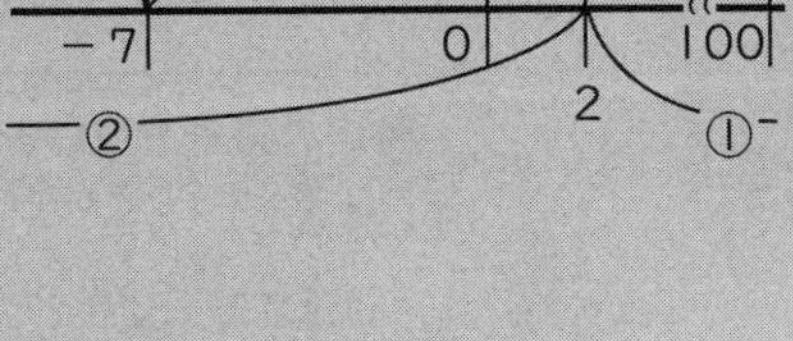

x ＝ 0 を元の式に入れる。

0.3 ＞ 1 は正しいか？

正しくないね！

だから②③は正しくない。

x ＝ 100 を入れてみる。

$0.3 \times 101 > 40+1$ は正しいか？　$30.3 > 41$ は正しくないね。

だから①③は正しくない。これで④が正しいとわかる。

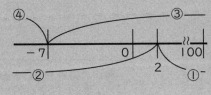

2 次の ア ～ ウ の □ を適切にうめなさい。

（1）連立不等式 $\begin{cases} x > 2 \\ x + 3 \leqq 3x - 7 \end{cases}$ を解くと，その解は ア である。

次の①～④のうちから正しいものを一つ選べ。

① $2 < x \leqq 5$　② $x \geqq 5$　③ $x < 2$　④ $2 \leqq x < 5$

（2016年11月試験）

答えの出し方

下の式は、$x + 3 \leqq 3x - 7$ となる。

この式で x を左辺に常数《じょうすう》（タダの数）を右辺に移すと、

$x - 3x \leqq -7 - 3$ これから $-2x \leqq -10$

つまり、$-x \leqq -5$ となる。

ここで両辺符号を変える。このとき不等式の向きを逆転する。すると、

$x \geqq 5$ となって、$x > 2$ と合わせて、②が正しい。③は始めからあり得ない。なぜか？

$x>2$と矛盾するからである。

前の問題と同じ【裏ワザ】でもできる。この場合、$x = 100$ を入れるだけで答えが出る。

2 次の ア ～ ウ の □ を適切にうめなさい。

（1）一次不等式 $\dfrac{(3x - 1)}{5} \leqq x + 3$ を解くと，その解は ア である。
次の①～④のうちから正しいものを一つ選べ。

① $x \geqq 8$　② $x \leqq 8$　③ $x \geqq -8$　④ $x \leqq -8$

（2017年11月試験）

答えの出し方

元の式を5倍すると、$3x - 1 \leqq 5(x + 3)$

つまり $3x - 1 \leqq 5x + 15$

これから $3x - 5x \leqq 15 + 1$

つまり、$-2x \leqq 16$

両辺の符号を逆にするのと同時に不等号の向きを逆にすると、

$2x \geqq -16$

これから $x \geqq -8$ となって、③が正しい。

2 次の ア ～ ウ の [　　] を適切にうめなさい。

（1）不等式 $-0.7x-0.4 \geqq -0.2x+1.6$ を解くと，その解は ア である。
次の①～④のうちから正しいものを一つ選べ。

① $x \leqq 4$　② $x \geqq 4$　③ $x \leqq -4$　④ $x \geqq -4$

（2018 年 8 月試験）

答えの出し方

元の式を 10 倍して $-7x-4 \geqq -2x+16$
となる。x を左辺に、常数を右辺に移項すると
$-5x \geqq 20$
符号と不等号を逆転すると
$5x \leqq -20$
これから $x \leqq -4$
③が正しい。

2 次の ア ～ ウ の [　　] を適切にうめなさい。

（1）一次不等式 $2(1+x)+7 \leqq 3(x-1)$ を解くと，その解は ア である。
次の①～④のうちから正しいものを一つ選べ。

① $x \geqq 12$　② $x \leqq 12$　③ $x \geqq -12$　④ $x \leqq -12$

（2018 年 11 月試験）

答えの出し方

元の式のカッコをはずすと、
$2+2x+7 \leqq 3x-3$ となる。x の項を左辺に、
常数項を右辺に移項すると、
$2x-3x \leqq -3-9$

これから $-x \leqq -12$ 両辺の符号と不等号を逆転すると $x \geqq 12$
①が正しい（不等号問題はすべて裏ワザを使うことができる。$x=0$、$x=100$ を入れる）。

2－2 文章問題

2 次の ア ～ ウ の □ を適切にうめなさい。

（2）ある水族館の一般の入場料は 1 人当たり 600 円である。しかし、25 人以上の団体は 1 人当たり 500 円で入場できる。25 人に満たない団体でも、25 人分の団体用の入場券を購入することで入場できる場合、少なくとも イウ 人以上のときは、団体用の入場券を購入する方が入場料の総額が少ない。

（ 2016 年 8 月試験）

答えの出し方

25 人分の団体入場料金は

$25 \times 500 = 12{,}500$ 円である。

25 人より少ない x 人が 600 円で入ったときの入場料は、$600x$ 円である。これが 12,500 円より高くなるときには、

$600x > 12{,}500$ が成り立つ。

両辺 600 で割れば

$$x > \frac{12{,}500}{600} = 20.8 \cdot \cdot \cdot$$

x は整数であるから、$x = 21$ 人以上のときは 25 人の団体用の入場券の方が安い。（答）

2 次の ア ～ ウ の □ を適切にうめなさい。

（2）13 からある数 x を引いた数は，x を 3 倍した数より大きい。このような数のうち，最大の整数は イ である。

（ 2016 年 11 月試験）

答えの出し方

素直に文章を数式で表せば

$13 - x > 3x$

x の項を左辺へ、常数を右辺に移項すれば

$-x - 3x > -13$

つまり $-4x > -13$ 両辺の符号と不等号を逆転すれば $4x < 13$

これから $x < \dfrac{13}{4} = 3.25$ これを満たす最大の整数は $x = 3$（答）

2 次の ア ～ ウ の ［　］ を適切にうめなさい。

（2）1個700円の幕の内弁当と1個500円のハンバーグ弁当を合わせて12個買って，代金の合計を7500円以下にしたい。このとき，幕の内弁当を最大 イ 個買うことができる。

（2017年11月試験）

答えの出し方

幕の内弁当の個数を x とすると、ハンバーグ弁当は（$12 - x$）個になる。この値段が7,500円以下だから

$700x + 500(12 - x) \leqq 7{,}500$

両辺を100で割れば

$7x + 5(12 - x) \leqq 75$

これから　$2x + 60 \leqq 75$

常数を移項して、　$2x \leqq 15$

これから　$x \leqq \dfrac{15}{2} = 7.5$

これを満たす最大の整数は $x = 7$。

幕の内弁当は最大7個買うことができる（答）。

2 次の ア ～ ウ の ［　］ を適切にうめなさい。

（2）1個120円のケーキと1個90円のアイスを合わせて50個買うことにした。代金の合計を5000円以下にするとき，ケーキは最大 イウ 個買うことができる。

（2018年8月試験）

答えの出し方

ケーキを x 個買うとする。アイスは $50 - x$ 個買うことになる。

$120x + 90(50 - x) \leqq 5000$

10で割って、

$12x + 9(50 - x) \leqq 500$

これから $3x + 450 \leqq 500$

つまり、$3x \leqq 50$

これから $x \leqq \dfrac{50}{3} = 16.666\cdots$ を満たす最大の整数は16。

となって16個が正解。

2 次の［ア］～［ウ］の［　］を適切にうめなさい。

（2）山間部のある家庭では、冬期（11月～3月）に暖房と給湯のため灯油を購入している。11月において、購入した灯油から暖房用として18L使用し、残りの灯油の半分を給湯用に使用する。給湯用の灯油を30L以上にしたいとき、購入する灯油は最低［イウ］Lである。

（2018年11月試験）

答えの出し方

購入する灯油をxLとすると、

$$\frac{(x-18)}{2} \geqq 30$$

これから$x-18 \geqq 60$

つまり、$x \geqq 78$

答えは、最低78L

3 二次関数のグラフ

3－1 二次式から放物線のグラフを描く問題

毎回大問3，4は二次式から放物線グラフを描く問題である。この配点は合計30点と大きく、方程式が出された場合、その放物線のグラフを描く手順は必ずマスターしておきたい。その手順は「平方完成」と呼ばれる。

平方完成した形は　$y=a(x-p)^2+q$の形をしているが、これは放物線　$y=ax^2$をxの正方向（右方向）にp、上方向にqだけ移動したものである。頂点の位置は（p、q）になる。

例を挙げて説明しておこう。

頂点の位置は（　）^{2}の（　）の中がゼロになるとき、つまり$x=p$のとき、このとき$y=q$。だから頂点の座標は（p、q）と理屈で出せるようになっていること。

練習問題

二次式　$y=2x^2-12x+10$のグラフを描《えが》け。

答えの出し方

$y=2(x^2-6x)+10$

→　まずx^2の前の数字（係数）2で、xの一次の項までをカッコでくくる。

$y=2(x^2-6x+9)-18+10$

→　次にカッコ（　）内のxの係数－6を2

で割り、その数字を二乗して加える（借金をする）。カッコの外で、借りた借金を返す。この場合、-6 を 2 で割って -3 になり、二乗して 9 になるので（　）内部で 9 を加える。カッコの外に 2 がかかっているので $9\times2=18$ の借金したことになるので、カッコの外で 18 を引いて「借金を返す」ことになる。上の式の（　）内は、ある式の二乗を展開したものになっているはずである。結局この式は次のようになる。

$$y=2(x-3)^2-8\ (\bigstar)$$

この式は、

$$y=2x^2$$

の原点を頂点とする放物線の式を、x 方向に $+3$、（3 だけ右へ）、y 方向に -8 だけ移動した（下方向へ 8 だけ下げる）グラフを表すことになる。

（★）の式（　）^{2} の中がゼロになるときが頂点と覚える。この場合 $x-3=0$ だから $x=3$ である。このとき $y=-8$ になる。だから頂点の座標は $(3,\ -8)$ である。

x 軸、y 軸との交点を求めておこう。

元の式は

$y=2(x^2-6x+5)=2(x-1)(x-5)$

と因数分解できるから、$y=0$ となるのは $x=1$、または $x=5$ のときである。この放物線は x 軸と $x=1$、$x=5$ の点で交わっていることになる。

y 軸との交点は、最初の式で $x=0$ とおけば、$y=10$ になるので、y 軸とは 10 の点で交わる。

以上によって、次の放物線の図を描くことができる。

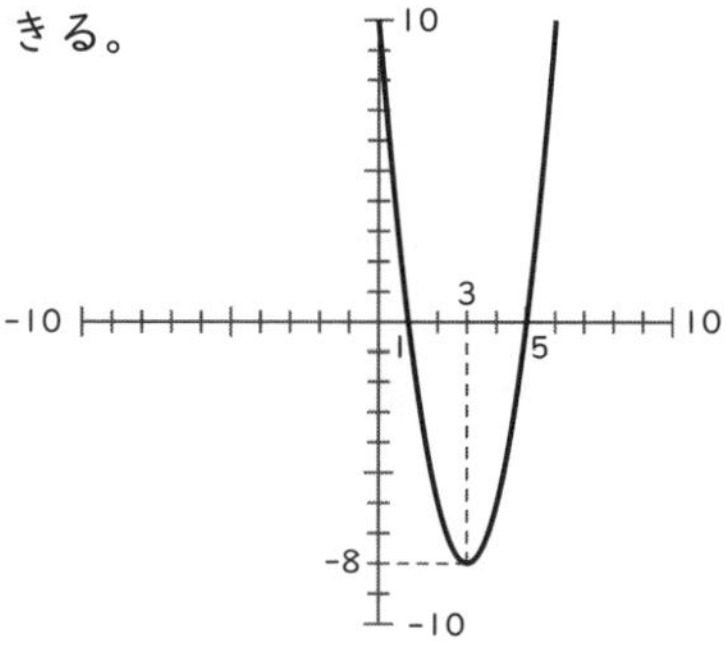

$y=2x^2-12x+10$ のグラフ

二次方程式の表す放物線のグラフを描くという動作は非常に重要なので、もう 1 例やっておこう。

練習問題

二次方程式　$y=-x^2-2x+3$　のグラフを描け。

答えの出し方

第 1 段階：　平方完成して頂点の位置を求める。

$$y=-x^2-2x+3$$
$$y=-(x^2+2x+1)+1+3$$
$$y=-(x+1)^2+4$$

これは $y=-x^2$ のグラフを、x のマイナス（左）方向に 1、y のプラス（上）方向に 4 移動したものである。

したがって、頂点の位置は $(-1,\ 4)$。

元の式は

$$y=-(x^2+2x-3)=-(x+3)(x-1)$$

と因数分解できるから、$x=-3$ と $x=1$ の 2 点が x 軸との交点。

元の式に $x=0$ と入れると $y=3$

だから y 軸との交点（y 切片）は 3。

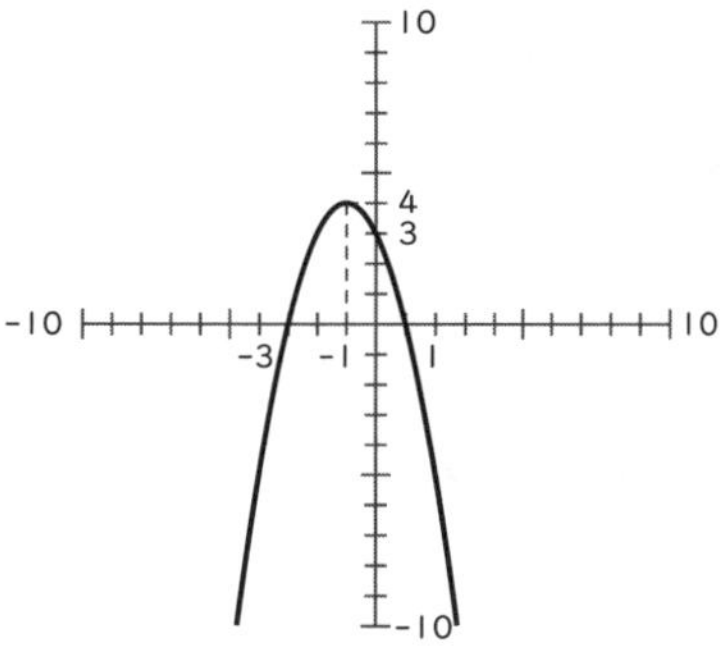

$y=-x^2-2x+3$ のグラフ

それでは、過去問に取り掛かろう。

3 次の ア ～ カ の [ ] を適切にうめなさい。

（1）二次関数$y = x^2 + 4x + 4$のグラフの概形として最も適切なものは ア である。
次の①～④のうちから一つ選べ。

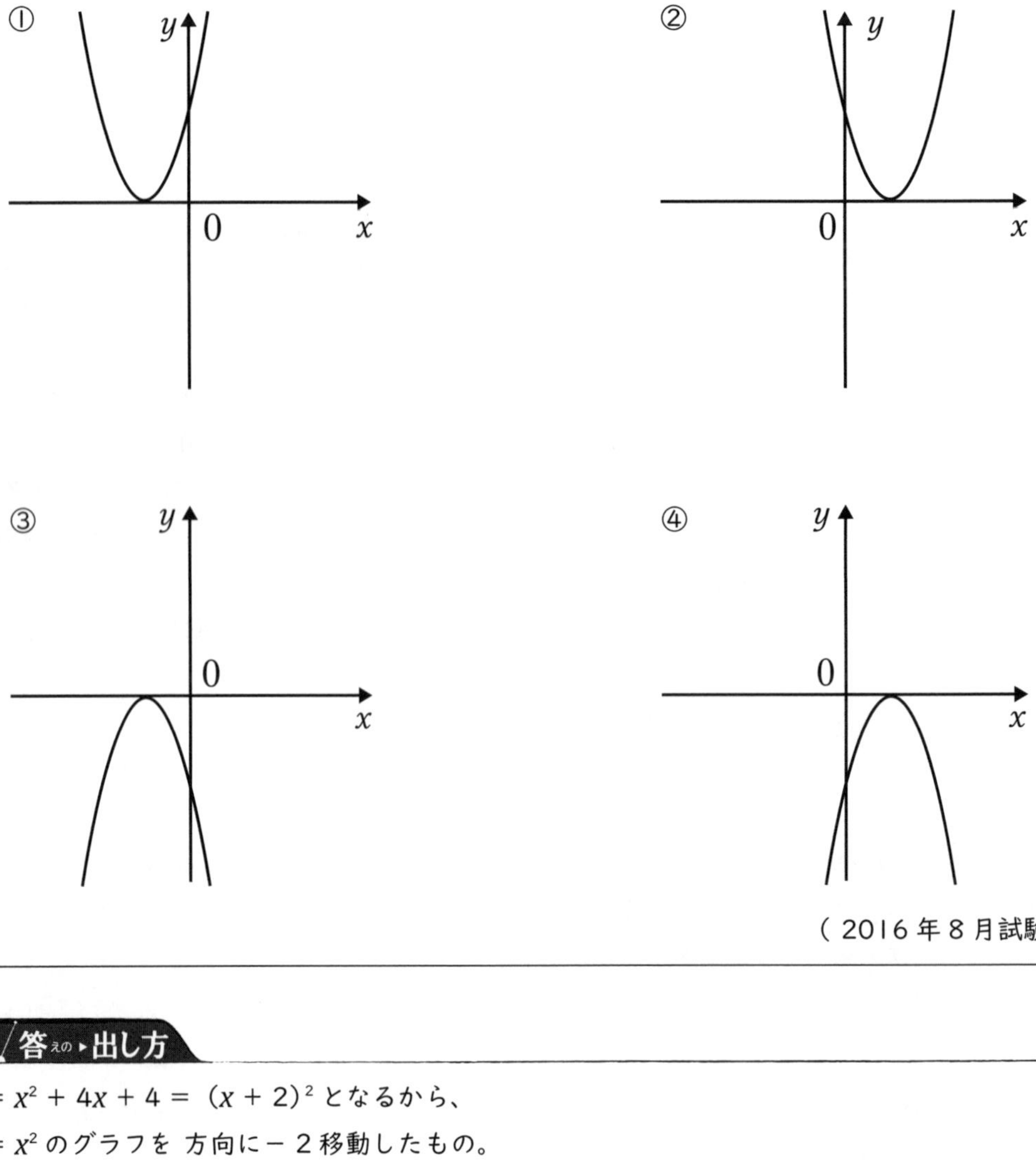

（2016年8月試験）

答えの出し方

$y = x^2 + 4x + 4 = (x + 2)^2$ となるから、

$y = x^2$ のグラフを 方向に－２移動したもの。

したがって、①が正解である。

3 次の **ア** ～ **カ** の ＿＿ を適切にうめなさい。

（2）右の図は、頂点が点（2，－4）で、原点を通る二次関数のグラフである。
グラフがこのようになる二次関数は **イ** である。
次の①～④のうちから正しいものを一つ選べ。

① $y=(x+2)^2-4$
② $y=(x-2)^2-4$
③ $y=2(x+2)^2-4$
④ $y=2(x-2)^2-4$

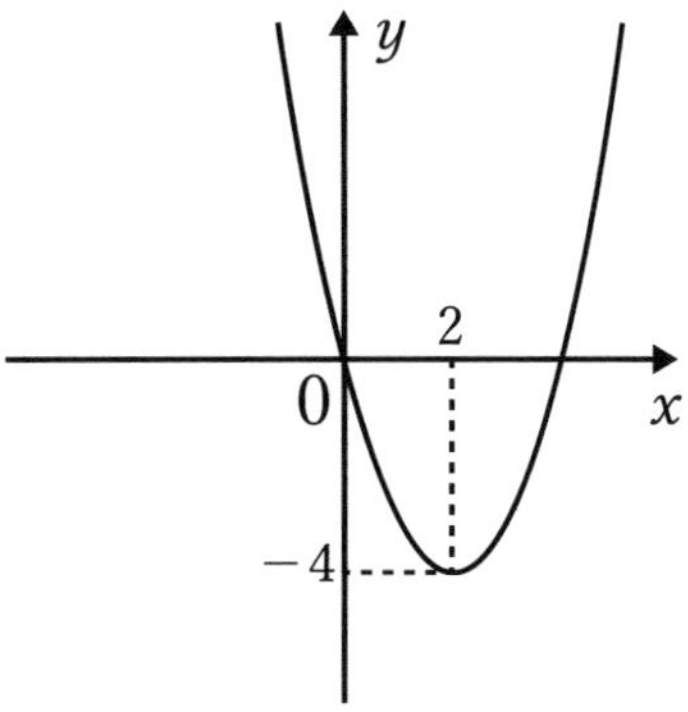

（2018年8月試験）

答えの出し方

頂点が（2，－4）の放物線は
$y=a(x-2)^2-4$ の形をしている。
原点（0，0）を通るから、$x=0$，$y=0$ を代入したら、式は成り立っているはず。

したがって、$0=a(0-2)^2-4$
これから $4a-4=0$
したがって $a=1$ となって、
$y=(x-2)^2-4$ が正しい。
②が正解。

3 次の ア ～ カ の □ を適切にうめなさい。

（1）二次関数 $y = -2x^2 + 3$ のグラフの概形として，最も適切なものは ア である。次の①～④のうちから一つ選べ。

①

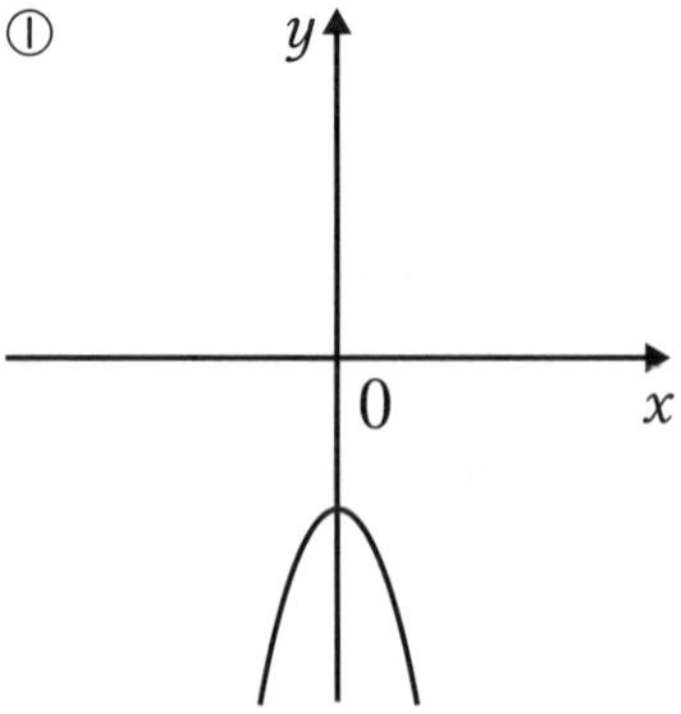

②

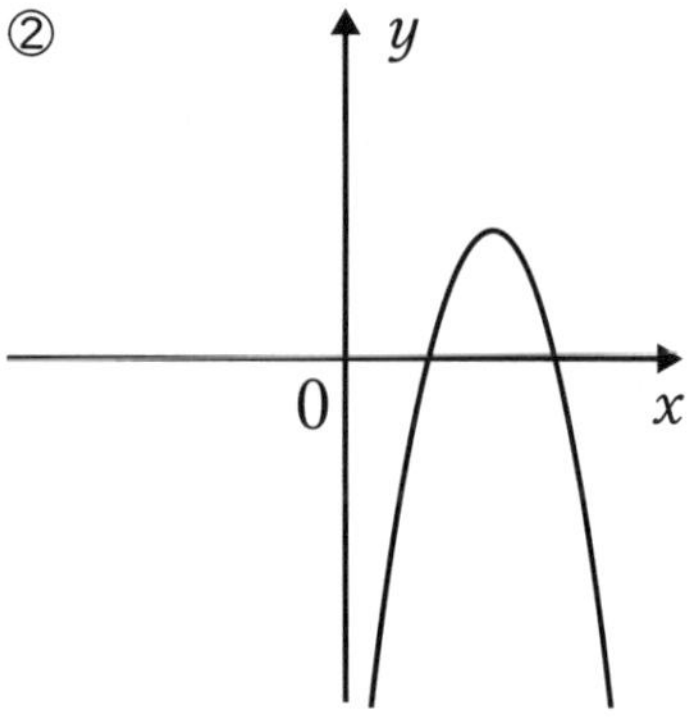

③

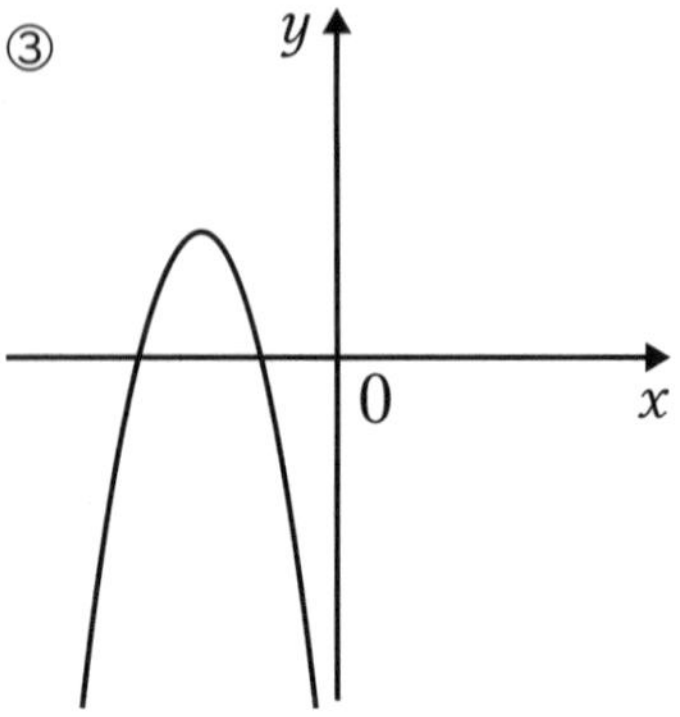

④

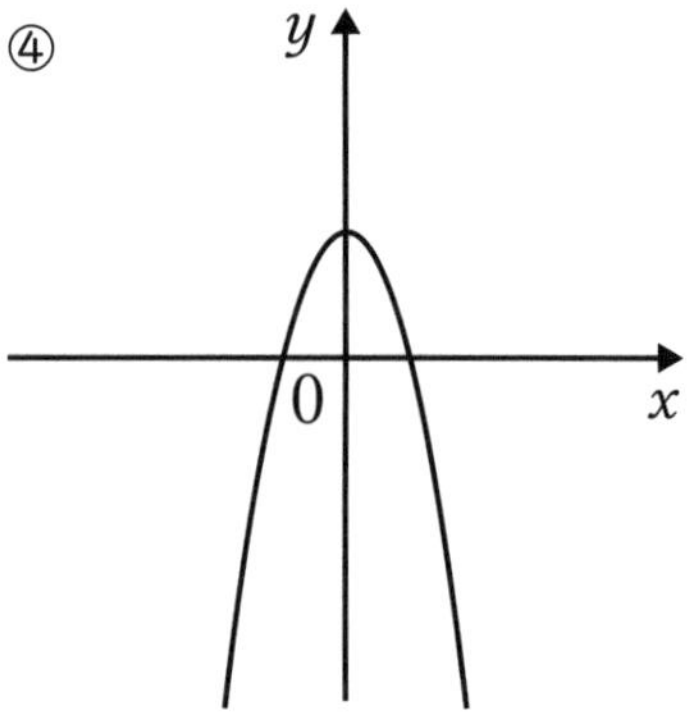

（2018年11月試験）

答えの出し方

$y = -2x^2 + 3$ は、$y = -2x^2$ の式を 3 だけ y 軸のプラス（上）方向に移動したものである。したがって、④が正しい。

【裏ワザ】

元の式に $x = 0$ を入れると $y = 3$ になる。だから（0，3）を通っている④が正しい。

3 次の **ア** ～ **カ** の □ を適切にうめなさい。

（2）二次関数 $y = a\ (x + 2)^2 + 1$（α は定数）のグラフが点（0，9）を通るとき，α の値は **イ** である。

（2018 年 11 月試験）

答えの出し方

点（0，9）を通るということは、

$x = 0$ を入れたら $y = 9$ になると言うこと。

したがって、

$9 = a\ (0 + 2)^2 + 1$

これから $4a = 8$ したがって、$a = 2$ である（答）。

3－2 グラフの移動問題

3 次の **ア** ～ **カ** の □ を適切にうめなさい。

（1）二次関数　$y = x^2$ のグラフを y 軸方向に 2 だけ平行移動する。

このとき，移動後の曲線をグラフとする二次関数は **ア** である。

次の①～④のうちから正しいものを一つ選べ。

①　$y = (x + 2)^2$　　②　$y = (x - 2)^2$　　③　$y = x^2 - 2$　　④　$y = x^2 + 2$

（2016 年 11 月試験）

答えの出し方

【復習】

原点（0，0）を頂点とする放物線 $y = ax^2$ を x 方向に p、y 方向に q 移動した式は

$y = a\ (x - p)^2 + q$ である（きわめて重要）。

この問題では、x 方向には移動せず、y 方向に 2 移動するのだから $y = x^2 + 2$ が正解で④。

3 次の ア ～ カ の □ を適切にうめなさい。

（1）二次関数 $y=-2x^2$ のグラフを x 軸方向に p，y 軸方向に -4 だけ平行移動すると，$y=-2(x-2)^2+q$ のグラフが得られた。このとき，p，q の値として正しい組み合わせは ア である。

① $p=2$，$q=4$　② $p=-2$，$q=-4$　③ $p=-2$，$q=4$　④ $p=2$，$q=-4$

（2017年11月試験）

答えの出し方

$y=-2x^2$ を x 軸方向に p、y 軸方向に -4 移動した式は $y=-2(x-p)^2-4$ になる。

これが $y=-2(x-2)^2+q$ になったのだから、$p=2$，$q=-4$ である。④が正しい。

3 次の ア ～ カ の □ を適切にうめなさい。

（1）二次関数 $y=2x^2$ のグラフを x 軸方向に -1，y 軸方向に 3 だけ平行移動する。
このとき，移動後の曲線をグラフとする二次関数は ア である。
次の①～④のうちから正しいものを一つ選べ。

① $y=2(x-1)^2-3$　② $y=2(x-1)^2+3$
③ $y=2(x+1)^2-3$　④ $y=2(x+1)^2+3$

（2018年8月試験）

答えの出し方

原点（0，0）を頂点とする放物線 $y=ax^2$ を x 方向に p、y 方向に q 移動した式は $y=a(x-p)^2+q$ である。

いま $p=-1$，$q=3$ だから、$y=2(x+1)^2+3$ となって④が正しい。

3－3 定数（a，kなど）を求める問題

3 次の［ア］～［カ］の［　］を適切にうめなさい。

（2）二次関数 $y = x^2 + kx - 2$（k は定数）のグラフが点（－3，1）を通るとき，k の値は［イ］である。

（2016年8月試験）

答えの出し方

$x = -3$ のとき　$y = 1$ になるのだから、

$1 = (-3)^2 - 3k - 2$

これから $3k = 6$

これから $k = 2$（答）

3 次の［ア］～［カ］の［　］を適切にうめなさい。

（2）二次関数 $y = 2(x - 1)^2 - k$（k は定数）のグラフが点（3，5）を通るとき，k の値は［イ］である。

（2016年11月試験）

答えの出し方

$x = 3$ のとき $y = 5$ になるから

$5 = 2 \times (3 - 1)^2 - k$

これから、$k = 8 - 5 = 3$

$k = 3$ が正解。

3 次の ア ～ カ の ＿＿ を適切にうめなさい。

（2）二次関数 $y = a(x-1)(x+3)$（a は定数）のグラフが点（0，6）を通るとき，a の値は イ である。次の①～④のうちから正しいものを一つ選べ。

①2　②－2　③3　④－3

（2017年11月試験）

答えの出し方

$x = 0$ のとき $y = 6$ になるから、

$6 = a(-1) \times 3$

$6 = -3a$、つまり $3a = -6$

これから $a = -2$ となって、②が正しい。

3－4　放物線の頂点の座標を求める問題

3 次の ア ～ カ の ＿＿ を適切にうめなさい。

（3）右の図は、二次関数 $y = x^2 + 6x - 5$ のグラフである。
このグラフの頂点の座標は（ ウ ， エ ）である。

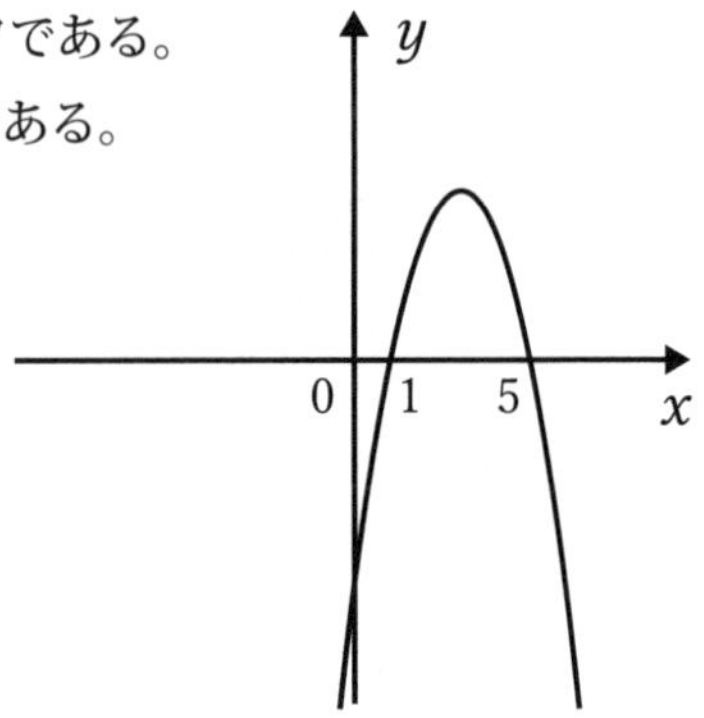

（2016年8月試験）

答えの出し方

【正しく平方完成法で解く】

$y = -x^2 + 6x - 5$

$= -(x^2 - 6x + 9) + 9 - 5$

$= -(x-3)^2 + 4$

これから頂点の座標は（3，4）（答）

【裏ワザ】

放物線は軸に対して左右対称な図形だから、軸は $x = 1$ と $x = 5$ の中間である $x = 3$ の上にある。

このとき $y = -3^2 + 6 \times 3 - 5$

$= -9 + 18 - 5 = 4$　だから頂点は

$x = 3$、$y = 4$　つまり（3，4）（答）

3 次の **ア** 〜 **カ** の □ を適切にうめなさい。

（3）右の図は、二次関数 $y = -x^2 + 2x + 8$ のグラフである。

このグラフの頂点の座標は（ **ウ** , **エ** ）である。

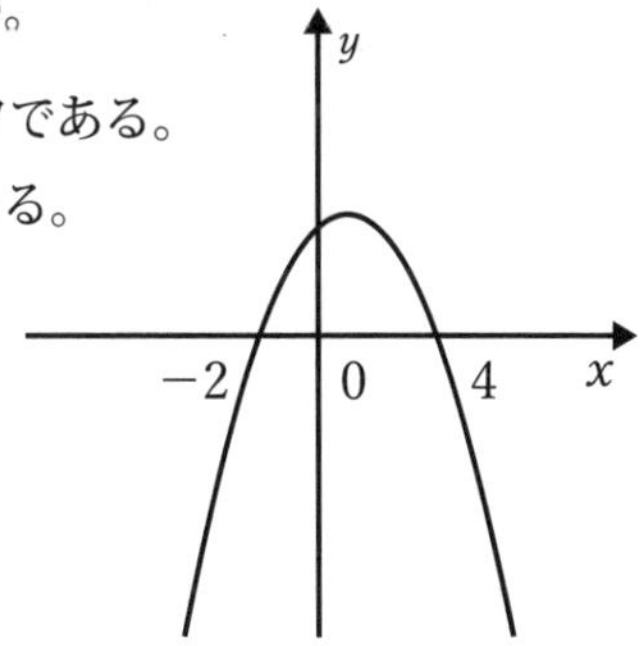

（2016 年 11 月試験）

答えの出し方

【正しく平方完成法で解く】

$y = -x^2 + 2x + 8$

$= -(x^2 - 2x + 1) + 1 + 8$

$= -(x - 1)^2 + 9$

となるから　頂点の座標は（1, 9）（答）

【裏ワザ】

軸の x 座標は、－２と４を足して２で割って

$x = \dfrac{-2 + 4}{2} = 1$

これを元の式に入れて $y = -1 + 2 + 8 = 9$

だから $x = 1$, $y = 9$ となって頂点の座標は、

（1, 9）（答）

3 次の **ア** 〜 **カ** の □ を適切にうめなさい。

（3）右の図は、二次関数 $y = 2x^2 + 4x$ のグラフである。

このグラフの頂点の座標は（ **ウエ** , **オカ** ）である。

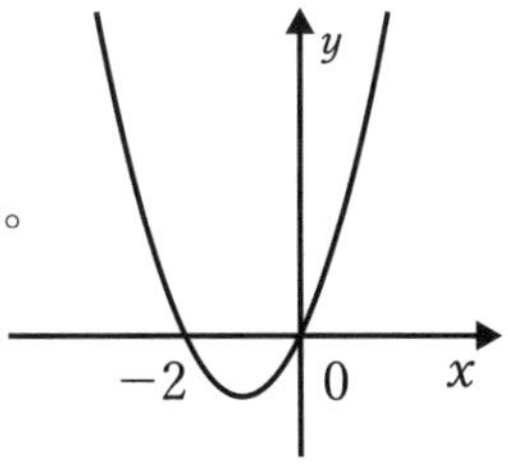

（2016 年 11 月試験）

答えの出し方

【正しく平方完成法で解く】

$y = 2x^2 + 4x = 2(x^2 + 2x + 1) - 2 \times 1$

$= 2(x + 1)^2 - 2$

だから頂点の座標は(−1, −2)（答）

【裏ワザ】

軸は－２と０の中間で $x = -1$

元の式に入れて $y = 2 - 4 = -2$

だから頂点の座標は（－1, －2）（答）

3 次の［ア］～［カ］の［　］を適切にうめなさい。

（3）右の図は、二次関数 $y = -3x^2 + 6x$ の頂点の座標は（［ウ］,［エ］）である。
ただし，右の図は、二次関数 $y = -3x^2 + 6x$ のグラフである。

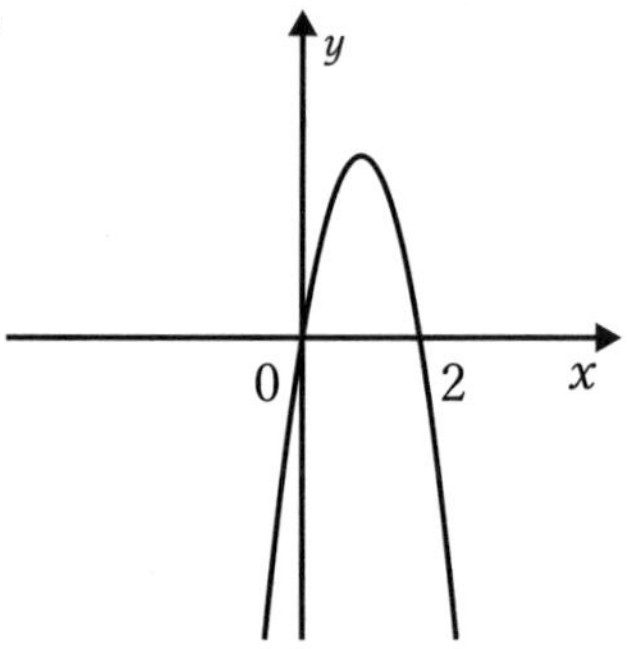

（2018 年 8 月試験）

答えの出し方

裏ワザのほうが速い。

$x = 1$ のとき、$y = -3 + 6 = 3$

だから頂点の座標は（1，3）。

3 次の［ア］～［カ］の［　］を適切にうめなさい。

（3）二次関数 $y = x^2 + 4x + 6$ のグラフの頂点の座標は（［ウエ］,［オ］）である。

（2018 年 11 月試験）

答えの出し方

$y = x^2 + 4x + 6 = (x^2 + 4x + 4) - 4 + 6$

$= (x + 2)^2 + 2$

となって頂点は（　）^{2} の中身が 0 のときで、

$x + 2 = 0$ これから $x = -2$

このとき $y = 2$ だから、

頂点の座標は（− 2、2）（答）

4 放物線グラフの応用問題

4－1 最大最小問題

4 次の ア ～ ケ の ＿ を適切にうめなさい。

（1）二次関数 $y=(x+1)^2+5$ において，x の変域を $-3 \leqq x \leqq 1$ とするとき，
y の最大値は ア ，最小値は イ である。

（2016年8月試験）

答えの▸出し方

この種の問題は、頂点での y の値→ A とする。

軸から遠い方の変域の端の $y \to B$ とする。A，B の大きい方が最大値、小さい方が最小値である。

この問題では、軸（$x=-1$）の y の値は、$y=5$ これを A とする。

軸 $x=-1$ から端の $x=1$ も $x=-3$ も距↗離が 2 で同じだからどっちを使ってもよい。

$x=1$ を y に入れると、$y=(x+1)^2+5$ に $x=1$ を入れて、$y=2^2+5=4+5=9$ これが B。

$A=5$、$B=9$ だから、

最大値は9、最小値は5（答）。

4 次の ア ～ ケ の ＿ を適切にうめなさい。

（1）二次関数 $y=-3(x-2)^2+1$ において，x の変域を $0 \leqq x \leqq 3$ とするとき，
y の最大値は ア ，最小値は イウエ である。

（2016年11月試験）

答えの▸出し方

軸（$x=2$）の $y=1$ 　これが A。

$0 \leqq x \leqq 3$ の端《はじ》の値 $x=0$ と $x=3$ のうち

軸 $x=2$ から遠い方は $x=0$ の方。

これを元の式に入れて、↗

$y=-3(0-2)^2+1$

$=-3\times4+1=-11$ 　B

AB のうち大きい方は 1，小さい方は -11。

だから最大値は 1，最小値は -11（答）。

4 次の ア ～ ケ の [ ] を適切にうめなさい。

（1）二次関数 $y=-x^2+k$ （k は定数）において，
x の変域を $-1 \leqq x \leqq 2$ とするとき，y の最小値が -1 であった。
このとき k の値は ア である。

（2017年11月試験）

答えの出し方

軸は $x=0$

だから $-1 \leqq x \leqq 2$ の端点 $x=-1$ と $x=2$ の軸から遠い方は $x=2$ の方。

軸（$x=0$）のとき $y=k$ （A）

遠いほうの端（$x=2$）での y は、↗

$y=-4+k$ （B）

（A）と（B）を比べると（A）の方が大きくこれが最大値。（B）が最小値。これが -1 だと言うのであるから、$-4+k=-1$

これから $k=3$（答）

4 次の ア ～ ケ の [ ] を適切にうめなさい。

（1）二次関数 $y=-(x+3)^2+2$ において、x の変域を $-4 \leqq x \leqq 0$ とするとき，
y の最大値は ア ，最小値は イウ である。

（2018年8月試験）

答えの出し方

軸は　$x=-3$。このとき $y=2$（A）

$-4 \leqq x \leqq 0$ の軸 $x=-3$ から遠い方の端は、$x=0$

このときの y は↗

$y=-(0+3)^2+2=-9+2=-7$（B）

したがって最大値は、（A）の 2

最小値は B の -7 （答）

4 次の ア ～ ケ の □ を適切にうめなさい。

（1）二次関数 $y=(x-2)^2+5$ において，x の変域を $0 \leqq x \leqq 3$ とするとき，
y の最大値は ア ，最小値は イ である。

（2018 年 11 月試験）

答えの出し方

軸は $x=2$。このときの $y=5$ （A）
遠い方の端は $x=0$。
このときの $y=2^2+5=9$ （B）

だから最大値は（B）の 9。
最小値は（A）の 5（答）

4－2 x 軸との交点（共有点）

4 次の ア ～ ケ の □ を適切にうめなさい。

（2）二次関数 $y=3x^2-10x+3$ のグラフと x 軸との共有点の座標は

（ ウ ，0），$\left(\dfrac{\text{エ}}{\text{オ}}, 0\right)$

（2016 年 8 月試験）

答えの出し方

x 軸との交点とは要するに $y=0$ のとき。
つまり $y=0$ とおいて，$3x^2-10x+3=0$ の x の答を出せばよい。
この式は因数分解できて
$(3x-1)(x-3)=0$

これから　$x=3$ および $x=\dfrac{1}{3}$ の 2 点が放物線のグラフと x 軸との交点になる。
したがって、（3，0）、（$\dfrac{1}{3}$，0）が答になる。

4 次の [ア] ～ [ケ] の [　] を適切にうめなさい。

（2）二次関数 $y = 2x^2 + 3x - 5$ のグラフと x 軸との共有点の座標は，

$([\text{オ}],\ 0),\ \left(\dfrac{[\text{カキ}]}{[\text{ク}]},\ 0\right)$ である。

（2016 年 11 月試験）

答えの出し方

ようするに、二次方程式　$2x^2 + 3x - 5 = 0$ を解けばよい。

この式は因数分解できて、

$(2x + 5)(x - 1) = 0$

これから　$x = 1$　および　$x = -\dfrac{5}{2}$

したがって、放物線のグラフと x 軸との交点は

$(1,\ 0)$、$\left(-\dfrac{5}{2}, 0\right)$ である。（答）

4 次の [ア] ～ [ケ] の [　] を適切にうめなさい。

（2）二次関数 $y = x^2 - 5x + 5$ のグラフと x 軸との共有点の x 座標は，

$$x = \frac{([\text{イ}] \pm \sqrt{[\text{ウ}]})}{[\text{エ}]}$$ である。

（2017 年 11 月試験）

答えの出し方

$x^2 - 5x + 5 = 0$　の解は、

根の公式　$x = \dfrac{-b \pm \sqrt{b^2 - 4ac}}{2a}$ を使って求めることができる。

今の場合、$a = 1$、$b = -5$、$c = 5$ だから

$$x = \frac{5 \pm \sqrt{5^2 - 4 \times 1 \times 5}}{2 \times 1}$$

$$= \frac{5 \pm \sqrt{5}}{2}$$ （答）

4 次の [ア] ～ [ケ] の [　] を適切にうめなさい。

（2）二次関数 $y = 2x^2 + x - 1$ のグラフと x 軸との共有点の座標は,

$$\left(\boxed{エオ},\ 0 \right),\ \left(\frac{\boxed{カ}}{\boxed{キ}},\ 0 \right)$$ である。

（2018 年 8 月試験）

答えの出し方

これは因数分解ができるケースである。

$2x^2 + x - 1 = (2x - 1)(x + 1) = 0$

これから　$x = -1$、$x = \frac{1}{2}$

これから交点の座標は（-1, 0）および

$\left(\frac{1}{2}, 0\right)$（答）

4 次の [ア] ～ [ケ] の [　] を適切にうめなさい。

（2）二次関数 $y = 3x^2 - 4x - 7$ のグラフと x 軸との共有点の座標は,

$$\left(\boxed{ウエ},\ 0 \right),\ \left(\frac{\boxed{オ}}{\boxed{カ}},\ 0 \right)$$ である。

（2016 年 8 月試験）

答えの出し方

$3x^2 - 4x - 7 = (3x - 7)(x + 1) = 0$ から

$x = -1$、$x = \frac{7}{3}$

これから 2 つの交点の座標は

$(-1,\ 0)$、$\left(\frac{7}{3}, 0\right)$である。（答）

4－3 放物線のグラフの二次不等式への応用

4 次の ア ～ ケ の □ を適切にうめなさい。

（3）二次不等式$-(x-3)(x-7) \leqq 0$ を解くと，その解は カ である。

次の ①～④ のうちから正しいものを一つ選べ。

ただし，右の図は，

二次関数$y=-(x-3)(x-7)$のグラフである。

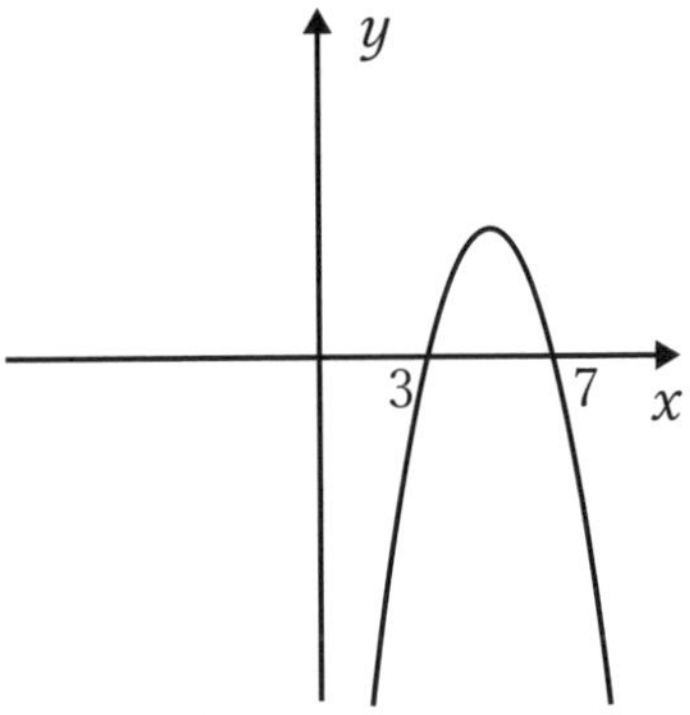

① $-7 \leqq x \leqq -3$

② $x \leqq -7,\ -3 \leqq x$

③ $3 \leqq x \leqq 7$

④ $x \leqq 3,\ 7 \leqq x$

（2016年8月試験）

答えの出し方

グラフがx軸と同じか下になっている範囲を探《さが》し出せばよい。7以上か3以下である。

したがって、$x \leqq 3$、$7 \leqq x$が答④。

4 次の ア ～ ケ の □ を適切にうめなさい。

（3）次の①～④の二次不等式の中で，その解がすべての実数であるものは ケ である。

正しいものを一つ選べ。

ただし、右の図は、二次関数$y=(x-1)^2$のグラフである。

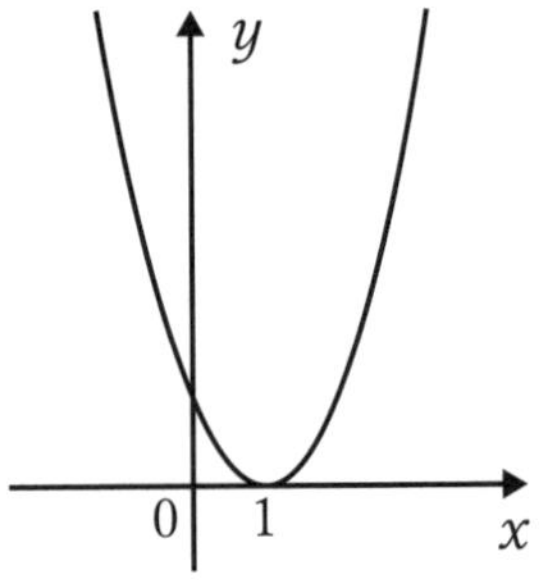

① $(x-1)^2>0$

② $(x-1)^2<0$

③ $(x-1)^2 \geqq 0$

④ $(x-1)^2 \leqq 0$

（2016年11月試験）

答えの出し方

①は$x=1$のとき0となるところが含まれていないのでダメ。

②は（　）^{2}は絶対負にならないため、すべての実数で当てはまらないので×。

同様の理由で④もダメ。③が正解。

4－4 二次不等式を解く問題

4 次の ア ～ ケ の □ を適切にうめなさい。

（3）二次不等式（$3x-1$）（$2x-1$）$\geqq 0$ の解は オ である。

次の①～④のうちから正しいものを一つ選べ。

① $\frac{1}{3} \leqq x \leqq \frac{1}{2}$

② $-\frac{1}{2} \leqq x \leqq -\frac{1}{3}$

③ $x \leqq -\frac{1}{2}$，$-\frac{1}{3} \leqq x$

④ $x \leqq \frac{1}{3}$，$\frac{1}{2} \leqq x$

（2017年11月試験）

答えの▸出し方

x^2 の前の数字が 正《プラス》 のとき、

（A）（二次式）＜０の解の範囲は２つの根の間である。

（B）（二次式）＞０の解は、大きな根より大きい側と、小さな根より小さな側である。↗

上開きの放物線のグラフの様子を考えると、このことは理解できるであろう。

この問題は（B）のケースである。

根は $x=\frac{1}{3}$ と $x=\frac{1}{2}$ だから解の範囲はこの２根の外側で、④が正解である。

4 次の ア ～ ケ の □ を適切にうめなさい。

（3）二次不等式（$x-3$）（$x-6$）＞０を解くと，その解は ク である。

次の①～④のうちから正しいものを一つ選べ。

① $3 < x < 6$

② $x < 3$，$6 < x$

③ $-6 < x < -3$

④ $x < -6$，$-3 < x$

（2018年8月試験）

答えの▸出し方

前問の解説の（B）のケース。解は $x=3$、と $x=6$ だから②が正解である。

4 次の **ア** ～ **ケ** の □ を適切にうめなさい。

（3）二次不等式 $x^2 - x < 0$ を解くと，その解は **キ** である。

次の①～④のうちから正しいものを一つ選べ。

ただし，右の図は，二次関数 $y = x^2 - x$ のグラフである。

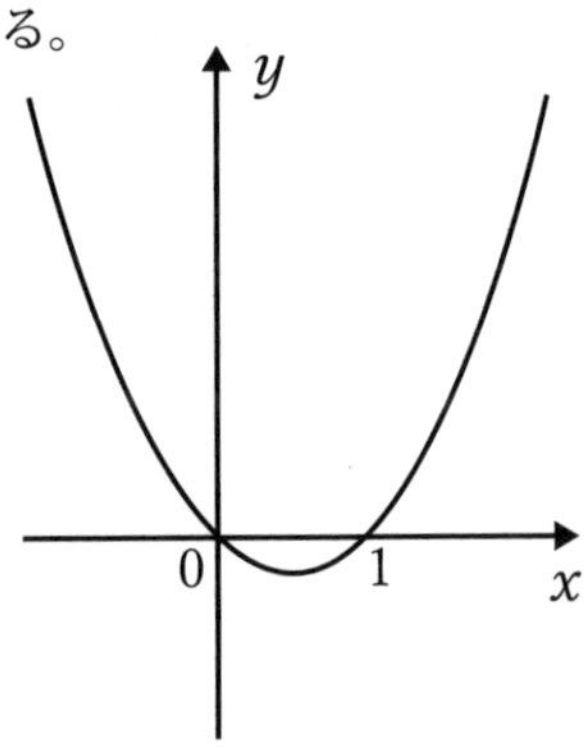

① $0 < x < 1$

② $x < 0$，$1 < x$

③ $-1 < x < 0$

④ $x < -1$，$0 < x$

（2018年11月試験）

答えの出し方

前々問の（A）のケース。

解の範囲は2つの根 $x = 0$ と $x = 1$ の間の区間である。①が正解。

5 三角比問題

【準備体操《じゅんびたいそう》その１】 三角比とは何？

三角比とは家の屋根の傾《かたむ》きの角度を決めたときの、「屋根の斜面の長さ、高さ、底辺の長さの比率のことだ」と考えれば良い。下の図のような直角三角形が、家の屋根の断面を表すと考えて、その傾きの角度 A を「傾斜角」と呼ぶことにする。屋根の面 AB を「斜辺」と呼んで、その長さを r とする。

辺 AC を「底辺」と呼んで x とする。辺 BC を「高さ」と呼んで y とする。

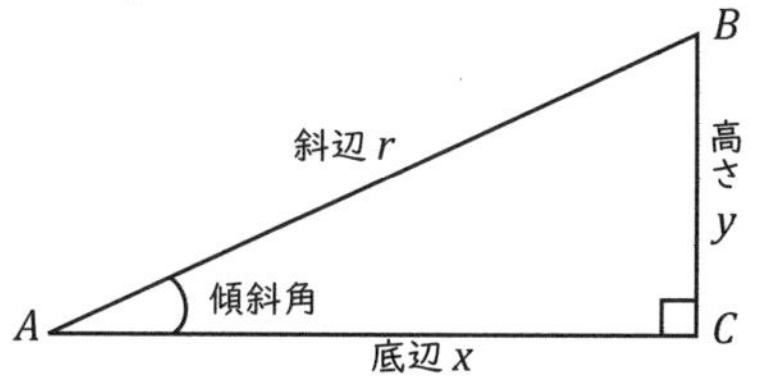

（斜辺 r）分の（高さ y）を sin《サイン》といって、sin$A$ と表す。つまり、$\sin A = \dfrac{y}{r}$ になる。

これは高さ y は r（斜辺）× sin$A$ で求まることを意味する。これを「写真《しゃしん》（斜辺× sin）は高く（y）」と覚えよう。

（斜辺 r）分の（底辺 x）を cos《コサイン》と言って、cos$A$ と表す。つまり、$\cos A = \dfrac{x}{r}$ になる。

これは底辺 x は r（斜辺）× cos$A$ で求まることを意味する。これを「車庫《しゃこ》（斜辺× cos）は地底に（x）」と覚えよう。

（底辺 x）分の（高さ y）を tan《タンジェント》と言って、tan$A$ と表す。つまり、$\tan A = \dfrac{y}{x}$ になる。

これは底辺（x）× tan$A$ で高さ（y）が求まることを意味する。「探偵《たんてい》も高く」と覚えよう。

そして、毎日「写真《しゃしん》は高く、探偵《たんてい》も高く、車庫《しゃこ》は地底《ちてい》に」と声を出して叫《さけ》べば、三角比の公式は覚えられるだろう。↗

ここで、英語の小文字「s」、「c」、「t」の三文字を筆記体で書いてみよう。

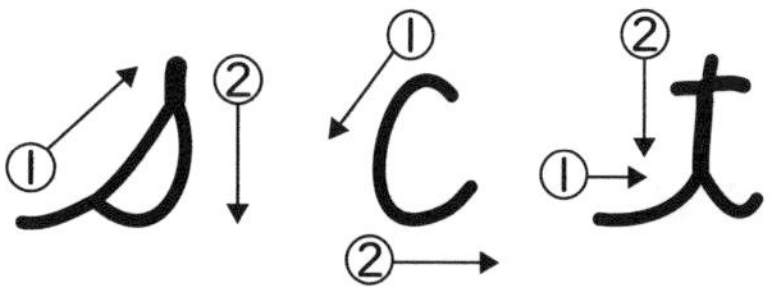

そして、直角三角形の屋根と見比べてみる。

sin は「s」の字を書いて①（斜辺↗）分の②（高さ↓）。

cos は「c」の字を書いて①（斜辺↙）分の②（底辺→）、

tan は「t」の字を書いて①（底辺→）分の（高さ↑）と無理なく導き出せるであろう。

sin$A$ を cos$A$ で割った数値は、

$$\frac{\sin A}{\cos A} = \frac{y/r}{x/r} = \frac{y}{x}$$

となって、これは tan$A$ に等しくなる。

つまり、

$\dfrac{\sin A}{\cos A}$ ＝ **tan$A$（重要）**が、

いつでも成り立つことがわかる。

（２）三平方の定理から

直角三角形では、ピタゴラスの定理によって（底辺）^{2} ＋（高さ）^{2} ＝（斜辺）^{2} が成り立つ。文字で書けば $x^2 + y^2 = r^2$ が成り立つ。

この式の全部の項を（斜辺）^{2}（$= r^2$）で割れば、$\left(\dfrac{x}{r}\right)^2 + \left(\dfrac{y}{r}\right)^2 = 1$ が成り立つ。

$\dfrac{x}{r} = \cos A$, $\dfrac{y}{r} = \sin A$ だから、

$\sin^2 A + \cos^2 A = 1$（重要）が成り立つ。

練習問題

$\sin^2 150^\circ + \cos^2 150^\circ$ の値は [　　] である。

答えの出し方

答えは1。まあ、何というか。

練習問題

$\sin A = \dfrac{4}{5}$, $\cos A = \dfrac{3}{5}$ のとき、$\tan A$ の値は？
(2012年11月)

答えの出し方

$$\tan A = \frac{\sin A}{\cos A} = \frac{4/5}{3/5} = \frac{4}{3} \quad (答)$$

(途中で分母分子に5をかけた)

(3) 角 B を傾斜角と見なしたら？

前ページの図で角 B を傾斜角と見なせば、今まで底辺と呼んでいた x が高さ、高さと呼んでいた y が底辺になる。すると、$\sin B = \dfrac{x}{r}$ となって、これは角 A を傾斜角とみなしたときの $\cos A$ の値に等しくなる。三角形の3つの内角の和は180度で角 C は90度であるから、角 A と角 B の和は90度。つまり角 B は $90^\circ - A$ に等しくなる。

このことから、$\sin(90^\circ - A) = \cos A$ が成り立つことがわかる。まったく同様にして角 B を傾斜角と考えて cos を考えることによって、$\cos(90^\circ - A) = \sin A$ が成り立つことが分かる。

例えば角 A を23度とすれば、$90^\circ - 23^\circ = 67^\circ$ であるから、$\sin 67^\circ = \cos 23^\circ$, $\cos 67^\circ = \sin 23^\circ$ であることになる。

「90度から引いたら sin と cos は入れ替わる」(重要)。

(4) 鈍角《どんかく》の三角比

【準備体操その2】 鈍角の三角比

傾斜角 A が90度以下ならば、以上の話ですむが、傾斜角 A が90度を超えたとき、つまり鈍角の場合の三角比の決め方を説明しておこう。

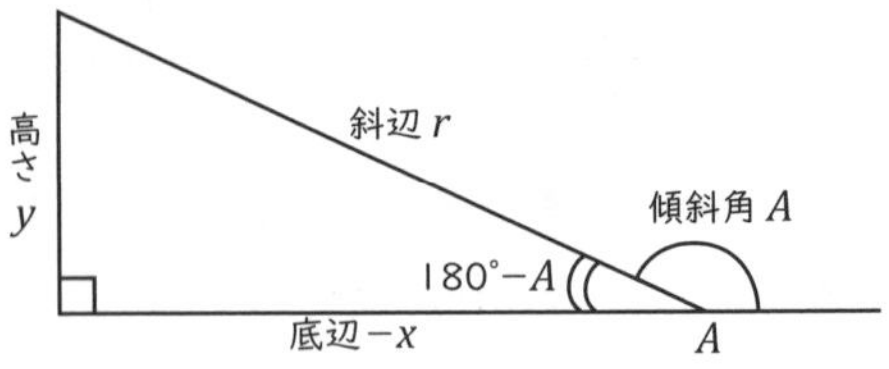

傾斜角 A が90度を超えて鈍角になった場合、斜辺 r、高さ y のはかり方は変わりないが、底辺 x を「太陽が真上にあるときの斜辺の影《かげ》の位置」とすれば、影は点 A の反対側に伸びる。

このことから、底辺 x の値は、マイナスの数としてはかるものと約束する(注：鈍角に対して、90度以下の角を鋭角《えいかく》と呼ぶ)。

すると $\sin A$ は、図の(斜辺 r)分の(高さ y)でよく、符号はプラスで、その数値は、$\sin(180^\circ - A)$ に等しくなる。例えば、$\sin 150^\circ$ は、180度から150度を引いて、$\sin 30^\circ$ と同じ数値になる。つまり次の公式が成り立つ。

$$\sin A = \sin(180^\circ - A)$$

この公式は次のような例で覚えておくことにしよう。例：**$\sin 165^\circ = \sin 15^\circ$**

鈍角の $\cos A$ は、図の場合、(斜辺)分の(マイナス底辺)となって、数値としては、$\cos A =$

$-\frac{x}{r}$になる。これは図で（$180^\circ - A$）の角を傾斜角と見たときの、

$\cos(180^\circ - A) = \frac{x}{r}$の符号をマイナスにしたものになっている。つまり、鈍角のcosに対しては、次の公式が成り立つ。

$\cos A = -\cos(180^\circ - A)$

この公式は、例えば次のような例で覚えることにしよう。例：**$\cos 163^\circ = -\cos 17^\circ$**

鈍角のtanについては、$\tan A$が符号の変わらない$\sin A$を符号の変わる$\cos A$で割ったものであるから、やはり符号が変わる。そこで、次の公式が成り立つ。

$\tan A = -\tan(180^\circ - A)$

例えば、**$\tan 172^\circ = -\tan 8^\circ$**が成り立つ。

「鈍角は180度から引け。sinはそのまま、cos，tanは符号が逆になる」（重要）

（5）特別《とくべつ》な角度の三角比

【第6問への準備体操】

0度、30度、45度、60度、90度の三角比は、表がなくても知っていなければならない。

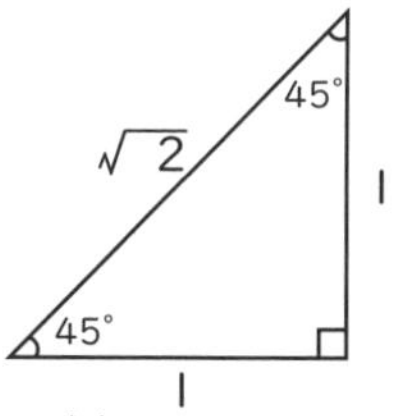

文房具屋《ぶんぼうぐや》さんで売っている2枚の三角定規のうち1枚は45度、45度、90度の直角二等辺三角形、その3辺の比率は斜辺を$\sqrt{2}$とすると、底辺と高さはともに1である。45度の角を傾斜角と見なせば、

$\sin 45^\circ = \cos 45^\circ = \frac{1}{\sqrt{2}} = \frac{\sqrt{2}}{2}$，$\tan 45^\circ = 1$は導き出せるであろう。↗

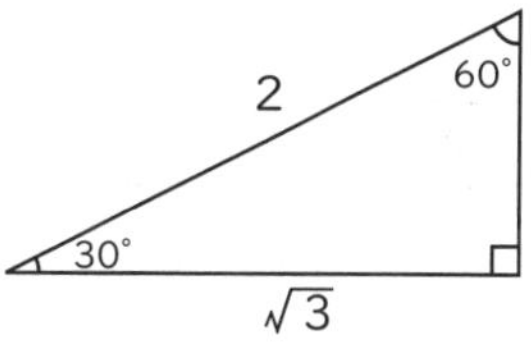

もう1枚の三角定規は、30度、60度、90度の三角定規であって、

3辺の長さの比率は、$2:1:\sqrt{3}$になっている。30度を傾斜角とみなせば、

$\sin 30^\circ = \frac{1}{2}$，

$\cos 30^\circ = \frac{\sqrt{3}}{2}$，

$\tan 30^\circ = \frac{1}{\sqrt{3}} = \frac{\sqrt{3}}{3}$であることは導き出せるであろう。

また、60度を傾斜角とみなせば、

$\sin 60^\circ = \frac{\sqrt{3}}{2}$，

$\cos 60^\circ = \frac{1}{2}$，

$\tan 60^\circ = \sqrt{3}$も導き出せるであろう。

0度の三角比は、傾斜角がゼロ。高さがゼロで、斜辺と底辺が一致するから、

$\sin 0^\circ = 0$，$\cos 0^\circ = 1$，$\tan 0^\circ = 0$になることがわかる。

90度の三角比は、傾斜角が90度。底辺がゼロで、斜辺と高さが一致するから、

$\sin 90^\circ = 1$，$\cos 90^\circ = 0$，$\tan 90^\circ = \frac{高さ}{底辺}$は定義されないのでなし。

2枚の三角定規の辺の長さの比率は、何度も紙に書くことによって記憶してしまうこと。

以上で準備体操を終わって、三角比の過去問を研究していこう。

5－1 sin、cos、tan の正負の問題

5 次の ア ～ ク の □ を適切にうめなさい。

（3）Aが鈍角であるとき，Aの三角比の符号の組合せは ウ である。

次の①～④のうちから正しものを一つ選べ。

	$\sin A$	$\cos A$	$\tan A$
①	＋	＋	＋
②	＋	－	＋
③	＋	－	－
④	＋	＋	－

（2018年8月試験）

答えの出し方

角度が0から180度までの範囲では、sinは常にプラス。 ↗ － cos、tanは90度を超えると負（マイナス）になる。③が正しい。

5－2 sin、cos 変換公式の問題

5 次の ア ～ ク の □ を適切にうめなさい。

必要であれば、次の三角比の値を利用すること。

$\sin 75^\circ = 0.9659$，$\cos 75^\circ = 0.2588$，$\tan 75^\circ = 3.7321$

（2）$\cos 105^\circ$の値は イ である。

次の①～④のうちから最も適切なものを一つ選べ。

① 0.2588　② － 0.2588　③ 0.9659　④ － 0.9659

（2016年8月試験）

答えの出し方

$\cos 105^\circ = -\cos(180^\circ - 105^\circ)$

$= -\cos 75^\circ$

$= -0.2588$

②が正しい。

5

次の [ア] ～ [ク] の [　] を適切にうめなさい。
必要であれば、次の三角比の値を利用すること。

（3）$\sin 30^\circ \cos 60^\circ + \cos 30^\circ \sin 60^\circ$ の値は [ウ] である。

（2016年8月試験）

答えの出し方

全部45°以下の角度で表す。

$\cos 60^\circ = \sin 30^\circ$，$\sin 60^\circ = \cos 30^\circ$ だから

$\sin 30^\circ \cos 60^\circ + \cos 30^\circ \sin 60^\circ$

$= \sin 30^\circ \sin 30^\circ + \cos 30^\circ \cos 30^\circ$

$= \sin^2 30^\circ + \cos^2 30^\circ = 1$ （答）

5

次の [ア] ～ [ク] の [　] を適切にうめなさい。
必要であれば、次の三角比の値を利用すること。

（3）$\sin 120^\circ$ の値は [ウ] である。
次の①～④のうちから正しいものを一つ選べ

① $\frac{1}{2}$　② $\frac{\sqrt{3}}{2}$　③ $-\frac{1}{2}$　④ $-\frac{\sqrt{3}}{2}$

（2018年11月試験）

答えの出し方

$\sin 120^\circ = \sin(180^\circ - 120^\circ)$

$= \sin 60^\circ = \frac{\sqrt{3}}{2}$

②が正しい。

5－3 sin の値から cos、tan の値を求める問題

5 次の [ア] ～ [ク] の [ ] を適切にうめなさい。

（3）A は鋭角とする。$\sin A = \dfrac{2}{3}$ のとき、 $\cos A = \dfrac{\sqrt{[ウ]}}{[エ]}$ である。

（2016 年 11 月試験）

答えの出し方

$\sin A = \dfrac{2}{3}$ ということは、∠A とは左下図の直角三角形の左下の角度のようである。ピタゴラスの定理から底辺の長さは $\sqrt{3^2 - 2^2} = \sqrt{5}$ になる。

すると $\cos A = \dfrac{\sqrt{5}}{3}$ となる。(答)

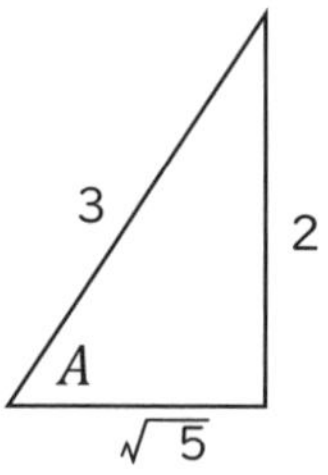

5 次の [ア] ～ [ク] の [ ] を適切にうめなさい。

（3）$\sin A = \dfrac{12}{13}$， $\cos A = \dfrac{5}{13}$ のとき, $\tan A$ の値は [ウ] である。

次の①～④のうちから正しいものを一つ選べ。

① $-\dfrac{5}{12}$　② $-\dfrac{12}{5}$　③ $\dfrac{5}{12}$　④ $\dfrac{12}{5}$

（2017 年 11 月試験）

答えの出し方

公式・・・$\tan A = \dfrac{\sin A}{\cos A}$ より、

$\tan A = \dfrac{12/13}{5/13} = \dfrac{12}{5}$ となって、➚ ④が正しい。

5 次の ア ～ ク の □ を適切にうめなさい。
必要であれば、次の三角比の値を利用すること。
$\sin 75^\circ = 0.9659$，$\cos 75^\circ = 0.2588$，$\tan 75^\circ = 3.7321$

（1）下の図は，ある川の岸の地点Aから反対側の岸の地点Bに船で向う様子である。
この後，船は流されて地点Cに到着した。２点B，C間の距離が$40m$で
$\angle ABC = 75^\circ$，$\angle ABC = 90^\circ$であるとき、
２点A，B間の距離はおよそ ア mである。
次の①～④のうちから最も適切なものを一つ選べ。

① 10.4
② 38.6
③ 149.3
④ 154.6

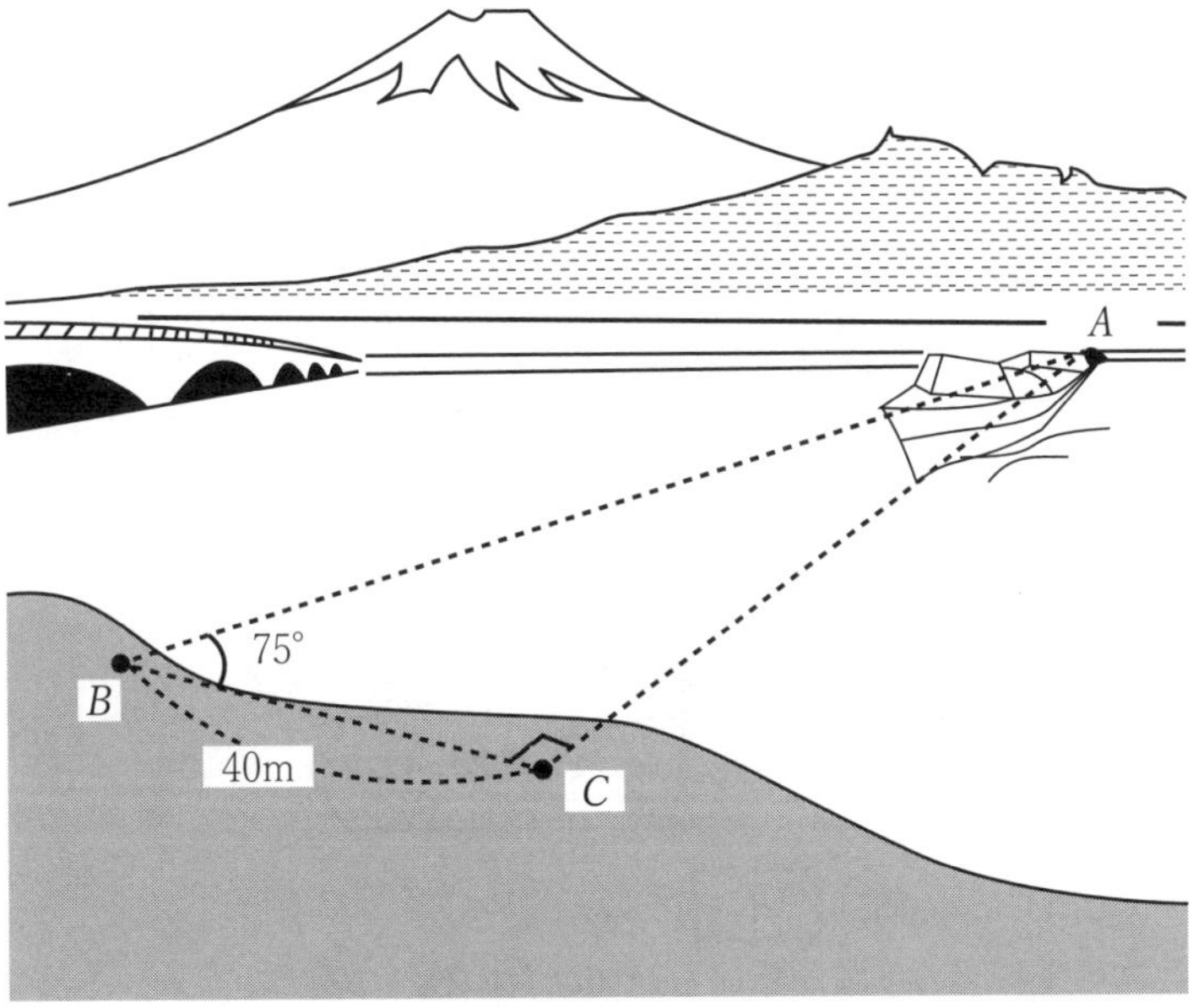

（2016年8月試験）

答えの出し方

「探偵《たんてい》も高く」の
（底辺）× tan75 ＝（高さ）があてはまって、
$BC \times \tan 75^\circ = AB$、$BC = 40m$
$\tan 75^\circ = 3.7321$ だから、

$AB = 40 \times 3.7321 = 149.284m$
③が正しい。

5 次の ア ～ ク の □ を適切にうめなさい。

必要であれば、次の三角比の表を利用すること。

角	正弦(sin)	余弦(cos)	正接(tan)
11°	0.1908	0.9816	0.1944
12°	0.2079	0.9781	0.2126
13°	0.2250	0.9744	0.2309
14°	0.2419	0.9703	0.2493
15°	0.2588	0.9659	0.2679

（1）山の斜面を一気に駆け上がる登山レースが行われた。スタート地点 A からゴール地点 B までの直線距離 AB は 10000m，山の標高差 BC は 2100m である。このとき，$\angle BAC$ は ア である。　ただし，$\angle ACB = 90°$ とする。

次の①～④のうちから正しいものを一つ選べ。

① 11°以上 12°未満

② 12°以上 13°未満

③ 13°以上 14°未満

④ 14°以上 15°未満

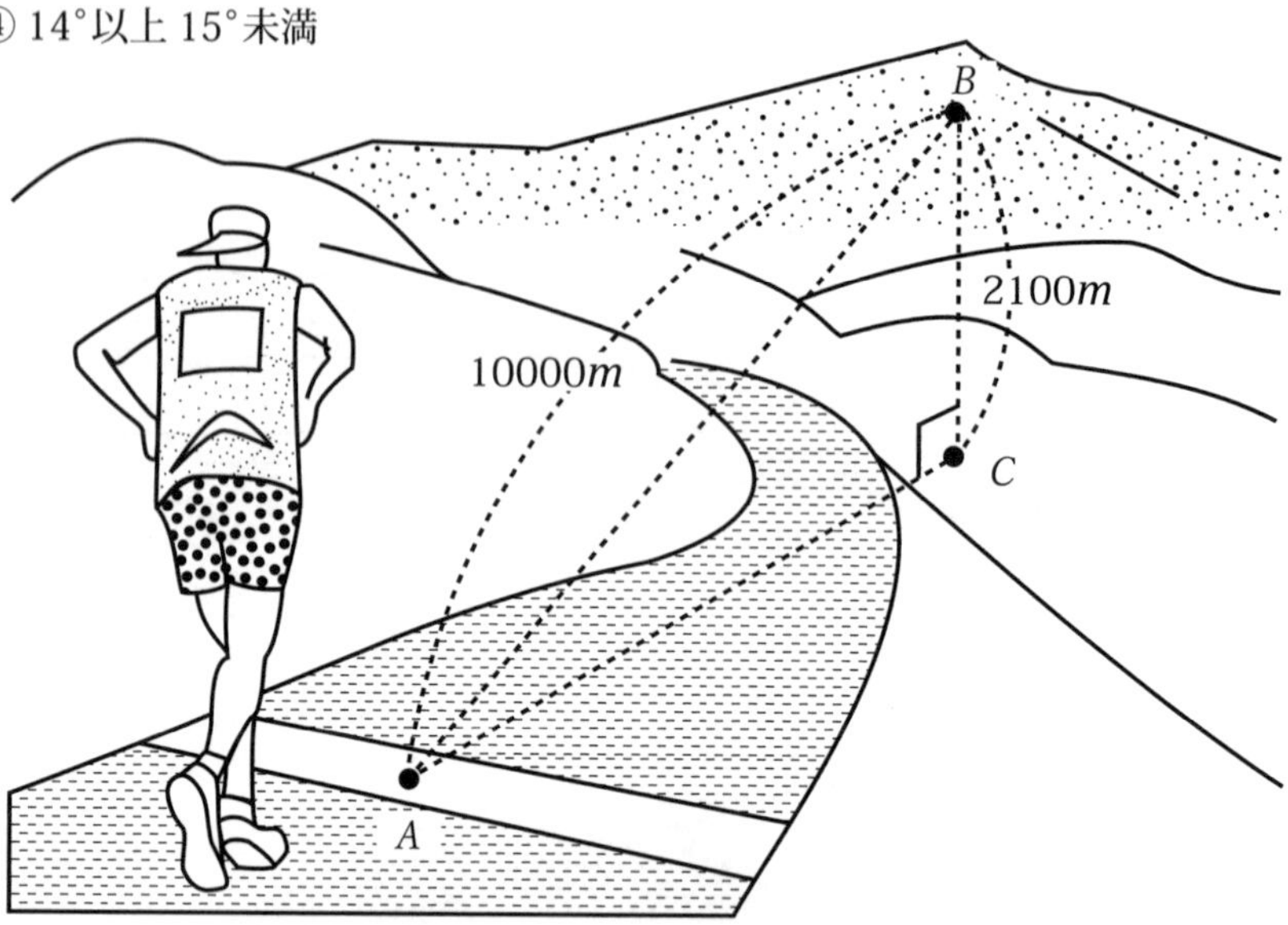

（2）tan165°の値は イ である。

次の①～④のうちから最も適切なものを一つ選べ。

① 0.2679　② − 0.2588　③ − 0.2679　④ − 0.9659

（2016 年 11 月試験）

答えの出し方

（1）$\sin A = \dfrac{2100}{10000} = 0.21$

表の sin の所を見ると、A は 12° と 13° の間であることがわかる。答は②

（2）$\tan 165° = -\tan(180° - 165°)$

$= -\tan 15° = -0.2679$

③が正しい。

英語 English

5 三角比 過去問研究

国語 Japanese

5 次の ア ～ ク の [ ] を適切にうめなさい。

必要であれば、次の三角比の値を利用すること。

$\sin 52^\circ = 0.7880$, $\cos 52^\circ = 0.6157$, $\tan 52^\circ = 1.2799$

（1）下の図のように、天井から 50*cm* のひも *AB* で球が吊り下げられている。
球を弾いたところ，ひもが鉛直方向と 52°の角をなす位置まで，球が振れた。

下の図で，最初の位置より上方へ動いた距離 *BC* はおよそ [ア] *cm* である。

次の①～④のうちから最も適切なものを一つ選べ。

① 10.6
② 19.2
③ 30.8
④ 39.4

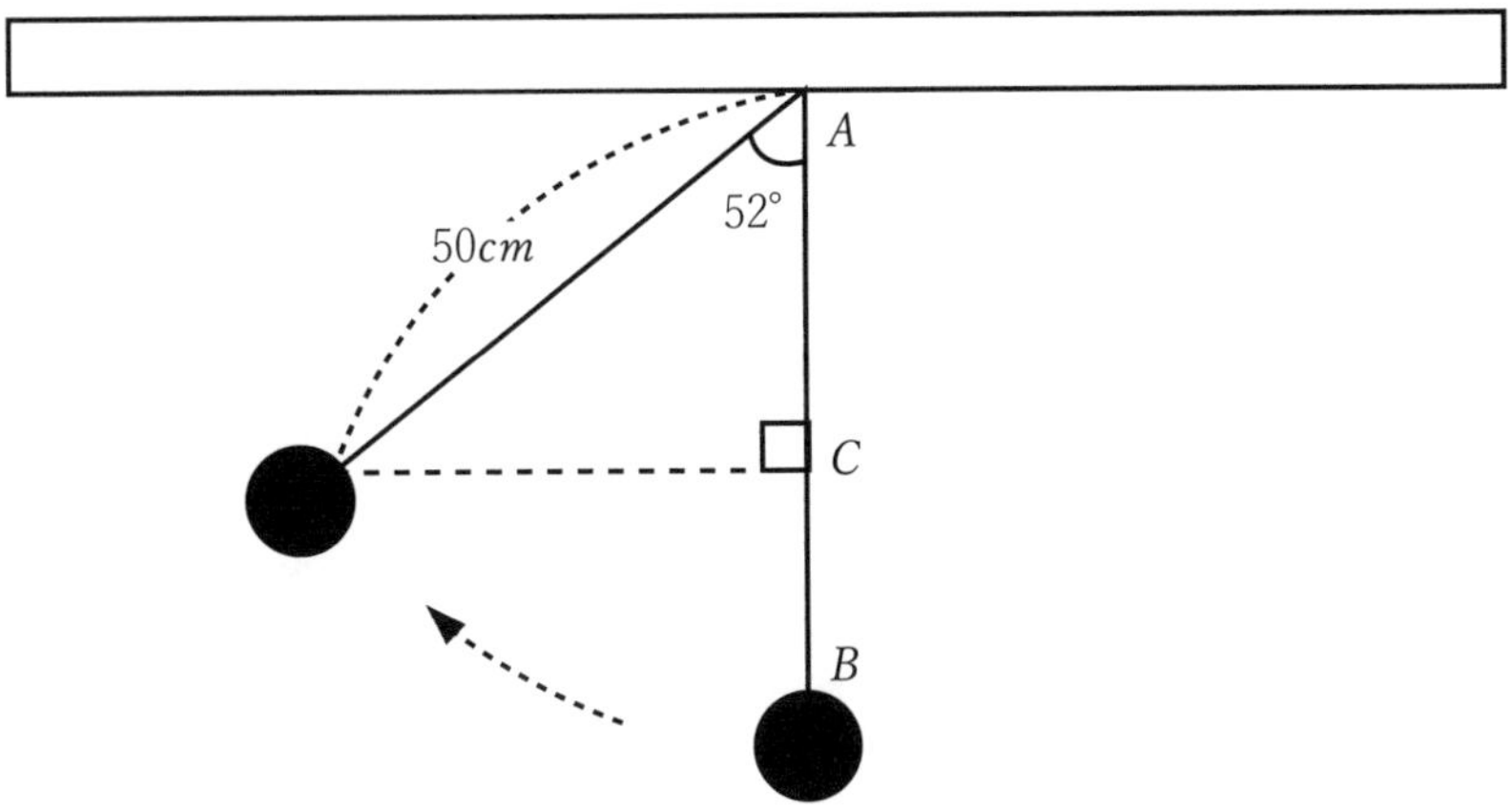

（2）sin128°の値は [イ] である。
次の①～④のうちから最も適切なものを一つ選べ。

① 0.7880　② − 0.7880　③ 0.6157　④ − 0.6157

（2017 年 11 月試験）

答えの出し方

（1）*AC* の長さは「車庫は地底に」で、
（斜辺）× cos52° =（底辺 = *AC*）これから
$50 \times 0.6157 = 30.785m$
BC の長さは 50*m* からこの長さを引いて、↗

$50 - 30.8 = 19.2m$ ②が正しい。

（2）$\sin 128^\circ = \sin(180^\circ - 128^\circ)$
$= \sin 52^\circ = 0.7880$ ①が正しい。

5 次の ア ～ ク の □ を適切にうめなさい。
必要であれば、次の三角比の値を利用すること。
$\sin 35^\circ = 0.5736$，$\cos 35^\circ = 0.8192$，$\tan 35^\circ = 0.7002$

（1）下の図は，スキーのジャンプ台を横から見た図である。
ある選手が踏切地点 A でジャンプし，A から距離 $110m$，
水平面から俯角《ふかく》 35° の地点 B に着地した。
このとき，着地点と踏切地点との高低差 BC は，およそ ア m である。
ただし，$\angle ACB = 90^\circ$ とする。
次の①～④のうちから最も適切なものを一つ選べ。
① 63.1
② 77.0
③ 90.1
④ 191.8

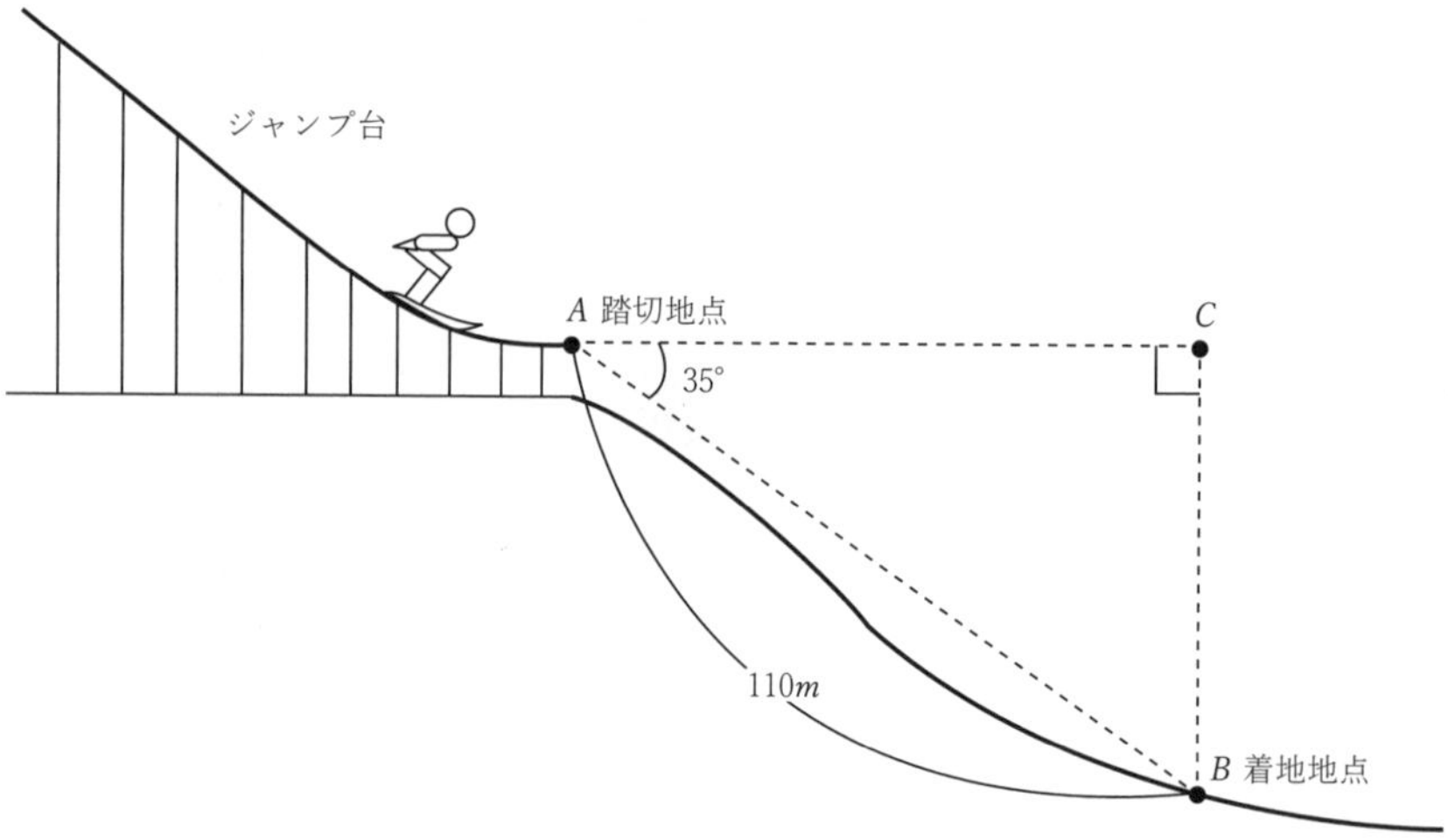

（2）$\cos 145^\circ$ の値は イ である。
次の①～④のうちから最も適切なものを一つ選べ。

① 0.5736　② − 0.5736　③ 0.8192　④ − 0.8192

（2018 年 8 月試験）

答えの出し方

（1）「写真は高く」から（斜辺）× sin35 = BC
これから $BC = 110 \times 0.5736 = 63.096m$
①が正しい。

（2）$\cos 145^\circ = -\cos(180^\circ - 145^\circ)$
$= -\cos 35^\circ = -0.8192$ となって
④が正しい。

5 次の ア ～ ク の [　] を適切にうめなさい。
必要であれば，次の三角比の値を利用すること。
$\sin 57^\circ = 0.8387$，$\cos 57^\circ = 0.5446$，$\tan 57^\circ = 1.5399$

（1）下のような観覧車がある。観覧車の最も高い位置にあるゴンドラ A の真下の地点 B から $20m$ 離れた地点を C とする。
$\angle ACB = 57^\circ$，$\angle ABC = 90^\circ$ であるとき，高さ AB はおよそ [ア] m である。
次の①～④のうちから最も適切なものを一つ選べ。

① 10.9
② 16.8
③ 30.8
④ 36.7

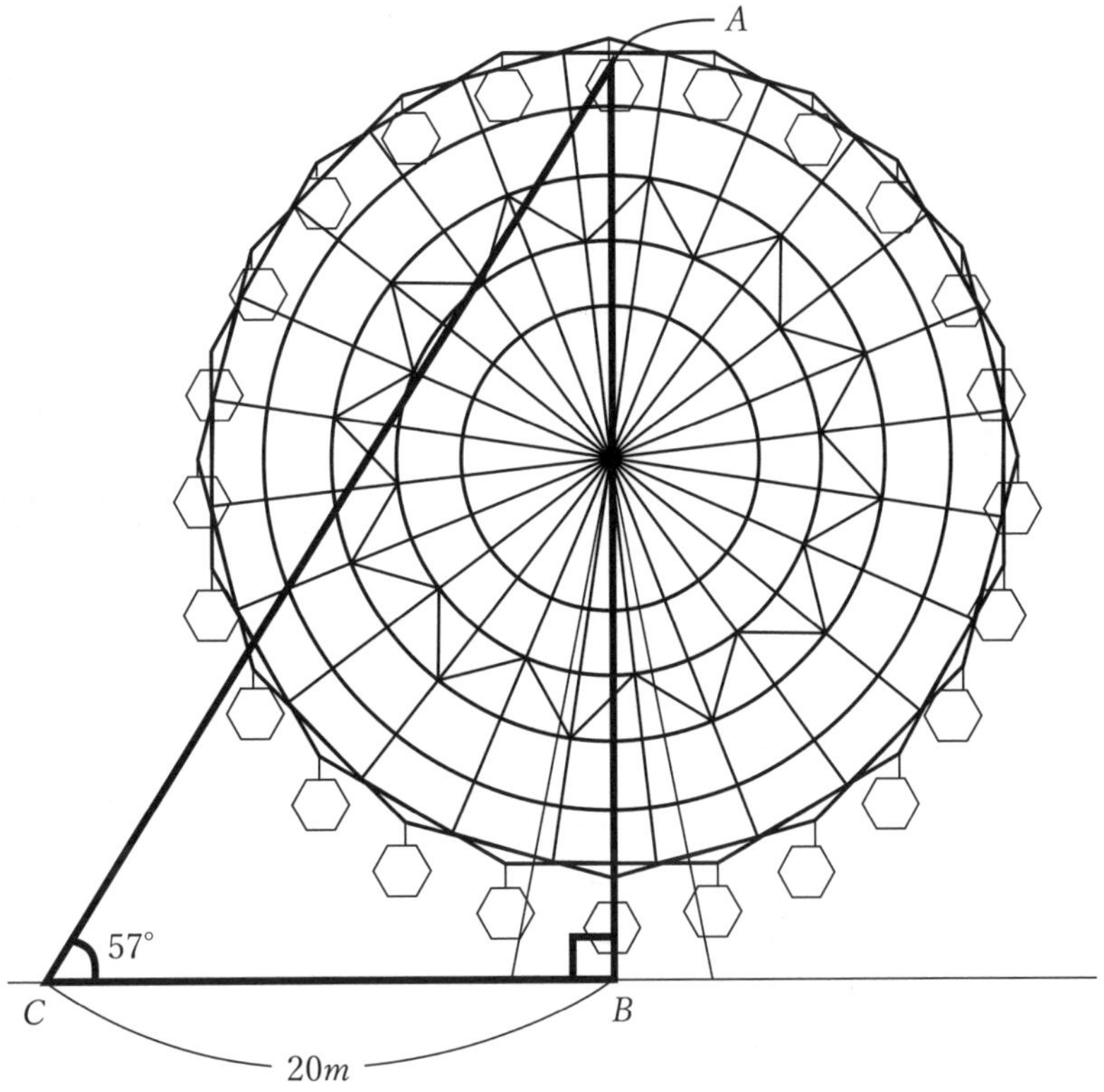

（2）$\sin 33^\circ$ の値は [イ] である。
次の①～④のうちから最も適切なものを一つ選べ。

① 0.8387　② 0.5446　③ 1.5399　④ −0.8387

（2018年11月試験）

答えの出し方

（1）「探偵は高く」から，（底辺）× $\tan 57^\circ = AB$
これから $20 \times 1.5399 = 30.798m$
③が正しい。

（2）$\sin 33^\circ = \cos(90^\circ - 33^\circ) = \cos 57^\circ$
$= 0.5446$
②が正しい。

【準備体操】三角形の余弦定理・面積公式・正弦定理

5－5

三角形の正弦定理《せいげんていり》、余弦《よげん》定理、面積《めんせき》、外接円の半径

（1）三角形に関する余弦定理と面積公式

三角形の角 A とこれを挟《はさ》む二辺 b, c の長さがわかっているとき、もう一つの辺の長さ a は次の余弦定理の公式で求めることができる。

$$a^2 = b^2 + c^2 - 2bc\cos A$$

（重要・毎回必ず出る）

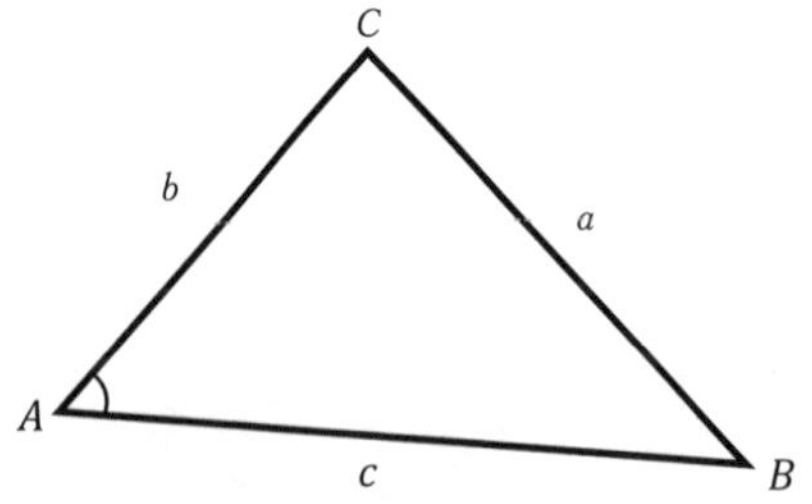

また、この三角形の面積 S は次の公式で求めることができる。

$$S = \frac{1}{2}bc\ \sin A$$ **（重要・2 回に一度出る）**

＜注意＞辺の長さ $BC = a$、$CA = b$、$AB = c$ と書く習慣がある

（2）三角形に関する正弦《せいげん》定理

正弦とは「sin」のこと。三角形 ABC の頂点 A の対辺 BC の長さを a、頂点 B の対辺 CA の長さを b、頂点 C の対辺 AB の長さを c、外接円の半径を R とすると、次の公式が成り立ち、これを**正弦定理**という。

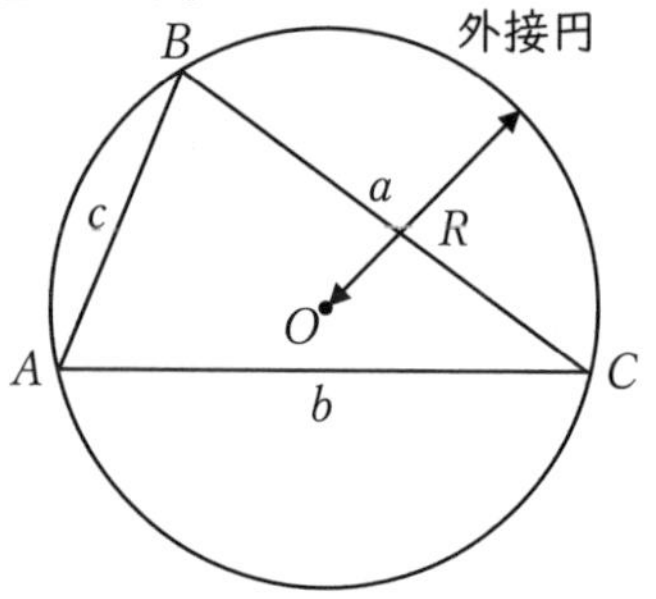

O は外心（外接円の中心）

$$\frac{a}{\sin A} = \frac{b}{\sin B} = \frac{c}{\sin C} = 2R$$ **（重要）**

5－6 正弦定理公式の問題

5 次の ア ～ ク の □ を適切にうめなさい。

（5）右の図の三角形 ABC において,

$\angle A = 30°$, $\angle C = 45°$, $BC = 3cm$ である。

このとき, AB の長さは

キ $\sqrt{\text{ク}}$ cm である。

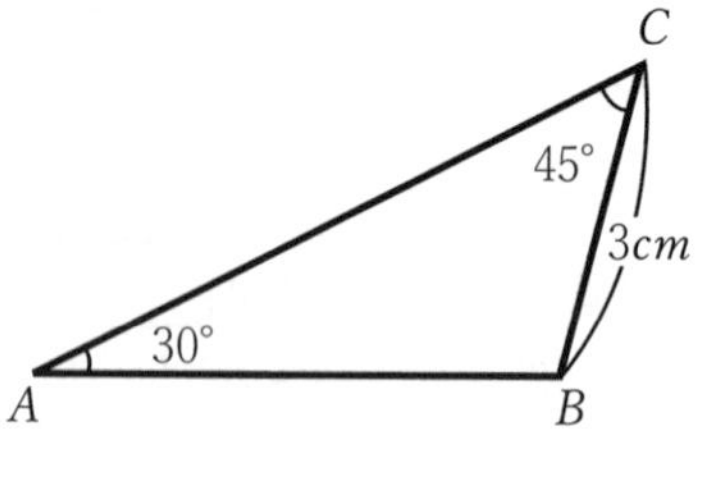

（2016 年 11 月試験）

答えの出し方

正弦公式から $\dfrac{BC}{\sin A} = \dfrac{AB}{\sin C}$

$BC = 3cm$、$A = 30°$ $\sin 30° = \dfrac{1}{2}$ 、

$C = 45°$ $\sin 45° = \dfrac{\sqrt{2}}{2}$

これから　$AB = \dfrac{\sin C}{\sin A} BC$

$= \dfrac{\sqrt{2}/2}{1/2} \times 3 = 3\sqrt{2}\,cm$　（答）

5 次の **ア** ～ **ク** の [ ] を適切にうめなさい。

（5）右の図の三角形 ABC において，

$AB = 10cm$, $\sin B = \dfrac{1}{6}$, $\sin C = \dfrac{5}{6}$ である。

このとき，AC の長さは **オ** cm である。

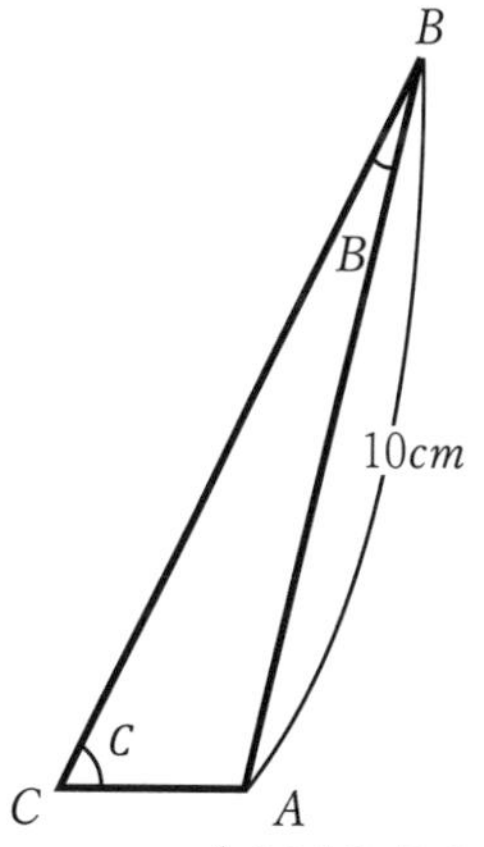

（2018 年 8 月試験）

答えの出し方

正弦定理公式より $\dfrac{AB}{\sin C} = \dfrac{AC}{\sin B}$

$AB = 10cm$、 $\sin B = \dfrac{1}{6}$ $\sin C = \dfrac{5}{6}$

これから

$AC = \dfrac{\sin B}{\sin C}\ AB = \dfrac{1/6}{5/6} \times 10 = \dfrac{1}{5} \times 10$

$= 2cm$ （答）

5 次の **ア** ～ **ク** の [ ] を適切にうめなさい。

（4）右の図の三角形 ABC において，

$AB = 4cm$, $AC = 5cm$, $\cos A = -\dfrac{1}{5}$

である。

このとき，BC の長さは **エ** cm である。

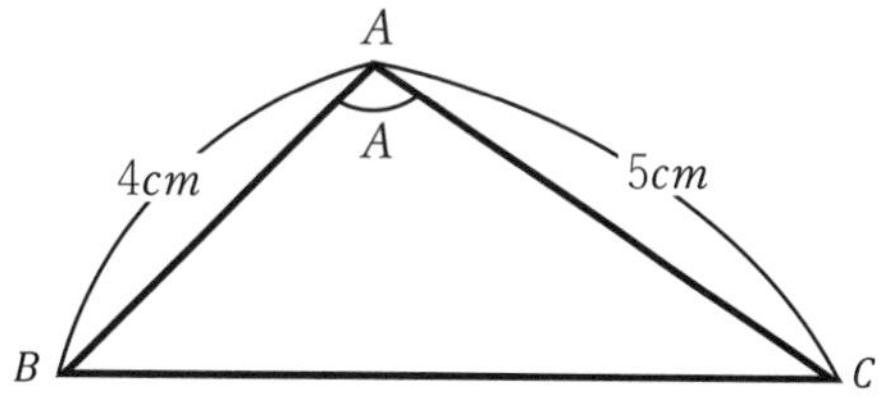

（2016 年 8 月試験）

答えの出し方

余弦定理公式から

$BC^2 = b^2 + c^2 - 2bc\cos A$

$= 5^2 + 4^2 - 2 \times 4 \times 5 \times \left(-\dfrac{1}{5}\right)$

$= 25 + 16 + 8 = 49$

したがって

$BC = \sqrt{49} = 7cm$ （答）

5 次の ア ～ ク の □ を適切にうめなさい。

（4）右の図の三角形 ABC において，

$BC=3cm,\ CA=5cm,\ \angle C=120^\circ$

である。

このとき，AB の長さは エ cm である。

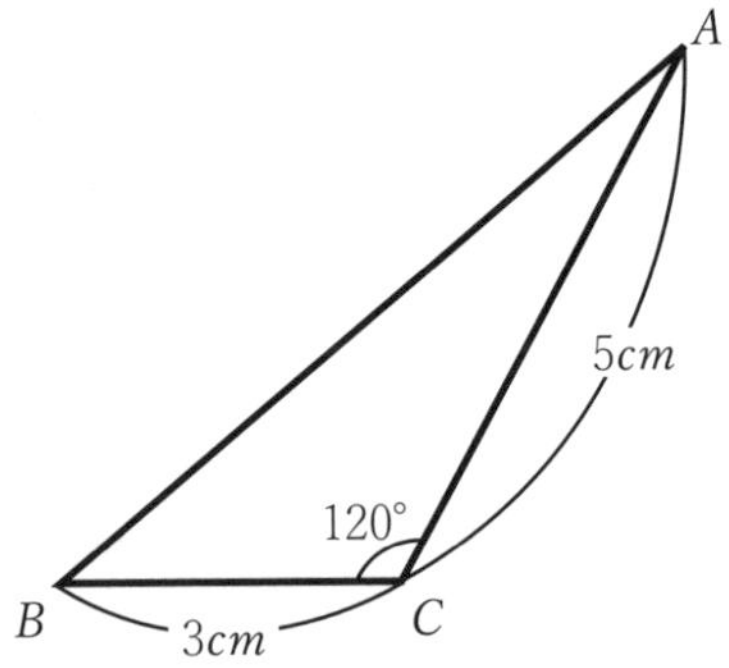

（2018年8月試験）

答えの出し方

余弦定理公式から

$AB^2=5^2+3^2-2\times5\times3\times\cos120^\circ$

ところで、$\cos120^\circ=-\cos60^\circ=-\frac{1}{2}$

したがって

$AB^2=25+9+15=49$

であるから　$AB=7cm$（答）

5 次の ア ～ ク の □ を適切にうめなさい。

（4）右の図のような，１辺の長さが $2cm$ の正六角形がある。

このとき，AC の長さは

オ $\sqrt{\text{カ}}$ cm である。

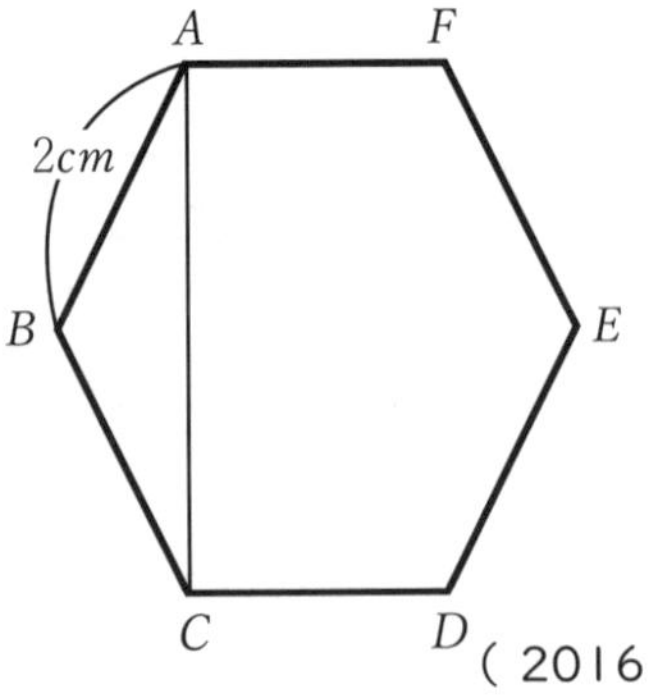

（2016年11月試験）

答えの出し方

正六角形の１つの角度は 120° である。

$\triangle ABC$ に余弦定理公式を使って

$AC^2=2^2+2^2-2\times2\times2\times\cos120^\circ$

$=4+4+4=12$

したがって

$AC=\sqrt{12}=\sqrt{4\times3}=2\sqrt{3}\,cm$　　（答）

5 次の **ア** ～ **ク** の ［　　］ を適切にうめなさい。

（4）右の図の三角形 ABC において，

$AB = 6cm$, $AC = 7cm$, $\cos A = \frac{5}{7}$

である。

このとき，BC の長さは **エ** である。

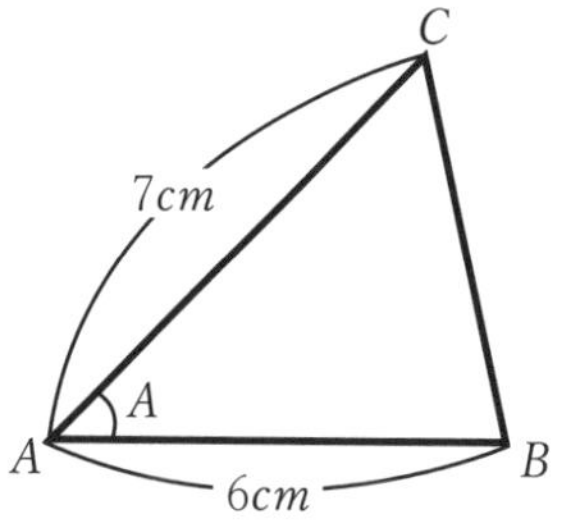

（2017 年 11 月試験）

答えの出し方

$BC^2 = 7^2 + 6^2 - 2 \times 7 \times 6 \times \frac{5}{7}$

$= 49 + 36 - 60 = 25$

したがって、 $BC = 5cm$ （答）

5 次の **ア** ～ **ク** の ［　　］ を適切にうめなさい。

（4）右の図の三角形 ABC において，

$AB = 4cm$, $AC = 5cm$, $\cos A = -\frac{1}{5}$

である。

このとき，BC の長さは

エ cm である。

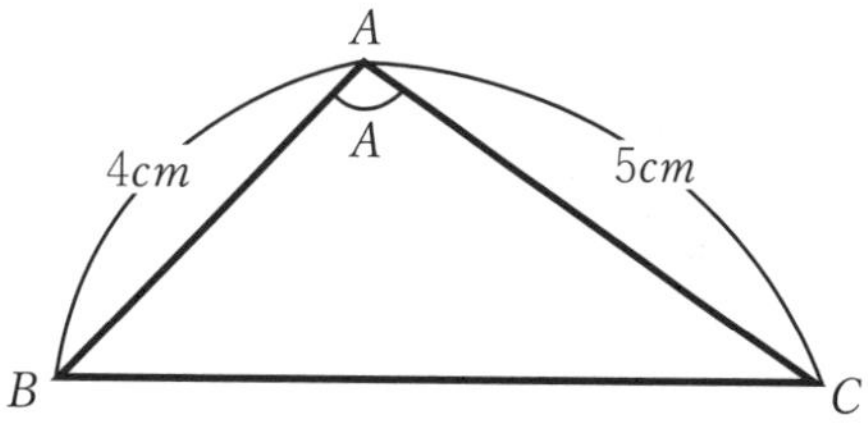

（2018 年 11 月試験）

答えの出し方

$BC^2 = 4^2 + 5^2 - 2 \times 4 \times 5 \times \left(-\frac{1}{5}\right)$

$= 16 + 25 + 8 = 49$

$BC = 7cm$ （答）

5 次の ア ～ ク の □ を適切にうめなさい。

（5）右の図の平行四辺形 $ABCD$ において，
$AB = 3cm$，$AD = 2cm$，$\angle A = 60°$ である。
このとき，平行四辺形 $ABCD$ の面積は
$\boxed{オ}\sqrt{\boxed{カ}}\ cm^2$ である。

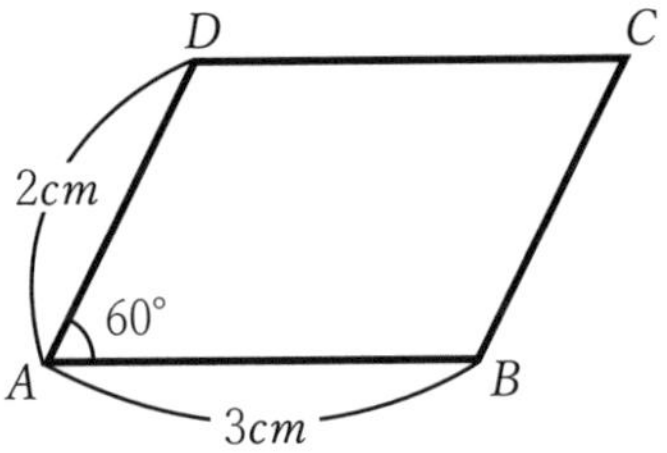

（2016年8月試験）

答えの出し方

平行四辺形 $ABCD$ の面積 S は $\triangle ABD$ の 2 倍である。したがって、

$$S = \frac{1}{2} \times 2 \times 3 \times \sin 60° \times 2$$

$$= 2 \times 3 \times \frac{\sqrt{3}}{2}$$

$$= 3\sqrt{3}\ cm^2 \quad （答）$$

5 次の ア ～ ク の □ を適切にうめなさい。

（5）右の図の三角形 ABC において，
$AB = 6cm$，$AC = 4cm$，$\angle A = 30°$ である。
このとき，三角形 ABC の面積は
$\boxed{オ}\ cm^2$ である。

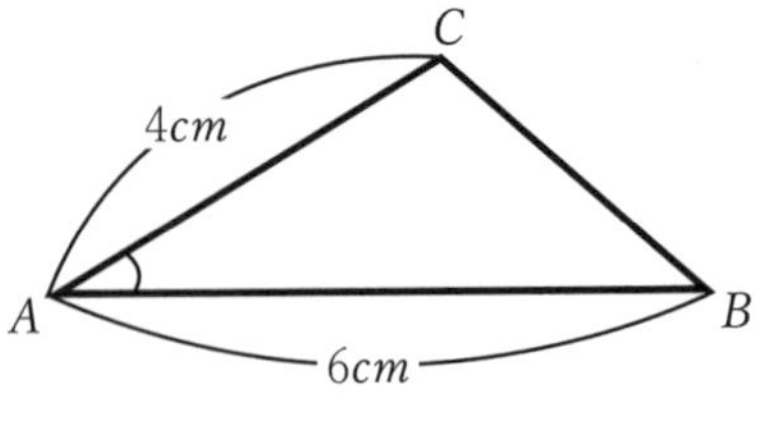

（2016年11月試験）

答えの出し方

$$S = \frac{1}{2} \times 4 \times 6 \times \sin 30° = 12 \times \frac{1}{2}$$

$$= 6cm^2 \quad （答）$$

5 次の **ア** ～ **ク** の □ を適切にうめなさい。

（5）半径 2 cm の円 O に内接する正十二角形の面積は

オカ cm^2 である。

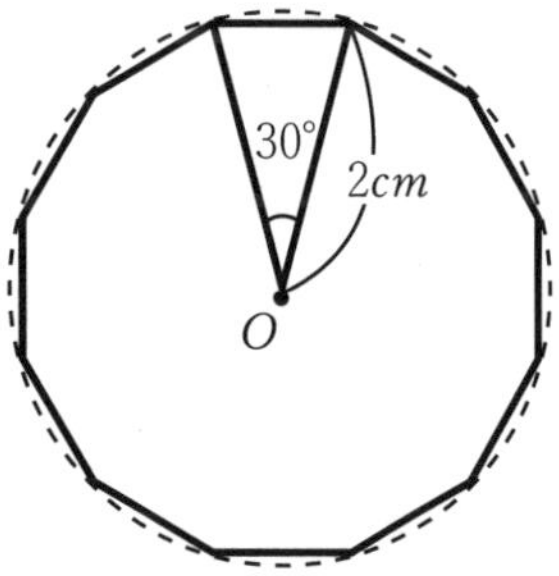

（2017年11月試験）

答えの出し方

1個の三角形の面積を S とすると、

$S = \frac{1}{2} \times 2 \times 2 \times \sin 30^\circ = 1cm^2$

したがって正十二角形の面積は $12cm^2$ （答）

6 データの分析

6－1 棒グラフ（ヒストグラム）と平均など

6 次の ア ～ ケ の ＿＿ を適切にうめなさい。

（1）右の図は，10点満点の漢字テストでの20人の得点のデータをヒストグラムに表したものである。

このデータの最頻値は ア （点）であり，中央値は イ （点）である。

次の①～④のうちから正しいものを一つ選べ。

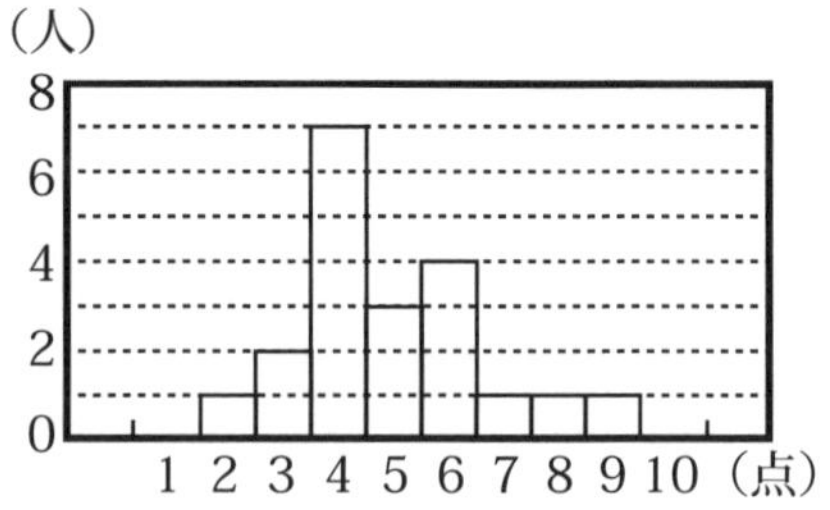

① 5.5　② 5　③ 4.5　④ 4

（2016年8月試験）

答えの出し方

最頻値は一番長い棒の点数で4点（アの答）

中央値は、全員が20人という偶数人の場合、10番目の人と11番目の人の平均値で、上から10番目の人の点数は5点、11番目の人の点数は4点である。従って中央値は4.5点である。

アは④、イは③が正解。

6 次の ア ～ ケ の ＿＿ を適切にうめなさい。

（1）右のヒストグラムは，あるファミリーレストランを利用した30組について，1組ごとの人数を調べた結果である。

このデータの最頻値，中央値，平均値はいくらか。

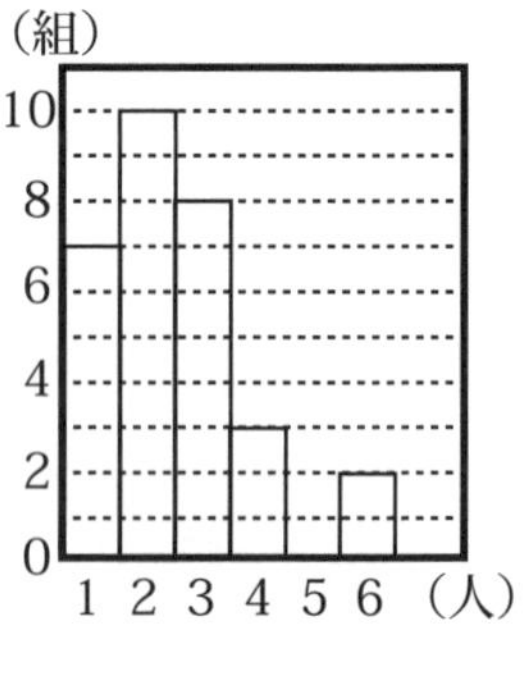

（2016年11月試験）

答えの出し方

最頻値はもっとも長い棒の2人。中央値は上から15番目の人と16番目の人の平均で、この場合どちらも2人である。平均は、

$$（平均）=\frac{1\times7+2\times10+3\times8+4\times3+6\times2}{30}$$

$$=\frac{7+20+24+12+12}{30}=\frac{75}{30}=2.5人（答）$$

6 次の ア ～ ケ の □ を適切にうめなさい。

（1）ある高校の文化祭では，毎年ボランティア活動としてのペットボトルのキャップを集めている。
次のデータは，集まったキャップの重量を5年分記録したものである。

1.3　　2.4　　2.8　　3.0　　2.5　(*kg*)

このデータの中央値は ア (*kg*) である，平均値は イ (*kg*) である。
次の①～④のうちから正しいものを一つずつ選べ。

① 2.0　② 2.4　③ 2.5　④ 2.8

（2017年11月試験）

答えの出し方

5年分しかないので、中央値は3番目の重量を取ればよい。2.5*kg* が中央値である③。

平均は足して5で割れば2.4と求まる。②が正解である。

6 次の ア ～ ケ の □ を適切にうめなさい。

（1）次のデータは，ある8つの地域で1か月間に起こった，高校生の交通事故の発生件数である。

43，　39，　19，　34，　27，　43，　15，　28　(件)

このデータについての記述として誤っているものは ア である。

次の①～④のうちから一つ選べ。

① 中央値は34（件）である。　② 平均値は31（件）である。
③ 最頻値は43（件）である。　④ 範囲は28（件）である。

（2018年8月試験）

答えの出し方

平均値を正しく計算するのは手間がかかるので後回し。最頻値は2つ数字が現れている43件である。③は正しい。8つと総数が偶数なので中央値は4番目（34件）と5番目（29）の平均で31.5件になる。①は誤り。範囲は最大43と最小15の差で28である。④は正しい。平均を計算するまでも無く①が誤りと判断できる。


平均値31が正しいかどうか調べよう。

43は31より12大きいので＋12と書く、以下12, 8, －12, 3, －4, 12, －16, －3となる。この8個の数字を足し算すると、ちょうどゼロ。だから平均値が31と言うのは正しい。平均値を出すのは大変だが、その平均値が正しいかどうかはこのように簡単に判定することができる。

6 次の **ア** ～ **ケ** の **　　** を適切にうめなさい。

（１）次のデータは，ある野球チームの，７人の投手の出場試合数である。

21，　22，　3，　61，　4，　18，　53　（試合）

このデータの中央値は **アイ** （試合）で，平均値は **ウエ** （試合）である。

（2018年11月試験）

答えの出し方

全体が７人と奇数なので、中央値は上から４番目の人の出場回数であって21試合が中央値である。

この７個の数字を合計すると、182となり、人数７で割ると26試合となる。これが平均値である。

6－2 箱ひげ図

【準備体操】

ここに101人の生徒の英語のテストの点数表があるとする。

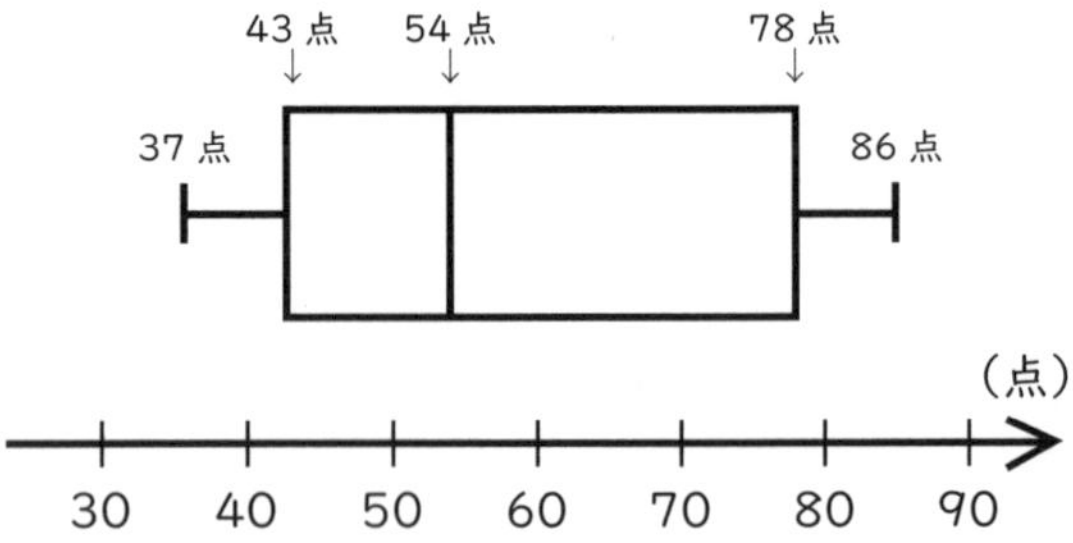

最高点が86点、最低点が37点、中央値（上から51番目の生徒の点数）が54点。

上位$\frac{1}{4}$にあたる26番目の生徒の点数が78点、上位$\frac{3}{4}$位にあたる76番目の生徒が43点だったとすると、箱ひげ図は右のようになる。

これでわかると思うが、右端のひげが最高点、左端のひげが最低点、箱の右端が上位$\frac{1}{4}$の人の点数、箱の左端が上位$\frac{3}{4}$の人の点数。中央値が箱の中の縦線として描かれるのである。

それでは過去問をやっておこう。

6 次の ア ～ ケ の □ を適切にうめなさい。

（2）右の図は，ある高校の 1 年生 280 人に行った確認テストの得点のデータの箱ひげ図である。この箱ひげ図から読み取れることは ウ である。次の①～④のうちから一つ選べ。

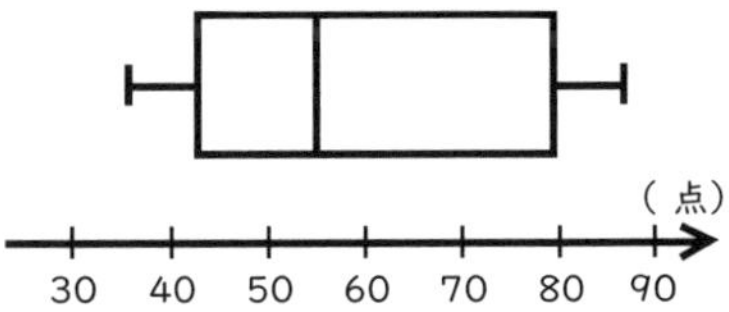

① 30 点台の生徒は 70 人である。
② 50 点台以上の生徒は 210 人以上いる。
③ 60 点未満の生徒は半数以上いる。
④ 平均点は 70 点以上である。

（2016 年 8 月試験）

答えの出し方

① 箱の左端は 42 点あたり。42 点以下の人が$\frac{1}{4}$(70 人) いたので。(×)

② 箱の左端の 42 点以上の人が$\frac{3}{4}$（210 人）を占《し》めている。(×)

③ 中央値は 54 点ぐらい。ここより上が半数（140 人）、下が半数（140 人）である。この場合 60 点以下は半数以上いたことになるので。(○)

④ 平均値は中央値（54 点）からそれほど離れていないはず。とても 70 点以上にはならない。(×)

正解は③。

6 次の ア ～ ケ の □ を適切にうめなさい。

（2）右の図は，*A* 社，*B* 社について，それぞれ従業員 50 人の通勤時間のデータの箱ひげ図である。このデータについての記述として適切でないものは イ である。次の①～④のうちから一つ選べ。

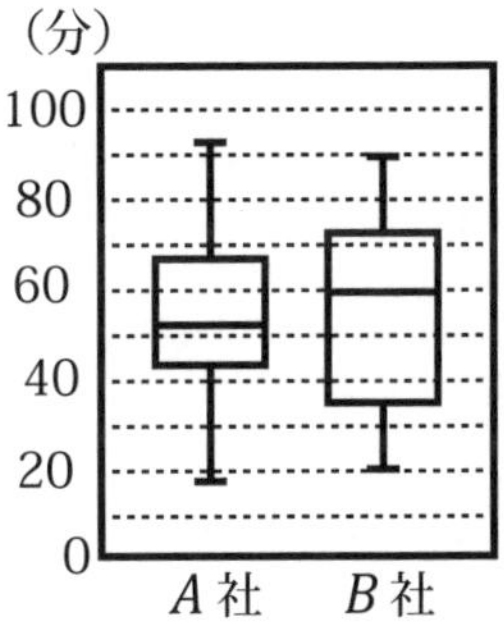

① *A* 社には通勤時間が 50 分以上の人が 25 人以上いる。
② 通勤時間が 70 分以上の人は *A* 社の方が多い。
③ 通勤時間が 40 分以下の人は *B* 社の方が多い。
④ *A* 社，*B* 社を通じて通勤時間が最も短い人は *A* 社にいる。

（2018 年 8 月試験）

答えの出し方

① *A* 社の箱の中の線は 51 分のところ。この 51 分以上の人が半数の 25 人いる。したがって 50 分以上の人は 25 人以上いるはず。(○)

② 両社の箱の上端の位置を見ると、*A* 社は 68 分以上が$\frac{1}{4}$。*B* 社は 72 分以上が$\frac{1}{4}$。70 分以上の人は *B* 社の方が多い。(×)

③ 箱の下端の位置を見る。*A* 社は 41 分以下の人が$\frac{1}{4}$。*B* 社は 36 分以下の人が$\frac{1}{4}$。したがって 40 分以下の人は *B* 社の方が多い。(○)

④ 下のひげ（通勤時間が一番短い人の通勤時間）の位置を見る。*A* 社は 15 分で通勤する人がいる。*B* 社は 20 分で通勤する人が一番通勤時間が短い。(○)

適切でないのは②で、これが正解。

6 次の ア ～ ケ の □ を適切にうめなさい。

（2）下の図は，ある高校の 1 年生 203 人に行った英語，国語，数学のテストの得点を箱ひげ図に表したものである。

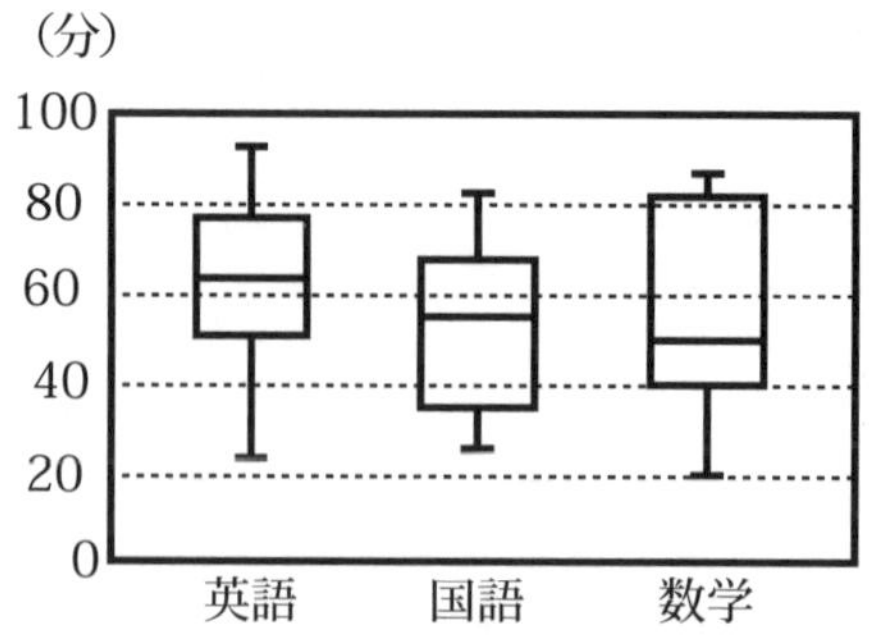

全体の 4 分の 1 以上の生徒が 80 点以上であった教科は（A）である。
また，60 点以上の生徒が最も多い教科は（B）である。
（A），（B）にあてはまるものの組合わせは イ である。
次の①～④のうちから正しいものを一つ選べ。

	①	②	③	④
（A）	英語	数学	数学	国語
（B）	数学	国語	英語	英語

（2018 年 8 月試験）

答えの出し方

上のひげから箱の上端までに全体の$\frac{1}{4}$の人が入っている。

数学が箱の上端が 80 点を超えているので、A は数学である。

箱の中の横線以上に全体の半分の人がいる。この線が 60 点を超えているのは英語である。したがって B は英語である。

③が正解。

6 次の［ア］～［ケ］の［　　］を適切にうめなさい。

（2） 次のデータは，大学生 10 人に，持っている靴の数を聞いたものである。

5,　8,　5,　9,　6,　8,　10,　3,　6,　4（足）

このデータの箱ひげ図として正しいものは［オ］である。
次の①～④のうちから一つ選べ。

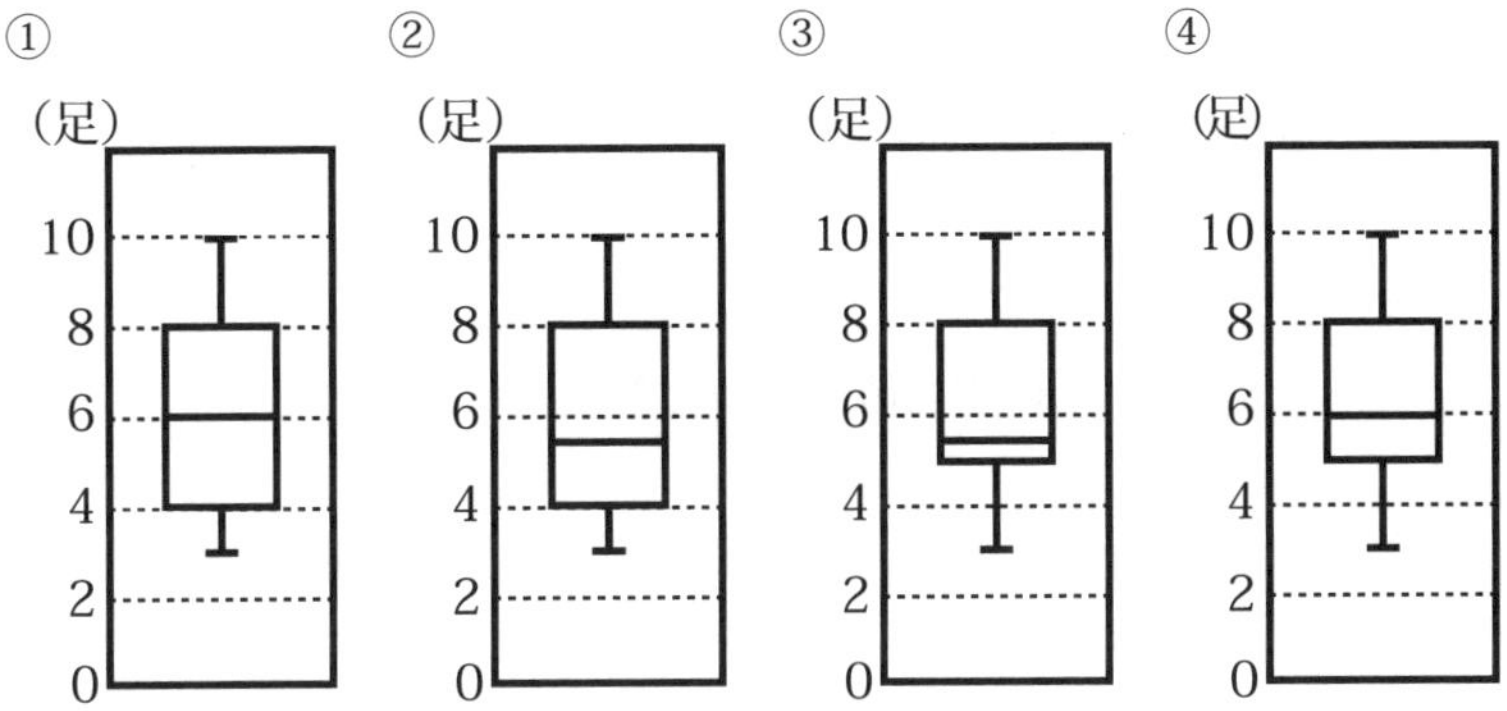

（2018 年 8 月試験）

答えの▸出し方

①～④とも（A）上のひげの位置、（B）箱の上端の位置、（C）下のひげの位置、は同じなので判定に使えない。違うのは、（D）箱の中の線（中央値）と、（E）箱の下端の位置である。

合計人数が 10 人と偶数なので、中央値は 5 番目の人と 6 番目の人の平均値になる。5 番目の人は 6 足、6 番目の人も 6 足なので、中央値は 6 足。

したがって①か④が正しい。箱の下端は$\frac{3}{4}$の位置の値。下から 3 番目の人の値で 5 足。

したがって③か④が正しい。両方合わせて④が正しい。

6－3 平均と分散

【準備体操】

「分散」というのは、平均からの差の二乗の平均値である。分散の平方根が標準偏差《ひょうじゅんへんさ》である。

6 次の［ア］～［ケ］の［　］を適切にうめなさい。

（3）次のデータは，Aさんが1日にテレビを視聴した時間を7日間調べたものである。

2，　3，　3，　1，　3，　6，　3　(時間)

このデータの平均値は［エ］(時間) であり、分散は［オ］である。

ただし、変量 x のデータの値が、

x_1, x_2, ……，x_n で、この平均値が $\overline{x}$ のとき、

分散は $\dfrac{(x_1-\overline{x})^2+(x_2-\overline{x})^2+\cdots\cdots+(x_n-\overline{x})^2}{n}$ で求められる。

（2016年8月試験）

答えの出し方

解答欄［エ］のカッコは1桁。平均値はぴったり整数らしい。どうも平均値は3のようだ。

最初の2は、3より1小さいので－1と記録する。以下同様に3からの差を書いていくと

－1，0，0，－2，0，3，0となって、

この合計はゼロ。ということは平均値は正確に3.0だった。(エの答)。

分散は、差の二乗の平均。

すると、1，0，0，4，0，9，0となって、和は14。これを総数7で割って、分散は2(オの答)。

6 次の ア ～ ケ の □ を適切にうめなさい。

（3）次のデータは，ある生徒が国語と数学の小テストをそれぞれ 4 回と 8 回行った得点のデータである。

国語：3， 4， 4， 5 （点）
数学：4， 4， 5， 5， 5， 5， 6， 6 （点）

これらのデータについての記述として正しいものは ウ である。
次の①～④のうちから一つ選べ。

① 平均値は等しく，分散も等しい。
② 平均値は等しく，分散は数学の方が大きい。
③ 平均値は数学の方が大きく，分散は等しい。
④ 平均値は数学の方が大きく，分散も数学の方が大きい。

ただし、変量 x のデータの値が、
x_1，x_2，……，x_n で、この平均値が $\overline{x}$ のとき、

分散は $\dfrac{(x_1-\overline{x})^2+(x_2-\overline{x})^2+\cdots\cdots+(x_n-\overline{x})^2}{n}$ で求められる。

（2016 年 11 月問題）

答えの出し方

国語の平均値は 4 である。1 つ 1 つの数字の平均値との差（偏差《へんさ》）は－1，0，0，＋1 となるが、分散はこの二乗の平均だから（$1^2+0^2+0^2+1^2=2$）を 4 で割って、国語の分散は 0.5。

数学の平均値は 5 で、偏差の二乗の和は 4。分散は 8 で割って 0.5。したがって、平均値は数学の方が大きく、分散は等しい。③が正解。

6 次の **ア** ～ **ケ** の ☐ を適切にうめなさい。

（3）次のデータは，2つのサッカーチーム A，B が最近5試合で打ったシュートの本数である。

A：4，　5，　5，　5，　6（本）　　B：2，　2，　3，　3，　10（本）

この2つのデータについての記述として正しいものは **エ** である。

次の①～④のうちから一つ選べ。

① 平均値も分散も A の方が大きい。
② 平均値は A の方が大きく，分散は B の方が大きい。
③ 平均値は B の方が大きく，分散は A の方が大きい。
④ 平均値も分散も B の方が大きい。

ただし、変量 x のデータの値が、
x_1，x_2，……，x_n で、この平均値が $\overline{x}$ のとき、

分散は $\dfrac{(x_1-\overline{x})^2+(x_2-\overline{x})^2+\cdots\cdots+(x_n-\overline{x})^2}{n}$ で求められる。

（2017年11月試験）

答えの▸出し方

A の平均値は5。

偏差は、－1，0，0，0，＋1だから、偏差の二乗は1，0，0，0，1で分散は $\frac{2}{5}=0.4$、

B の平均は4。

値が散らばっているので分散は大きいはず。

（計算してもいいが面倒）。

②が正解。

6 次の ア ～ ケ の □ を適切にうめなさい。

（3）次のデータは，２人の生徒 A，B が受けた数学の小テスト５回分の得点である。

A：3，　4，　5，　6，　7（点）　　B：2，　4，　5，　6，　8（点）

これらのデータについての記述として正しいものは ウ である。
次の①～④のうちから一つ選べ。

① 平均値は異なり，分散は A の方が大きい。
② 平均値は異なり，分散は B の方が大きい。
③ 平均値は等しく，分散は A の方が大きい。
④ 平均値は等しく，分散は B の方が大きい。

ただし、変量 x のデータの値が、
x_1，x_2，••••••，x_n で、この平均値が $\overline{x}$ のとき、

分散は $\dfrac{(x_1-\overline{x})^2+(x_2-\overline{x})^2+\cdots\cdots+(x_n-\overline{x})^2}{n}$ で求められる。

（2018年8月試験）

答えの出し方

平均値はどちらも5。
B の方が値が散らばっているので分散は B の方が大きい。したがって④が正解。

6 次の **ア** ～ **ケ** の ＿＿ を適切にうめなさい。

（3）次のデータは，電気自動車 5 台について，1 回の充電で走行可能な距離を調べたものである。

280，　295，　300，　320，　305　（km）

このデータの平均値は 300（km）であり，分散は **カキク** である。

ただし、変量 x のデータの値が、

x_1, x_2, ……, x_n で、この平均値が $\overline{x}$ のとき、

分散は $\dfrac{(x_1-\overline{x})^2+(x_2-\overline{x})^2+\cdots\cdots+(x_n-\overline{x})^2}{n}$ で求められる。

（2018 年 11 月試験）

答えの出し方

$(280-300)^2+(295-300)^2$

$+(320-300)^2+(305-300)^2$

$=400+25+400+25$

$=850$

分散 $=\dfrac{850}{5}$

$=170$（答）

6 次の ア ～ ケ の ［ ］ を適切にうめなさい。

（4）2つの変量 x と y からなるデータについて相関係数が－0.72である。

このデータの散布図として最も適切なものは カ である。

次の①～④のうちから一つ選べ。

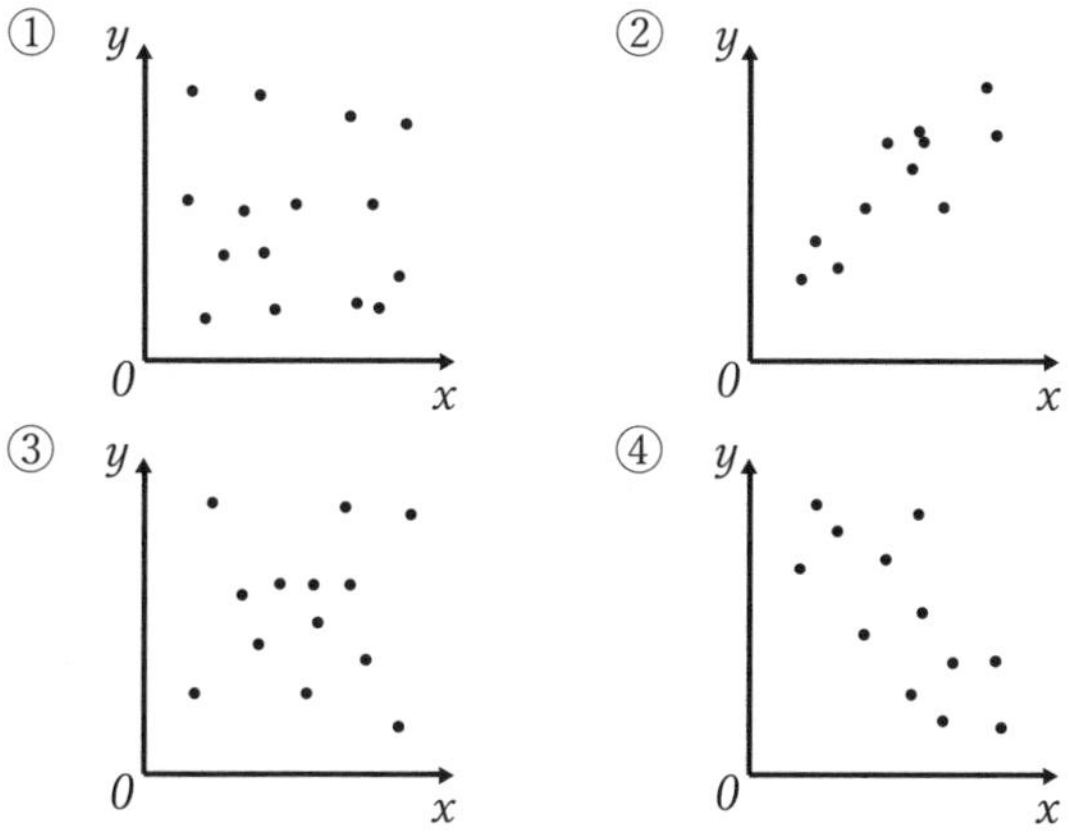

（2016年8月試験）

答えの出し方

相関係数がマイナスということは、x が増えると y が減るような分布である。➡ ④が正解。

6 次の ア ～ ケ の ［ ］ を適切にうめなさい。

（4）右の散布図において、変量 x と y の相関係数として最も適切なものは エ である。

次の①～④のうちから一つ選べ。

① 0.9

② 0.3

③ －0.1

④ －0.6

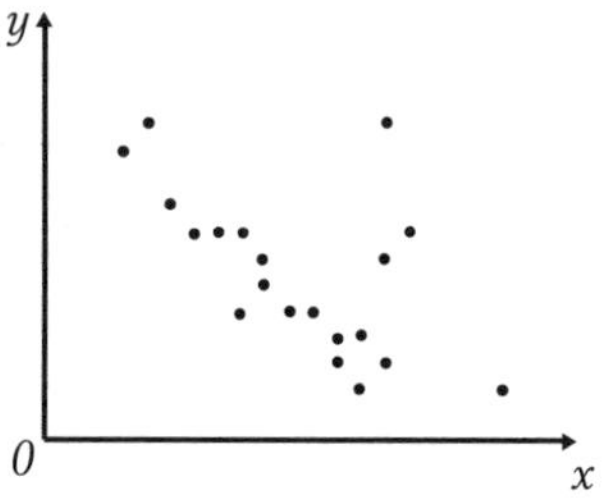

（2016年11月試験）

答えの出し方

x が増えると y が減っているので相関係数はマイナス。かなりはっきりこの傾向が出ているの ➡ で、③ではなく④が正解。

English 英語

6 データの分析 過去問研究

Japanese 国語

6 次の［ア］～［ケ］の［　］を適切にうめなさい。

（4）右の図は，あるクラスの生徒 20 人に対して行った数学と英語のテストの得点を散布図として表したものである。この散布図についての記述として適切でないものは［オ］である。

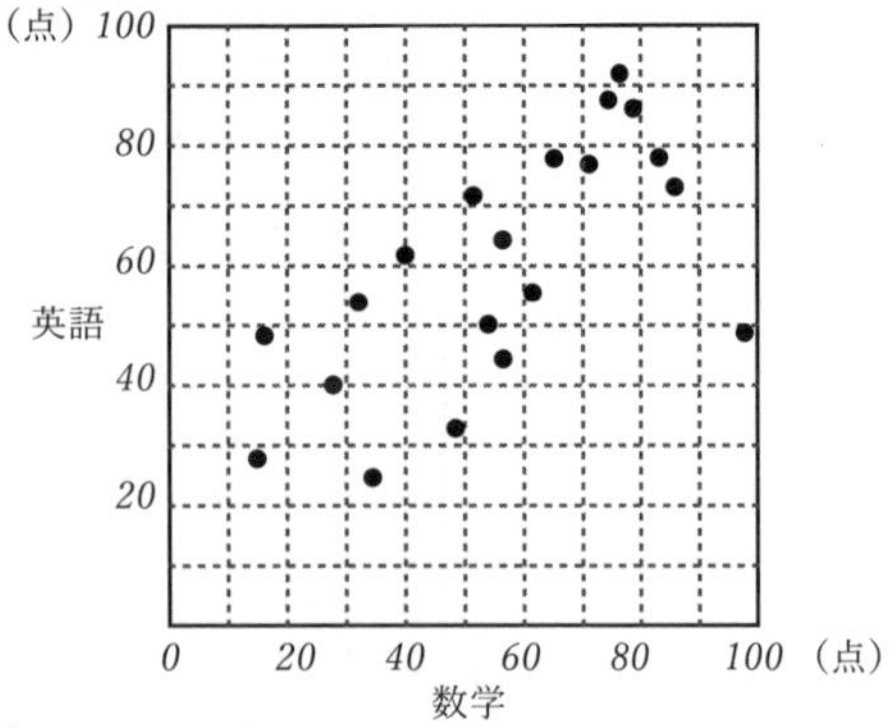

次の①～④のうちから一つ選べ。

① 数学と英語のどちらも 60 点以上である生徒は 8 人である。
② 数学の得点の範囲の方が，英語の得点の範囲より大きい。
③ 数学の得点が 20 点台の生徒は英語の得点は 40 点以上であった。
④ 数学と英語の得点の間には正の相関がある。

（2017 年 11 月試験）

答えの出し方

②正しい。③この生徒は１人だけ。正しい。④正しい。① 7人である（×）。④が正解。

＜注意＞①の文章は２通りの解釈ができる。なぜかどちらに解釈しても誤りである。

6 次の［ア］～［ケ］の［　］を適切にうめなさい。

（4）右の図は，バスケットボールのある 15 チームについて，1 試合あたりのシュートの本数の平均値 y（点）を散布図に表したものである。右の散布図において，x と y の相関係数として最も適切なものは［エ］である。
次の①～④のうちから一つ選べ。

① 0.9
② 0.4
③ − 0.5
④ − 0.9

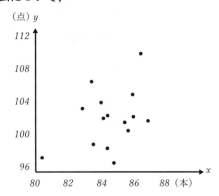

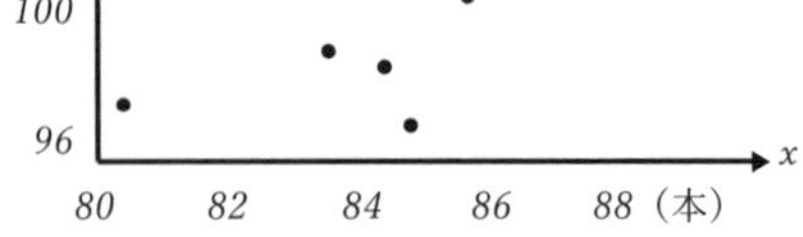

（2018 年 8 月試験）

答えの出し方

xが増えるとyも増える弱い正の相関がみられる。　②が正解。

6 次の ア ～ ケ の □ を適切にうめなさい。

（4）下の散布図Aは，ある年の10月における一日の最高気温と最低気温を表したものであり，散布図Bは，同じ年で同じ月における一日の最高気温と平均湿度を表したものである。

＜散布図 *A* ＞

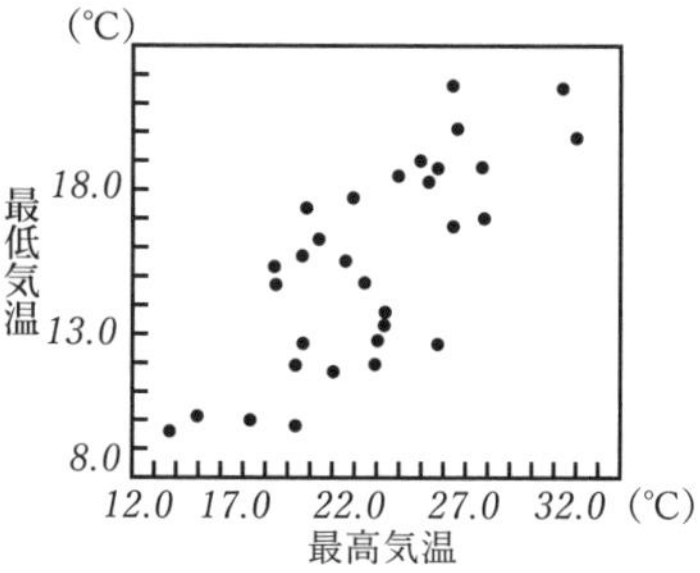

＜散布図 *B* ＞

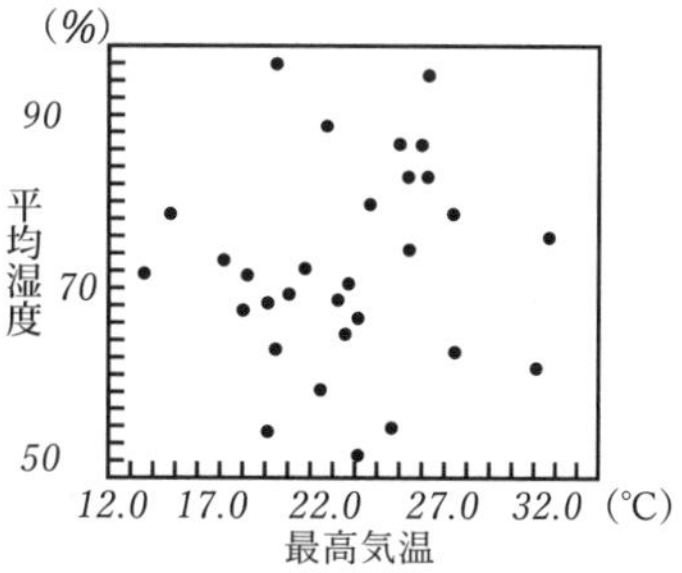

これらの散布図に関する記述として最も適切なものは ケ である。
次の①～④のうちから一つ選べ。

① 最高気温と最低気温，最高気温と平均湿度は，ともに正の相関関係が強い。
② 最高気温と最低気温，最高気温と平均湿度は，ともに負の相関関係が強い。
③ 最高気温と最低気温は相関関係が強く，最高気温と平均湿度は相関関係が弱い。
④ 最高気温と最適気温は相関関係が弱く，最高気温と平均湿度は相関関係が強い。

（2018年11月試験）

答えの出し方

① 最高気温と最低気温は正の相関関係が見られるが、最高気温と平均湿度は相関関係が見られない。(×)

② ともに負の相関は見られない。(×)

③ 正しい。

④「弱く」と「強く」を入れ替えると正しくなる。(×)

正解は③。

国語はP285から反対方向に進めてください。

【問4（Y）】

そこで問4の「話し合いの一部」のY、Zの空欄には何が入るのかという問題を見ておこう。

Yの空欄の前後の会話は、

「なぜ服虔は崔烈の学校に食事係りとして名前を隠して入ったのか」、「ああ、そこは【Y】ということが理由じゃないかな」とある。

やはり、明らかに間違っている選択肢に（×）を付ける作業から始めよう。

①「日頃から見下してきた崔烈を」が間違い。自分の解釈とは違う解釈を聞きたかったので「見下して」はいない。」むしろ「敬意をもって」いたのである。①は（×）。

④「春秋の解釈は門外不出（秘密にしておくこと）」が間違い。大勢の生徒さんを集めて授業をしていたから秘密・門外不出ではなかった。

⑤この選択肢は無意味。「すでに知られていたのでわざわざ名乗らなかった」は不自然。

③が最も正しい。

②は、後半「注釈にかかわる立場から外される」が間違い。もしこの文が正しければ「春秋」を解釈する権利は崔烈だけにあることになる。しかし、そんなルールはどこにもなかった。「学問の自由」はこの時代にもあったのである。

次は空欄【Z】に何が入るかという問題。Ⅱ（漢文）は【Z】について書かれている。

【問4（Z）】

①服虔と崔烈は「おさななじみ」ではない（×）。

③「最後は友人になった」とある。それに「春秋の解釈」は家の伝統ではない（×）。

④まったく内容に無関係（×）。

⑤服虔と崔烈は同じ系統に属していない。「相手より優位に立つことを考えなければならない」は不道徳で下品な考え（×）。

不道徳な部分を含む選択肢はすべて（×）である。

②が正解である。

①「悲しさにあふれている」は（×）。
なので⑤が正解となる。

【別の考え方】
（たとえ話は言いたいことではない）

「全体として言いたいことは何か」という問の解答では、「たとえ話」は全部取り去ってしまうべきだ、というルールがある。①④がいけない理由は、「(人間は）友人が大切だ」の「たとえ話の一つだからである。」。①と④は本文に書いてあるのになぜ間違いになるのか？ の答えは「①④はたとえ話」だからである。

「畑は種を植える前に耕さないと立派な野菜はできない。同じように人間も子どものとき教育しないと将来立派な人間にならない」。という文はなにをいっているのだろうか？ 答は「教育が大事だ」である。「畑は耕すことも大事だ」なんてことは言ってはいないのである。①④が間違いなのはこれと同じ理由なのである。こういうたとえが入った文章では、言いたいことは最後のまとめの文だけなのである。⑤が正解である。

【問４（X）】

①「ささいなことで別れた」↓口喧嘩したの？ ちがう、友人と死別したのだ（×）。②「死後は思いが薄《うす》れて行く」は（×）。③「友を優先し」が誤り（×）。⑤死別のことが書かれていない（×）。④が正解である。

Ⅱの漢文の書き下し文

服虔《ふくけん》は已《すで》に春秋（古代中国の歴史書）を善《よ》くす。将《まさ》に注を為《つく》らんとし、同異を参攷（考）せんと欲す。崔烈《さいれつ》が門生を集めて伝を講ずるを聞き、遂に姓名を匿《かく》し、烈の門人の為に賃《やと》はれて食を作る。毎《つね》に講時に至るに当たつて輒《すなはち》窃《ひそ》かに戸壁《こへき》の間に聴《き》く。既に己《おのれ》に踰《こ》ゆること能《あた》はざるを知り、稍《やや》諸生《しょせい》と共に其の短長を叙す。烈聞き、何人なるかを測《はか》らず。然《しか》れども素《もと》より虔が名を聞き、意に之《これ》を疑ふ。明蚤《めいそう》に往《ゆ》き未《いま》だ寤《さ》めざるに、便《すなわ》ち呼ぶ、「子慎、子慎。」と。虔、覚えず驚き応ず。遂に相与《あいとも》に友とし善《よ》し。

【現代語訳】

服虔は中国古代の歴史書である「春秋」に詳しかった。この「春秋」の解説書を作ろうとして、解釈の異なる意見も参考にしようとした。崔烈という人が生徒を集めて「春秋」の解説の授業をしていると聞き、自分の名前を隠してその学校の生徒たちの食事係に雇ってもらった。崔烈の授業の時間には戸の陰に隠れてこっそり授業を聞いていた。崔烈の学問的水準が自分（服虔）を超えることはないとわかってからは、次第に生徒たちと先生である崔烈の欠点長所を論じ合った。崔烈はそう主張している人が誰であるかを知らなかったが、服虔の名は前から知っていた。それで、あるいはこの人がそうではないかと疑い、次の日の朝、服虔の（宿舎）に行き、まだ服虔が寝ているとき「子慎（服虔の名前）、子慎」と呼びかけた。服虔は突然自分の名前を呼ばれて驚いて思わず返事をしてしまった。そうして最後には互いに良き友人となったのである。

答えの出し方

【問1】

「さきだちて、先せにければ」は「先に死んだので」の意味である。③が正解である。

【参考】

「うせにければ」は「已然形＋ば」の形で現代語では「なので」と訳す。「うせにければ」は「死んだので」。これが「先せなば」だったら「未然形＋ば」の形なので「もし死んでいたら」と仮定の形に訳すことになる。

【裏ワザ】

この大問を、3ページもある古文と漢文を全部読んでから、問1の問題文を読むのでは能率が悪い。本文を読んでいて傍線が引いてある部分まで読んだら、すぐこの傍線部分に関する「問」を解くのが良い。傍線のある行の前後二，三行を読めば正解になる場合が非常に多いからである。

【問2】

詩に優れた元稹が死んで（はかなくなりしかば）楽天が詩を集めたものを経蔵に保管したのはなぜか、という問題である。ダメとすぐ分かる選択肢に（×）を付けていけば自然に正解が残る。

①「自分以外の人に技法をまねさせたくなかった」とは、つまり「技法は自分一人が独占して他の人に教えたくなかった」とは、楽天はなんと根性がいやしい人だ（×）。

②「家族ぐるみ」↓ここまでの四行にそんなこと書いていない（×）。

③「今より価値がでるまでしまっておこう」とは、つまり楽天は金もうけしようとしたのか（×）。

④「元稹の詩にヘタなのがあった。それを隠してあげるため」とは。これは論外であろう(×)。

⑤が正解である。

【問3】

【本文の趣旨】

まず本文Ⅰのおよそいっていることを理解しておこう。

伯牙と鍾子期は二人とも琴《こと》の名手で友人であった。鍾子期が先に死んで、伯牙は琴を弾かなくなった。元稹と楽天は詩の友人だった。元稹が先に死んで、楽天は元稹の多数の詩を書庫に収めた。山鳥は鏡に映った自分を友と思ってなき、雁は仲間と列をなして飛ぶ。（これに反して）一羽だけのオシドリ、一人で小舟に乗っている人は心細そうでかわいそうだ。

以上、一言でいえば「友人がいることはすばらしい」といっているのだ。

【答えの出し方】

まず選択肢の中で簡単に「絶対間違っている」ものに（×）をつけよう。

②「心の中では一羽でいることを楽しんでいる」（×）。

③「心の中では一羽で自由」（×）。

次に「不自然に過激な表現」も（×）だ。

④「悲しみのあまり夜も眠れず」は（×）。

Y

① 日頃から見下してきた崔烈の元へ行き、自分の名前を明らかにして『春秋』に関する教えを請うのは恥ずかしかった
② 他の系統である崔烈の元に出入りしていたことが明るみに出て、『春秋』の注釈に関わる立場から外されるのを恐れた
③ 『春秋』に習熟している自分の素性を知られずに、自分と諸家との『春秋』の注釈の違いについて知りたかった
④ 『春秋』の注釈は門外不出のことなので、自分が『春秋』について調べていることを誰にも知られたくなかった
⑤ 既に崔烈に弟子入りをして『春秋』の注釈に携わっていたので、わざわざ名前を出す必要はないと考えた

Z

① 幼い頃から競い合った者同士が、様々な経験を重ね大人になることで晩年には和解していく
② 異なる系統にいながら同じ志をもつ者同士が、互いに交流したことで新たに友情を育んだ
③ それぞれの家の伝統を守る立場にある者同士は、時には友とでも競い合わなければならない
④ 心を許し合った友同士は、久しく会えない時間を経ることで相手の気持ちを理解できるようになる
⑤ 同じ系統に属し同じ道を歩む者同士は、常に相手より優位に立つことを考えなければならない

（2018年8月試験）

【話合いの一部】

田中さん「Ⅰの文章にもⅡの文章にも、友に対する思いがそれぞれ書かれているんだよね。」

渡辺さん「そうね。Ⅰの文章の伯牙と鍾子期や元稹と楽天の話では［ X ］ということについて書かれているわ。」

佐藤さん「うんうん。ところで、私はⅡの文章の内容で『匿姓名』の理由がよく分からなかったのだけれど、どうしてだったのかな。」

阿部さん「ああ、そこは［ Y ］ということが理由じゃないかな。」

佐藤さん「なるほど。その後二人の関係は変わったんだね。」

阿部さん「そうそう。Ⅱの文章は［ Z ］ことについて書かれていると考えたけれど、どうだろう。」

田中さん「そうだね。私は『春秋』をめぐる服虔と崔烈という二人の人物の行動を追いながら読み進めることで、おもしろく読むことができたよ。」

阿部さん「だとすると、ⅠとⅡは同じく友を題材にはしているけれど、違う思いが書かれていると考えられるね。」

渡辺さん「そうね。異なった視点から友について考えることができて、とても良かったわ。」

X

① ささいなことがきっかけで別れてしまった友でも、何かにつけて思い出してしまう
② 互いに競い合い多くの月日を一緒に過ごした友でも、死後は思いが薄れていく
③ 幼い頃から常に友を優先し、友の死後はその功績を残すために精一杯尽力する
④ お互いが相手のことを認め尊重し合い、別れてもなお友への思いを忘れない
⑤ それぞれが自分の人生の充実を願い、時には相談し合える者同士として支え合う

問2 傍線部B 籠めおかれける とあるが、その理由として最も適当なものを、次の①～⑤のうちから一つ選べ。

① 元稹の詩文には学ぶべき優れた技法が多く、後の詩人たちにそれらの技法をまねさせたくなかったから。

② 元稹の詩文には家族ぐるみの思い出がたくさんつまっており、その思い出を風化させたくなかったから。

③ 元稹の詩文には楽天の詩文に勝る良さがあり、今より価値が出るまでしまっておこうと思ったから。

④ 元稹の詩文には楽天の詩文より劣る点があり、優れた作品のみを選んで保管すべきだと考えたから。

⑤ 元稹の詩文には美しい響きをもつ優れた作品が多くあり、それを後世に残しておきたいと考えたから。

問3 本文中の《 》で囲んだ「山鳥の鏡に向ひて鳴き、……かれもこれも思ひやられて心細し。」の部分で述べられている内容として最も適当なものを、次の①～⑤のうちから一つ選べ。

① 夕暮れの霧の中で友を見失った千鳥は仲間を探し求めて鳴くが、その声がもの悲しさにあふれているということ。

② 山鳥は水面に映る自分や仲間の姿を見つけては悲しげに鳴くが、心の中では一羽でいるのを楽しんでいるということ。

③ 雁は風の影響を受けにくい隊形を作って飛ぶが、心の中では一羽で自由に飛んでみたいと思っているということ。

④ 鴛鴦は友を失っても平気でいるように見えるが、実際は悲しみのあまり夜も眠れずに水面に漂っているということ。

⑤ 友のいない小舟に乗る人は身を隠すように旅をしているが、本心では理解し合える友を求めているということ。

問4 田中さんたちは、Ⅰ・Ⅱの文章の内容を踏まえて「友」についての話合いをした。次の**【話合いの一部】**を読み、空欄 X ～ Z に入るものとして最も適当なものを、後の各群の①～⑤のうちからそれぞれ一つ選べ。

（注1） 服虔 ── 人名。後出の「子慎」も同一人物。
（注2） 春秋 ── 中国の歴史書。後出の「伝」はその注釈書。
（注3） 参攷 ── 「参考」に同じ。
（注4） 崔烈 ── 人名。
（注5） 賃 ── 雇う。
（注6） 窃 ── こっそりと。
（注7） 戸壁間 ── 戸や壁のかげ。
（注8） 踰 ── まさる。
（注9） 稍 ── 次第に。
（注10） 叙 ── 論ずる。
（注11） 明蚤 ── 次の日の朝。

問1 傍線部A その絃をはづして、ひかざりけり とあるが、その時の心情として最も適当なものを、次の①～⑤のうちから一つ選べ。

① 鍾子期が琴を無くしてしまったので、鍾子期の悲しみを思いやって自分も琴を弾くのを生涯やめようという思い。
② 鍾子期の所在が分からなくなってしまったので、なるべく早く一緒に琴を弾く友人を作り心を慰めたいという思い。
③ 鍾子期が先に死んでしまったので、今となっては誰も自分の琴の音について理解してくれる者はいないという思い。
④ 鍾子期からの連絡が全く来なくなってしまったので、鍾子期から預かった琴を許可なく弾くことはできないという思い。
⑤ 鍾子期の残した琴のすばらしさを自分では生かせないので、見事に演奏することのできる人物を見つけようという思い。

(注9) 清鏘 ── 清らかで美しい響き。
(注10) 阮家 ── 阮家は南阮と北阮の家に分かれていた。
(注11) 孟母 ── 戦国時代の思想家孟子の母。
(注12) 佐保 ── 現在の奈良県北部の地名。「佐保の河原」は歌枕。
(注13) さゆる ── 冷え冷えとした。
(注14) 明石の浦 ── 現在の兵庫県明石市の海岸。歌枕。
(注15) 八橋 ── 現在の愛知県知立市の地名。歌枕。

Ⅱ

服《ふく》虔《けん》(注1)既ニ善クス二春(注2)秋ヲ一。将《まさ》ニレし為《つく》ラントレ注ヲ、欲ス三参《さん》(注3)ニ攷《かう》セント同異ヲ一。聞キ下崔《さい》(注4)烈《れつ》ガ集メテ二門生ヲ一講ズルヲ上レ伝ヲ、
遂《つひ》ニ匿《かく》シ二姓名ヲ一、為《ため》ニ二烈ノ門人ノ一賃《やと》ハレテ(注5)作ルレ食ヲ。毎《つね》ニ当タツテレ至ルニ二講時ニ一、輒《すなは》チ窃《ひそ》カニ(注6)聴ク二戸(注7)壁ノ間ニ一。
既ニ知リレ不《ざ》ルヲレ能《あた》ハレ踰《こ》ユルコト(注8)レ己ニ、稍《やや》(注9)共ニ二諸生ト一叙ス(注10)二其《そ》ノ短長ヲ一。烈聞キ、不レ測ラ二何人ナルカヲ一。然《しか》レドモ素《もと》ヨリ
聞キ二虔ガ名ヲ一、意ニ疑フレ之《これ》ヲ。明《めい》(注11)蚤《さう》ニ往《ゆ》キ、及ンデレ未《いま》ダレざルニ寤《さ》メ、便《すなは》チ呼ブ、「子《し》慎《しん》、子慎ト。」虔、不レ覚エ驚キ
応ズ。遂ニ相与《とも》ニ友トシ善シ。

(『世説新語』による。)

交情鄭《てい》重《ちよう》（注8）金ニ相似タリ

詩韻清《せい》鏘《しやう》（注9）玉モ不レ如シカ

まことに佳友の交はり、なによりもおもしろくあるべし。阮《げん》（注10）家の南北の垣をも隔てず、貧をも恥ぢざりし、なにごとを契りけむ。孟《まう》母《ぼ》（注11）が子を思ふゆゑに、隣を三度までかへけるも、友をえらぶ心、これまたとりどりなり。

（中略）

《山鳥の鏡に向《むか》ひて鳴き、雁《かり》の行《つら》をなして飛ぶ、みな友を思ふ心なり。佐保（注12）の河原の霧の中に、友まよはせる千鳥の夕暮《ゆふぐれ》の声、すごくこそ聞《きこ》ゆれ。さゆる入江（注13）の波の上に、つがはぬ鴛鴦《をし》の浮き寝も、下やすからぬ思ひのほど、さこそはとあはれなり。友なし小舟のほのかに漕《こ》ぎ行く明石《あかし》（注14）の浦の嶋《しま》隠れ、友とする人すくなかりける東路《あづまぢ》の八橋《やつはし》（注15）のわたり、かれもこれも思ひやられて心細し。》

（『十訓抄』による。）

（注1）伯牙、鍾子期 ―― 人名。
（注2）元稹、楽天 ―― 人名。
（注3）大教院 ―― 未詳。
（注4）経蔵 ―― 経典を納めておく建物。
（注5）遺文 ―― 生前に書き残した文章。
（注6）竜門 ―― 竜門山。元稹が葬られた地。
（注7）原上 ―― 野原の土の上。
（注8）鄭重 ―― 親密であるさま。

5 田中さんのクラスでは、国語総合の授業でⅠとⅡの文章を読み比べた。これらを読んで、問1～問4に答えよ。

Ⅰ

伯牙《はくが》(注1)、鍾子期《しょうしき》とは琴の友なり。鍾子、さきだちて失せにければ、「今はたれにか琴の音を聞き知られむ」とて、Aその絃《げん》をはづして、ひかざりけり。

(中略)

元稹《げんしん》(注2)と楽天とは詩の友にておはせしが、元稹はかなくなりしかば、楽天、その作りたりし詩どもを三十巻集めて、唐の大教院(注3)の経蔵(注4)にぞB籠めおかれける。

遺文(注5)三十軸

軸々ニ金玉ノ声

竜門(注6)原上(注7)ノ土

埋《うづ》メテレ骨ヲ不《ず》レ埋マレ名ヲ

とは、これを書かれたるなり。

楽天、またある文の友に寄せらるる詩にいはく、

⑤ 大夫殿は湯を貸してほしいという利仁の依頼を承諾しているが、乗物で別の場所に移動してほしいと言っている。それに対して利仁は自分の馬で移動すると答えている場面である。利仁が自分の馬について自慢している言い方だと考えられるので、ここでは「普通でない」と判断するのが適当である。

（2018年8月試験）

答えの出し方

【訳文】

利仁が（大夫の所に来て）こう言った。「さあ、入浴をしに行ってください。大夫殿」。すると大夫殿は「それはありがたいことだ。今宵《こよい》は体がかゆくなっているので（ありがたいことだ）。だが乗り物がないが」というと、利仁は「ここに私の（粗末な）馬ではありますが、曳いてきております」と答えると（以下略）

【問7】

この問題には一ヶ所「ひっかけ」がある。古文原文の最後の方に「ここにあやしの馬具して」とある。ここで「馬具」の二文字を「馬具＝ばぐ」と読んで、「馬の鞍《くら》と理解すると間違いである。「あやしの（粗末な）馬を連れてきた（具す）」と理解すべきである。これは利仁が自分の馬を謙遜《けんそん》して「あやしの馬」といっているのである。選択肢の中で③が正しいことが分かるであろう。

古文が理解できなくても、誤選択肢はつぎのように見破ることができる。・・・

① お風呂に入りに行ってください。という誘《さそ》いに「自分は乗り物は使いたくないといっている」。これがヘンなのである。まさか平安時代の人が「運動のために歩きたい」といっているのだろうか（×）。

②⑤ 大夫殿じゃなくて利仁が風呂に入りたがっていると誤解して理解している文章。これはすぐ（×）だとわかるであろう。

④ 「馬を具《ぐ》して（ひきいて）」と理解するのが正しいのだが、「馬具（馬の鞍など）を」と誤解した（×）。

なお、「こそは侍《はべ》らね」には係り結びの法則が現れていることに注意すること。つまり強調の助詞「こそ」とあるので最後が「侍らね」と已然形で結ばれているのである。③が正解である。

問7 古語の「あやし」には、「普通でない、変だ」、「粗末だ」、「身分が低い」などの意味がある。次の文中の傍線部の意味を判断するときの考え方について説明したものとして最も適当なものを、後の①～⑤のうちから一つ選べ。

> 利仁来ていふやう、(利仁)「いざさせ給へ。湯浴《ゆあ》みに。大夫殿」といへば、(大夫殿)「いとかしこきことかな。今宵身の痒《かゆ》く侍《はべ》りつるに。乗物こそは侍らね」といへば、(利仁)「ここにあやしの馬具して侍り」といへば、(以下略)
>
> (『宇治拾遺物語』による。)

① 大夫殿は利仁の湯浴みの誘いに賛同しているが、自分の乗物は使いたくないと言っている。それに対して利仁は大夫殿に自分の家臣の馬を使うように勧めている場面である。馬の持ち主である家臣について述べているので、ここでは「身分が低い」と判断するのが適当である。

② 大夫殿は湯を貸してほしいという利仁の依頼を承諾しているが、利仁の乗物を停めておく場所がないと返答している。それに対して利仁は、自分の馬は家臣が連れて帰ると説明している場面である。連れ帰る役目の人物を指しているので、ここでは「身分が低い」と判断するのが適当である。

③ 大夫殿は利仁の湯浴みの誘いに賛同しているが、自分には乗物がないと言っている。それに対して利仁は馬を連れてきているると返答している場面である。自分の持ち物である馬について卑下している言い方だと考えられるので、ここでは「粗末だ」と判断するのが適当である。

④ 大夫殿は利仁の湯浴みの誘いに賛同しているが、自分には馬に乗るための馬具がないと言っている。それに対して利仁は大夫殿に自分の馬具を貸すことを申し出ている場面である。自分の持ち物である馬具について卑下している言い方だと考えられるので、ここでは「粗末だ」と判断するのが適当である。

【問3】

大工さんが言葉で言いこめられて、返す言葉がなかった、のはなぜか、という質問である。①が正解である。「訳文」を見ていれば簡単に答えが出せる。

【問4】

【D】には「部屋が完成する」の意味の漢字が入る。意味からすれば「為」「成」のどちらも正解で②、③、④のどれかに絞られる。【E】には「壊れた」の意味の漢字「敗」が入るので③が正解になる。

【問5（1）】

Ⅰからⅲまでの文章は、「知識をしゃべりすぎないのが良い」といっている。このことから③④はダメとすぐわかる。①「美しさ」は一言もいってない①もダメ。⑤は、おしゃべりかそうでないかは関係がない。②が正解である。

【問5（2）】

この4つの文章は、聞いたばかりのことを軽々しく言いふらすな。また、漢文は専門家（大工さん）のいうことを素直に聞かず、自分で作り上げた理屈を主張して失敗した話である。

①〜⑤のなかで、明らかな間違いは③だね。これを除いた①、②、④、⑤はどれも正しそうに見える。一つ一つ検討しよう。

①「やたらと人を疑うのはよくないことだ」この部分は本文ではどこにも主張されていない（×）。

②「心にもないことを口に出すのは・・・よくないことだ」この部分はどこにも主張されていない。（×）である。

④一見《いっけん》正しそうに見える。しかし、少し極端に主張している。「人に尋ねられた時以外、一切発言しない」は「問わぬ限りは言はぬこそいみじけれ」を極端にしすぎていいる。漢文で直接いっているのは「専門家を相手に自分の理屈を押し付けるな」である。また専門家に任せるのは「あたりまえ」であって「素晴らしいことだ」とまではいっていない。

⑤は正しい。正解は⑤である

【しまりすの感想】

大学受験のときの国語の問題にも、一見正しそうな選択肢のなかに「そこまではいっていない」ために（×）であるヒッカケ選択肢が多数登場する。このような選択肢には「一切《いっさい》」のような、極端化した過激な用語が現れる特徴があり、このような選択肢は一見正しそうに見えて実は（×）である場合がほとんどである。

みじ」の意味は？　ここまで来れば「りっぱだ」とわかるね？

【古文の学習】

ここでは「係り結びの法則」を勉強しよう。文章を強調するとき、「ぞ」、「なむ」、「や」、「か」という言葉を入れると、その文章の最後はふつうの終止形ではなく「連体形」で文章を終える。「こそ」を入れると文章の最後は「已然形《いぜんけい》」で終わる、という規則である。「さくら、さくら」の歌詞に「によいぞいずる」という箇所がある。「ぞ」がないと「によい、いず」になるはずなのだが「ぞ」が入っているので「いずる」（連体形）になっている。卒業式で歌う「仰げば尊し」に「いまこそ、わかれめ」も「こそ」がないと「いま、わかれむ」（終止形）になるはずが、「こそ」が入っているので已然形の「わかれめ」となっているのである。

そこで問題。「我は海の子」の歌詞で「煙たなびくとまやこそ、わがなつかしき　すきかなれ」の中の係り結びの法則を指摘しなさい。

つぎは漢文の問題だ。

わからないところがあちこちにあっても、まず読んでみよう。

高陽魋《こうようたい》、将《まさ》に室を為《つく》らんとし。匠人《しょうじん》（大工さん）に問ふ。匠人対《こた》へていはく、「未《いま》だ可ならず。木は尚生《なほなま》し。塗《つち》を其《そ》の上《うえ》に加ふれば、必ずまさに撓《たわ》まんとす。生材を以《もっ》て重塗《じゅうと》に任《た》ふれば、今成ると雖《いえど》も、後必ず敗れん」と。

うっすらとでもいい。なんとなくいっていることが分かるかな？現代語に訳しておこう。

高陽魋という人が、すぐに部屋を建てようと、大工さんに依頼した。大工さんはこう答えた「今はまだよくありません。（材料の）木はまだ生《なま》で乾燥していません。もし壁土を塗ったなら、きっと木は曲がってしまうでしょう。生材で重い壁土を受けさせれば、今（工事直後）はちゃんとしているようでも、後になって必ずダメになってしまうでしょう」。ここまでいいね。続きを読もう。

高陽魋曰《いは》く「然《しか》らず。夫《そ》れ木枯るれば則《すなは》ち益《ますます》勁《つよ》く、塗乾けば則ち益《ますます》軽し。勁材を以て軽塗に任《た》ふ。今悪しと雖《いえど》も、後必ず善からん」。

訳しておこう。

高陽魋はこう言った。「（大工さんの答に対して）そうじゃない。そもそも木というのは乾燥すればますます強くなるものだ。壁土は乾燥すれば軽くなるはずだ。乾燥して強くなった木で、軽くなった壁土を支えるのだ。今（工事した直後）は危なっかしくても、後になればちゃんとなるだろう」。次を読もう。

匠人辞《じ》に窮《きゅう》して、以て対《こた》ふる無《な》く、令を受けて室を為《つく》る。其《そ》の始めて【D】るや、竘然《こうぜん》（高くそびえて）として善かりきも後果して【E】る。此《こ》れ所謂《いわゆる》辞に直《なほ》くして、用《もち》ふべからざる者なり。

（訳文）

大工さんは、コトバの上で言いこめられてしまって、反論できなかった。（しかたなく）命令通り、（ナマ木で）部屋を作った。工事が終わって【D】した初めのうちは建物は高く立派に立っていたが、後になって果たして（悪い予想が当たって）【E】になってしまった。これはつまり、言葉の理屈に従順になりすぎて、現実を無視してはいけないという教訓である。

以上、この漢文の内容がだいたいわかったところで残りの小問に答えていこう。

答えの出し方

【問1】

古文と漢文を合わせた古典の問題もまた、小問の問題文を先に読み、本文は後で読む方が合理的である。

「うけられね」の最後の「ね」は否定の「ず」の已然形《いぜんけい》で、直前に「こそ」があるので文章の最後がふつうに「うけられず」ではなく「うけられね」になっている。（「かかりむすびの法則」は後の【古文の学習】を見ておくこと）。

ところで、「うけられね」を素直に解釈すればどうなるだろう。「理解ができない」、「肯定できない」、「納得がいかない」ということがなんとなくわかるであろう。そうすると、これだけで正解は④に決まってしまう。これが決まると、選択肢　④の文章全体を読めば、古文で書かれた本文の意味がだいたい理解できることになる。「直接関係のない人が、たまたま内部事情を知ったとき、それをべらべら大勢の人にしゃべりまくるのはよくない、といっているのだ。Ⅰの部分の前半はこう書いてあるのだ。

では後半は？

片田舎の修行中の坊さんなどが、世の中で起きたことを自分と関係があることのように聞き出し、どうしてこの坊さんはこんなに詳しく知っているんだろう思ってしまうほど、しゃべるようである。

Ⅱの部分、目で追って行って、およその意味は分かるかな？

今の世で起きている珍しいことを、しゃべる、これも納得がいかない（好ましくないことだ）。

（注6）「いまさらの人」は「新しく来た人」、「ここもとに言いつけたることぐさ」は、「こちらで言い慣れている話題」だそうだ。さらに「心得たるどち」は「承知している仲間同志」ということだ。これをつなぎ合わせると、こうなる。

ふだん付き合っている仲間同志のグループのなかへ、新しく人が入ってきた。そうして、仲間同士だけで通じる話をして、新しく入ってきた人が分からないのを目配《めくば》せして笑いあう」、これよくあることだねえ。「隣の学校のつっぱってる奴ら相手にガンくれてやって、タイマンはったんよ」なんて仲間だけで通じる言葉で話をして、新入生はさっぱりわからないのをケラケラ笑っている。こんな悪趣味な人、いるよねえ。

このように世間を知らず、心の悪い人はいつの時代にも必ずいるもんだ。と『徒然草《つれづれぐさ》』の作者・兼好法師《けんこうほうし》はいう。

Ⅲの部分にBの傍線が引かれている。「自らもいみじと思へる気色」の意味はなにか、という問いだ。「いみじ」の意味が分からな？　ヒントはやはり選択肢。けれどなんとなくプラスの意味ということはわかるかな？　そこで選択肢をみよう。

【問2】

「自分もいみじと思へる気色」の意味は？

①残念だ。②恥ずかしい、こんなマイナスな意味じゃないことはわかるでしょう。③物知りであることをすばらしいと思っている。④控えめな態度を誇らしく思っている、⑤人に頼らずなんでもできる自分をえらいと思っている。この3つどれもプラスだ。ところで、この文章の最初から見てみると「知っていてもしゃべりまくらないのがいい」と主張し続けてきている。カンがよければ④が正解とわかるよね。Ⅲの本文のBの傍線の後の文章を読んでみよう。「かたくななり。頑固にその態度を守っている。道理をよくわきまえている人は、必ず口が重くて、（軽々しくしゃべりまくらない。）聞かれない限り話さないのが「いみじ」なのである。さあ「い

(1) 空欄 F に入る内容として最も適当なものを、次の①～⑤のうちから一つ選べ。

① 控えめで容姿が美しい
② 洗練されていて慎み深い
③ 愛想がよくて話し好きな
④ 機転が利いて弁舌が巧みな
⑤ 徳が高くて人望が厚い

(2) この話合いを踏まえて、ある生徒がⅠからⅣの文章に共通して読み取れる好ましい態度についてまとめた文として最も適当なものを、次の①～⑤のうちから一つ選べ。

① 根も葉もないうわさに惑わされたり、理にかなっていないようだからといってやたらと人を疑ったりするのはよくないことであり、常に自分で判断すべきだということ。
② 心にもないことをむやみに口に出したり、専門外のことをよく調べずに知っているふりをするのはよくないことであり、自分の行動に責任を持つべきだということ。
③ 世の中の人のために情報を収集して発信したり、専門家に対しても遠慮せずに考えを述べたりするのはすばらしいことであり、積極的に振る舞うべきだということ。
④ 人に尋ねられたとき以外は一切発言しなかったり、その道の専門家の言葉に耳を傾けたりするのはすばらしいことであり、誰に対しても謙虚であるべきだということ。
⑤ よく知らないことを人に言いふらしたり、一見正しそうに見えても現実的ではないことを言ったりするのはよくないことであり、余計な発言は控えるべきだということ。

（２０１８年１１月試験）

【話合いの一部】

渡辺さん　「ⅠからⅣの文章に共通して描かれている人間像について考えてみようか。」
石井さん　「Ⅰの文章では聖法師が『言ひ散らす』って書いてあるね。」
宮内さん　「そうだね。Ⅱの文章には『言ひひろめ』とあるし、おしゃべりな人物ということかな。」
岡部さん　「私もそう思うわ。でも、それだけじゃなくて、ほかにも共通点があるんじゃないかしら。」
石井さん　「Ⅰの文章の聖法師は『かたほとり』、つまり、都から遠く離れた所に住んでいる人ということだよね。Ⅲの文章には『片田舎よりさし出でたる人』とあるし、何か都と関係があるような気がするな。」
宮内さん　「そうすると、都の人とは違っているということも共通する特徴なのかな。」
石井さん　「ほかにも、Ⅰの文章では『よく案内知りて』や、Ⅲの文章では『知り顔』とあるので、知ったふりをするということも関係あるのかもしれないね。」
渡辺さん　「いままでに出てきた意見から考えると、Ⅲの文章の『よき人』というのは、［　F　］人のことを言っているのかな。」
岡部さん　「そうね。最後に『よくわきまへたる道には、必ず口重く、問はぬ限りは言はぬこそいみじけれ。』と書いてあるしね。」
宮内さん　「話し合っているうちに、ⅠからⅢの文章で批判されている人の共通点が、だんだんわかってきたね。」
石井さん　「ところで、Ⅳの漢文はどうだろう。やっぱり古文と同じように、批判されるようなことが書いてあるのかな。」
岡部さん　「高陽魋と大工さんとの会話のやりとりに関係があるんじゃないかしら。」

問3 傍線部C 匠人窮於辞、無以対 とあるが、なぜだと考えられるか。最も適当なものを、次の①～⑤のうちから一つ選べ。

① 高陽魋の、生木に重い土を支えさせても後で乾くから問題ないという意見は、筋が通っているように思えたから。
② 高陽魋の、生木に重い土を支えさせても後で乾くから問題ないという意見と、同じことを考えていたから。
③ 高陽魋の、生木に重い土を支えさせると後で壊れてしまうという意見に、あきれ果ててしまったから。
④ 高陽魋の、生木に重い土を支えさせると後で壊れてしまうという意見は、思いも寄らなかったから。
⑤ 高陽魋の、生木に重い土を支えさせると後で壊れてしまうという意見は、全く無意味だと思ったから。

問4 空欄 D ・ E には、それぞれ本文中の漢字が入る。その組合せとして最も適当なものを、次の①～⑤のうちから一つ選べ。

① D 敗　E 成
② D 為　E 成
③ D 成　E 敗
④ D 成　E 為
⑤ D 枯　E 敗

問5 渡辺さんのクラスでは、ⅠからⅣの文章を読み深めた後で、話合いをした。次の**【話合いの一部】**を読んで、⑴・⑵に答えよ。

（注9）　心知らぬ人 —— 意味が分からない人。
（注10）　高陽魋 —— 人名。
（注11）　匠人 —— 大工。
（注12）　塗 —— 泥。
（注13）　勁 —— 強く。
（注14）　竘然 —— 高くそびえ立つさま。

問1　傍線部Ａ　うけられね　に見られる筆者の考えとして最も適当なものを、次の①～⑤のうちから一つ選べ。

① 直接関係のない者にも詳しく事情を語り聞かせるのは、好ましいということ。
② 直接関係のない者に事情を語ったり尋ねたりするのは、意味がないということ。
③ 直接関係のない者が詳しい事情を知ろうとして人に尋ね聞くのは、感心だということ。
④ 直接関係のない者が事情を知って人に語ったり尋ねたりするのは、納得ゆかないということ。
⑤ 直接関係のない者が当事者よりも事情をよく知っているのは、不気味だということ。

問2　傍線部Ｂ　自らもいみじと思へる気色　とあるが、どういう様子を言っているのか。最も適当なものを、次の①～⑤のうちから一つ選べ。

① 都とは全く縁がない自分を残念だと思っている様子。
② 世間知らずな自分を恥ずかしいと思っている様子。
③ 物知りであることを自分ですばらしいと思っている様子。
④ 何事にも控えめな態度を自分で誇らしく思っている様子。
⑤ 人に頼らずになんでもできる自分を偉いと思っている様子。

Ⅳ

高《かう》陽《やう》魋《たい》(注10)将《まさニ》《し》㆑為《つくラント》㆑室《ヲ》、問《フ》㆓匠《しやう》人《じんニ》㆒(注11)。匠人対《こたヘテ》曰《いハク》、「未《いまダ》《ず》㆑可《ナラ》也。木《ハ》尚《なホ》生《なまシ》。加《フレバ》㆓塗《つちヲ》(注12)其《そノ》上《ニ》㆒、必《ズ》将《ニ》《す》㆑撓《たわマント》。以《もつテ》㆓生材《ヲ》㆒任《たフレバ》㆓重塗《ニ》㆒、今雖《いへどモ》㆑成《ルト》、後必《ズ》敗《レント》。」高陽魋曰《ハク》、「不《ず》㆑然《しかラ》。夫《そレ》木枯《ルレバ》則《すなはチ》益《ますます》勁《つよク》(注13)、塗乾《ケバ》則《チ》益軽《シ》。以《テ》㆓勁《けい》材《ざいヲ》㆒任《フ》㆓軽塗《ニ》㆒、今雖《モ》㆑悪《あシト》、後必《ズ》善《カラント》。」C匠人窮《シテ》㆓於辞《ニ》㆒、無《ク》㆓以《テ》対《フル》㆒、受《ケテ》㆑令《ヲ》而為《ル》㆑室《ヲ》。其《ノ》始《メテ》[D]《ルヤ》、竘《こう》然《ぜんトシテ》(注14)善《カリキモ》也、而後果《シテ》[E]《ル》。此《こレ》所謂《いはゆる》直《なほクシテ》㆓於辞《ニ》㆒而不《ざル》㆑可《ベカラ》㆑用《フ》者也《なり》。

(『淮南子』による。)

(注1)　いろふ —— 関係する。
(注2)　案内 —— 事情。内部の様子。
(注3)　かたほとり —— 都から遠く離れた土地。「片田舎」も同じ。
(注4)　聖法師 —— 修行僧。名利を去り、諸国を遍歴し、山中に庵《いおり》を結んで修行に専念した民間僧。
(注5)　今様 —— 今時。当世。
(注6)　いまさらの人 —— 今新しく来た人。
(注7)　ここもとに言ひつけたることぐさ —— こちらで言いなれている話題。
(注8)　心得たるどち —— 承知している仲間同士。

5

国語総合の授業で、古文と漢文を読み比べ、それぞれに共通して描かれている人間像について考える学習を行った。ⅠからⅣの文章を読んで、問1～問5に答えよ。

Ⅰ

世の中に、その比《ころ》人のもてあつかひぐさに言ひあへる事、いろふ(注1)べきにはあらぬ人の、よく案内《あない》知り(注2)て、人にも語り聞かせ、問ひ聞きたるAこそうけられね。ことに、かたほとりなる(注3)聖法師《ひじりほふし》(注4)などぞ、世の人の上は、わがごとく尋ね聞き、いかでかばかりは知りけんと覚ゆるまでぞ、言ひ散らすめる。

（『徒然草』第七十七段による。）

Ⅱ

今様(注5)の事どものめづらしきを、言ひひろめ、もてなすこそ、又うけられね。世にことふりたるまで知らぬ人は、心にくし。いまさらの人(注6)などのある時、ここもと(注7)に言ひつけたることぐさ、ものの名など、心得たるどち(注8)、片端《かたはし》言ひかはし、目見合はせ、笑ひなどして、心知らぬ人(注9)に心得ず思はする事、世なれず、よからぬ人の、必ずある事なり。

（『徒然草』第七十八段による。）

Ⅲ

何事も入りたたぬさましたるぞよき。よき人は、知りたる事とて、さのみ知り顔にやは言ふ。片田舎《かたゐなか》よりさし出でたる人こそ、万《よろづ》の道に心得たるよしのさしいらへはすれ。されば、世にはづかしきかたもあれど、B自らもいみじと思へる気色《けしき》、かたくななり。よくわきまへたる道には、必ず口重く、問はぬ限りは言はぬこそいみじけれ。

（『徒然草』第七十九段による。）

【問4】

最初の「畜生」は動物の意味。ここでは亀のこと。大阪でとらえられた亀を海に放してやった。すると、賊に脅《おど》されて海に飛び込んだとき亀が助けてくれた。このように亀という動物ですら、恩返しをするということがあるのだ。ましてや道理を知る人間は受けた恩を忘れてはならない。といっているのである。①が正解。②は情けない文章。③動物から恩を受けるというのは、現実的ではない。「飼い犬に国語の答えを教えてもらった」って？　まさか。④ひどい文章だが、案外これが本当だったりして。⑤亀が恩返しをした話だから、これはダメ。

というわけで本文の意味が取れなくても、②、③、④は（×）であることは、ちょっと考えればわかるはずだね。

（まてよ？　大阪で海に放した亀が岡山県で坊さんを助けたの？　亀ってそんなに早く移動できるものかしら、という質問はしないこと）

【問5（1）】

「資料」の文は、「悪い行いをしたら、あとになって不運な結果になる」、あるいは「良い行いをしたら、あとになって幸運となって帰って来る（因果応報）といっている。選択肢がこの例になっているかどうか調べてみよう。

①賊が檀越から罰を受けずに済んだ、とある。たしかに賊は幸運に恵まれたが、前によいことはしていない（×）。

②禅師が亀を助けたので、あとで亀に助けられて死なずにすんだので、これは正しい。

③亀の恩を忘れなかったので長生きできた。この文章はそもそも因果関係とは関係がない（×）。

④本文には「周囲の人に迷惑が掛かった」とはどこにも書いてない。また「よいことをしたのに、不幸な結果が起きた」という内容の文章になっている（×）。

⑤この文章の前半（童子が身代わりになった）も後半（人々が称賛した）も全く本文に書かれていない（×）。

正解は②。

【問5（2）】

説話や資料で主張されていることは「Aよいことをすると、B幸運な結果になる」と述べることである。このことから選択肢の文章をみていこう。

①この文章は「よいことをしなくても、ただ幸運を待てばよい」といっているのでAの部分が違う（×）。

②文章自体が間違ったことが書いてある。「情けは人の為ならず」の意味は「他人に同情を寄せ、助けるのは、巡り巡って助けた人にも良いことがめぐって来る、という意味で、「他人に同情を寄せ助けるのは、決して他人のためだけではなく自分のためでもあるのだ」ということわざである（×）。

③「勧善懲悪」は「悪者は懲《こ》らしめられる」の意味である。この説話では悪者である賊は懲らしめられていない（×）。第一、この説話は勧善懲悪の説話ではない。

④良いことや悪いことは交互に廻って来る、というのは、「Aよいことをすると」という積極的な呼びかけとは違って、「運命任せ」の状況をいっているだけである。「積極的に何かせよ」という説話とは全く違う考えである（×）。

⑤これは正しい。正解は⑤。

【漢文の補習】

「況」という字の用法と意味。この字自身は「いわんや」と読むのですが、次のような文章構造を取ります。

（A）すら（B）況（いわんや）（C）においておや。

意味は「AでさえBである。ましてや、Cはもちろん Bである」、という意味になります。

これ、大検・高認で何度も出たゾ。

答えの出し方

【問1】

まず、この古文（Ⅰの部分）の文章の話のあらすじを見ておこう。紛《まぎ》らわしいところがいくつかある。

禅師（禅宗の高僧）が仏像を作るために京に出かけ、財産を売ってすでに仏像に塗るための金箔や朱の顔料は手に入れた。難波の港で、亀を売っている人がいたので、禅師は人に勧めて亀四匹を買わさせ、海に放させた。それから付き人の少年二人とともに船に乗って（岡山県の自分の寺に）戻ろうとした。ところが舟人が盗賊となって弟子二人を含め、いっしょに乗っていた人を海に投げ込み始めた。（注意：「童子等を取り、人を海中に擲《な》げき」の文章の「人」のなかに二人の童子も含まれている。この文章によると賊となった舟人は「禅師」、「童子二人」を含め乗客全員を海に投げ込もうとしたようである。）「禅師も海に飛び込め」という。仏教者といて諭《さと》したが賊は聞き入れなかった。禅師も覚悟を決めて、「願を起こして海中に入る」（もはやこれまでと、死後の成仏を願ったのであろう）。海に飛び込んで海水が腰まで来たとき石が足に当たった。夜が明けてみると亀の背中にに背負《せお》われていたのである。備中国（岡山県西部）の海岸で、亀は三回うなずいて海に帰っていった。これは大阪で海に放してやった亀が恩返しをしたのではないか、と僧は疑った。

（解釈上誤解しやすいところ）

「賊が童子らを取り」を、「童子をだまして賊の仲間に取り入れようとした」と理解しては誤り。「童子を捕《と》らえて」と理解するのが正しい。

（次は漢文の部分の書き下し文を書いておく）

時に于《お》いて、賊等六人、其の寺に金丹を売る。檀越先に過《よぎ》り量贖《はかりあがな》ひ、禅師、後より出でて見る。賊等慌然《たちまち》に退進《たいしん》を知らず。禅師憐愍《あはれ》ひて。刑罰を加へず。仏を造り塔を厳《かざ》りて供養已《すで》に終る。後には海辺に住《とど》まり、来《きた》れる人を化《か》す。春秋八十有余にして卒《をは》りぬ。畜生すら猶《なほ》恩を忘れずして、恩を返報せり。何《いか》に況《いはんや》義人《ひと》にして恩を忘れんや。

（漢文部分の現代語訳文）

しばらくして賊たち六人は、禅師の寺に（舟で禅師からまき上げた）金丹を売りに来た。寺の檀家の人は、先に行ってお金を量《はらっ》て金丹を買った。そのあと禅師が（様子を見に）寺から出てきた。賊たちは（海に飛び込ませて死んだはずの禅師を見て驚き）あわててどうしたらいいか、わからなくなってしまった。禅師はかわいそうに思ってとくに賊たちを罰することはしなかった。（金丹を使って）仏像を造り、（仏像を置く）建物を作って、開眼《かいげん》供養（仏像に魂を入れること）も終わった。その後、海辺のこの寺で住持となり寺に来た人に仏の教えを説いた。年齢が八十歳あまりになって死んだ。動物ですら恩を忘れることなく恩を返した。ましてや人間が恩を忘れることなどあろうか。（いやあるはずがない）

さて問題の答だが、「願を発して海中に入る」は禅師の「賊に強要されて海に飛び込んだ」というのである。「来たれる人を化す（仏教の教えに導く）」もともに禅師の行為である。両方とも主語は禅師で④が正しい。

【問2】

賊は童子二人も禅師もみな海に飛び込ませたのだ。②が正しい。

【問3】

海に飛び込ませて死んだはずの禅師が現れて驚いたからである。③が正しい。

(1) 波線部 苦・楽が人々の行いに応じて現れることは、それぞれの声が谷のこだまとなって返ってくるようなものである。とあるが、これは、Ⅰ・Ⅱの文章にも通じる点がある。具体的にはどのようなことか。最も適当なものを、次の①～⑤のうちから一つ選べ。

① 賊が檀越に金丹をすべて差し出したことで罰を受けずに済んだこと。
② 禅師が売られそうになっていた亀を助けたことで災難を逃れたこと。
③ 禅師が亀から受けた恩を忘れずにいたことで長生きできたこと。
④ 禅師が賊の行為を許したことで周囲の人々に被害が及んだこと。
⑤ 童子が禅師の身代わりになったことで人々に賞賛されたこと。

(2) Ⅰ・Ⅱの文章と【資料】の内容に合致する説明として最も適当なものを、次の①～⑤のうちから一つ選べ。

① 「果報は寝て待て」というように、良い報いを受けるためには焦らずに行動すれば良いということ。
② 「情けは人のためならず」というように、情けをかけるのはかえってその人のためにならないこと。
③ 「勧善懲悪」というように、良い行いを勧めればどんな悪人でも改心して行動を改めるということ。
④ 「人間万事塞翁が馬」というように、人生の中では良いことや悪いことが交互に訪れるということ。
⑤ 「因果応報」というように、自分の行いの善悪によってそれにふさわしい結果がかえってくること。

(2017年11月試験)

① 動物でも恩返しをするのだから、道理を知る人間は受けた恩を忘れてはならないということ。
② 動物よりも道理を知るはずの人間でさえも、恩返しをするのを忘れることがあるということ。
③ 道理を知る人間ならば、動物から受けた恩も必ず返さなければならないということ。
④ 道理を知らない人間は動物と同じで、自分の受けた恩を返さなくても平気であるということ。
⑤ 道理を知らない動物は恩返しをしないが、道理を知る人間は受けた恩を返すべきであるということ。

問5 次の**【資料】**は、『日本霊異記』の序文を現代語訳にしたものである。これを読んで、後の(1)・(2)に答えよ。

【資料】

奈良の薬師寺の僧景戒《きょうかい》が、つくづくと世間の人々の行いを観察すると、学問・才能がありながらいやしい行いの者がいる。利益を得ようとつとめて財物をむさぼることは、磁石が鉄の山から鉄を残らず吸い取ってしまうよりもひどいものである。他人の持ち物をほしがり、自分の物を惜しむことは、流頭《りゅうとう》というけちんぼうの男が、粟粒《あわつぶ》を砕いてその実ばかりか糠《ぬか》までも食いつくしたことよりも、もっとひどいといった欲深ぶりである。ある者は、この世で寺の財産をむさぼり取り、後の世に牛の子と生まれ変わって、前世での負債をつぐなっている。ある者は、仏法や僧侶を非難して、生きながら火難を受けるといった嘆かわしい実状である。一方、仏道を求め、修行を積んで、この世でよい報いを得ている者もいる。あるいは深く仏法を信じ善行を修めて、生きながら福を受けるといった人々もいる。このように、善悪の報いは、影が形について離れないようなものである。苦・楽が人々の行いに応じて現れることは、それぞれの声が谷のこだまとなって返ってくるようなものである。

問2　傍線部A　舟人、欲を起し　とあるが、その「欲」から舟人が取った行動はどのようなものか。最も適当なものを、次の①～⑤のうちから一つ選べ。

① 童子を味方に付け、一緒に禅師をだまして海に飛び込ませた。
② 童子を海へ投げ入れ、その後禅師にも海へ入るように強要した。
③ 海辺の人に命じて亀を海に逃がし、童子たちと舟で追いかけた。
④ 童子を人質に取り、禅師を脅して童子と引き替えにした。
⑤ 童子をそそのかして、海辺の人を海に投げ入れさせた。

問3　傍線部B　賊等慌然不知退進。　とあるが、賊等がそのようになった理由として最も適当なものを、次の①～⑤のうちから一つ選べ。

① 金丹を売ろうとしたが、仏像の供養はすでに終わってしまっていて焦ったから。
② 金丹を売ろうとしたが、寺はすでに別の檀越から金丹を買っていてがっかりしたから。
③ 金丹を売ろうとした時、海に飛び込んだはずの禅師が目の前に現れて驚いたから。
④ 金丹を売ろうとした時、檀越に盗品だとすぐに見破られてしまって悔しかったから。
⑤ 金丹を売ろうとした時、海に落ちてしまった禅師と奇跡的に再会できて嬉《うれ》しかったから。

問4　傍線部C　畜生猶不忘恩返報恩。何況義人而忘恩乎。　とは、どのようなことを述べたものか。最も適当なものを、次の①～⑤のうちから一つ選べ。

（注1）金丹 —— 仏像の金箔《きんぱく》のための金や、装飾用の朱の顔料。
（注2）難波の津 —— 現在の大阪市周辺にあった船着き場。
（注3）四口 —— 四匹。
（注4）童子 —— 禅師の付き人となっている少年。
（注5）備前 —— 現在の岡山県南東部。後の「備中」は岡山県西部。
（注6）骨嶋 —— 地名。
（注7）于時 —— 時に。一方で。
（注8）檀越 —— 施主。檀家の者。ここでは、寺の経済上の支援者、地方の豪族など。
（注9）先過 —— 先にそこに行って。
（注10）之 —— ここでは、訓読せずに語調を整えるはたらき。

問1 二重傍線部a 願を発して海中に入る、b 化来人 の主語の組合せとして最も適当なものを、次の①～⑤のうちから一つ選べ。

① a 童子 b 亀
② a 舟人 b 檀越
③ a 舟人 b 禅師
④ a 禅師 b 禅師
⑤ a 禅師 b 檀越

7 次の文章は、ある僧に関する説話である。元は漢文で書かれたものを、Ⅰは書き下し文で、ⅡはⅠの続きを漢文でそれぞれ表記したものである。これらを読んで、**問1～問5**に答えよ。

Ⅰ

禅師《ぜんじ》、尊像を造らむが為に、京に上る。財を売りて既に金丹(注1)等の物を買ひ得たり。還《かへ》りて難波《なには》(注2)の津に到《いた》りし時に、海辺の人、大亀を四口売る。(注3)禅師、人に勧めて買ひて放たしむ。即《すなは》ち人の舟を借りて、童子(注4)を二人将《ゐ》て、共に乗りて海を度《わた》る。日晩《く》れ夜深《ふ》けぬ。A舟人、欲を起《おこ》し、備前《びぜん》(注5)の骨嶋《かばねじま》(注6)の辺《あたり》に行き到り、童子等《ら》を取り、人を海の中に擲《な》げき。然《しか》る後に、禅師に告げて云《い》はく、「速《すみやか》に海に入るべし」といふ。師、教化すと雖《いへど》も、賊猶《な》ほ許さず。茲《ここ》に於《おい》て、a願《ぐわん》を発《おこ》して海中に入る。水、腰に及ぶ時に、石の脚に当《あた》りたるを以《もち》て、其《そ》の暁に見れば、亀の負へるなりけり。其の備中《びつちゆう》の海の浦海の辺にして、其の亀三たび頷《うなづ》きて去る。疑はくは、是《こ》れ放てる亀の恩を報ぜるならむかと。

Ⅱ

于(注7)レ時賊等六人、其《ノ》寺《ニ》売《ル》二金丹《ヲ》一。檀《だにをち》・越(注8)先《ニ》(注9)過《よぎり》量《はかり》贖《あがなヒ》、禅師、後《ヨリ》出《いデテ》見《ル》之。(注10)

B賊等慌《たちまちニ》・然不《ず》レ知《ラ》二退進《ヲ》一。禅師憐《あは》・愍《れビテ》不レ加《ヘ》二刑罰《ヲ》一。造《リ》レ仏《ヲ》厳《かざリテ》レ塔《ヲ》、供養已《すでニ》

了《をハル》。後《ニハ》住《とどまり》二海辺《ニ》一b化《スきたレル》二来人《ヲ》一。春秋八十有余《ニシテ》而卒《をハリヌ》。C畜生《スラ》猶《ホ》不《シテ》レ忘《レ》レ恩《ヲ》返二報《セリ》

恩《ヲ》一。何《いかニ》況《いはンヤ》義《ひ》・人《とニシテ》而忘《レン》レ恩《ヲ》乎《や》。

（『日本霊異記』による。）

に満ち」という表現は黒い雨雲が龍のように天に満ちている様子を表す。どしゃ降りのすごい雨と、漢字を見ているだけで伝わって来る。②が正解。

【問3】

これは、漢文で書かれた文章の意味から離れて「食」という漢字の用法を調べた、というのである。まずAたべる、Bたべもの、C欠ける、D（もう一つの意味）があるという。

【a】には「欠ける」という意味の漢文の用例がはいる。「日食」、「月食」の「食」の字の使い方であることが分かる。①から⑤までを見てみると、①が「月が満ちれば（満月になれば）月食が起きる。」まさにこの用法である。①が正解。月食は満月の日に起きるのだ。

ついでに間違い選択肢も見ておこう。②いかりを発して食を忘る。怒りすぎてご飯を食べることも忘れてしまうほどだ。

③吾《われ》曽《か》って終日《しゅうじつ》食せず。私は昔、一日中たべないことがあった。④我吾《わ》が言を食して天地に背く。正しいことをいうことなく、道理に背いたことをする。金や権力のためにわざと隠し立てをする。⑤虎、百獣を求めて、これを食す・トラはあらゆる動物を捕まえて片っ端から食べる。

bの方。【用例】子を食ふ。之《これ》を乳養するをいう。ようするに子どもにおっぱいを飲ませて養うことだ。「やしなう」が正解で①が正しい。

④「東アジアという滅多に雨が降らない地域では」、は事実として間違い。東アジアは雨が多いのである。

⑤これが正解。

【問4】

皆《みな》神魚を作り、遂《つい》に子英の祠《ほこら》（神社）を立つ。

漢文を正しく読めば正解がでるが、それが難しければ、漢詩の下の現代語訳を見ればわかる。①が正解。なお、「子英に詩才があった」とは書かれていないので④は誤りである。

【問5】

漢詩の下に書いてある現代語訳の一行目を見れば答えが書いてある。「水におよいで魚を捕って暮らしを立てた」

これを漢文で「およぎ捕《とら》ふるを、職（職業）と為《な》す。」という。④が正解である。

【問6（Ⅰ）】

①この文章は筋が通っていない。漢字が伝わったことと治水の技術は特に結びつけて考えなくてよい。

②日本語が古代中国に入った。そんなはずはない（×）。

③合理的だと考えたのなら、なぜ雨乞いのお祈りをしたのか。矛盾しているので（×）。

(1) 空欄［　］に入る言葉として最も適当なものを、次の①～⑤のうちから一つ選べ。

① 中国の竜という漢字が日本ではタツの意味として用いられたように、日本は治水の技術も同じような気候の中国から多く学んできた

② 日本固有のタツという語が中国に移入されて竜という漢字の意味に加えられ、両国ともに雨を降らす霊力を持つものとして尊ばれた

③ 温帯モンスーン気候の東アジアで農耕生活をする人々が、信仰に力を注ぐよりも必ず降ってくれる雨を待つほうが合理的だと考えた

④ 東アジアという雨が滅多に降らない地域では、希少な水に棲息《せいそく》するすべての生き物には共通に雨を降らす能力があると見なしていた

⑤ 温帯モンスーン気候の東アジアに暮らす人々にとって、生活に必要な雨はいつかは必ず降るものだという経験が雨乞いに結びついた

（2017年8月試験）

答えの出し方

【問1】

まず、この文章の主語、つまり「祈請＝祈祷」をしていたのは誰かを考える。当然それは僧である。つまり僧静観である。従って④、⑤は間違いである。僧静観は「燃えだしそうな暑い太陽の光が今は出てくることがないことに対し、仏の霊験《れいげん》と感謝の涙を流して喜びながらさらに雨を求めて祈っている」のである。③が正解だね。②の「どうしてよいかわからず」とは涙を流した理由が違うので（×）だ。①「見ているとは知らずに」は後半の内容と一致しないので（×）。

注意：傍線部分の「熱日のしばしもえさしいでぬ」の「え・・・ぬ（ず）」に注意。

古文で「え・・・（否定）」は「決して・・・することがない」、あるいは「決して～できない」という強い否定、あるいは強い不可能をあらわす。この文の意味は「一瞬も熱い太陽が照り付けることなく」となる。

【問2】

「車軸《しゃじく》のごとく」という言葉は、「雨がどしゃ降りに降る」こと。

元の文章を見よう。「龍神震動し、電光大千界

【資料ⅱ】

過去の渇水から、利水者は利水調整の経験を学び、それにもとづいて渇水対応策、節水意識の高揚、節水方法の普及等を行っている。この努力が、利水者間における信頼関係をさらに深め、渇水調整を可能にしていくと考えられている。そもそも日本の社会共通理念は、経済的強者が水を利用する権利を得るというのではなく、共に水不足の苦労を分かち合おうというものである。

その背景には、渇水といっても絶対的に水がないというのではなく、「いつか分からないが、やがて台風が来れば雨が降る」というモンスーン地域ならではの気候条件もあるかもしれない。そのため、日照りが続くと水田農業地域は雨乞いという降雨を神に頼む行事も発達した。

（谷山重孝　社団法人家の光協会『水が握る日本の食と農の未来』による。）

【話合いの様子の一部】

山川さん　「Ｉの文章や**【資料ⅰ】**から、昔から竜と雨が深い関係にあるということが読み取れるわ。」
大石さん　「僕もそう思うよ。日本でも中国でも同じように雨乞いの話があるのを読んだことがあるよ。」
福田さん　「どうして東アジアの国々には同じような話があるのかな。」
大石さん　「これらの資料から考えると、僕は、［　　　　］からだと思うけれど。」
山川さん　「日本人はＩの文章に書かれた時代から現代まで、水に対して共通する考え方を持っていることが分かるね。」

問5 空欄 E に入る漢字として最も適当なものを、次の①～⑤のうちから一つ選べ。

① 人
② 魚
③ 色
④ 職
⑤ 神

問6 山川さんのクラスでは、Ⅰ・Ⅱの文章を読み深めた後で、次の**【資料ⅰ】**、**【資料ⅱ】**を加えて、話合いをした。これらの資料と後の**【話合いの様子の一部】**とを読んで、⑴・⑵に答えよ。

【資料ⅰ】

竜という語はいうまでもなく中国のものであって、それが日本語のタツに当《あた》る語として使用された。『和名抄』(注)では竜の和名をタツとしている。中国の古典では、竜は水に棲《す》むものと考えられ、致雨の能力あるもの、雲に乗って昇天するものと考えられていたことが見える。

（高谷重夫『雨の神―信仰と伝説―』による。）

（注）『和名抄』――平安時代中期の漢和辞典。

❶（意味）くう。たべる。（用例）弗《ざレバ》レ食《ラハ》不《ざル》レ知《ラ》二其《そノ》旨《うまキヲ》一也。

❷（意味）めし。たべもの。（用例）食不《レバ》レ飽《カ》、力不《ず》レ足《ラ》。

❸（意味）かける（欠）。（用例）［ a ］。

❹（意味）［ b ］。（用例）食レ子《ヲ》、謂《いフ》三乳二養《スルヲ》之《ヲ》一也。

① a 月盈《みツレバ》則《すなはチ》食　b やしなう

② a 発《シテ》レ憤《リヲ》忘《ル》レ食　b やしなう

③ a 吾《われ》嘗《かつテ》終日不レ食　b やしなう

④ a 我食二吾《ガ》言《ヲ》一、背《ク》二天地《ニ》一也　b いつわる

⑤ a 虎求《メテ》二百獣《ヲ》一而食レ之《ヲ》　b いつわる

問4　傍線部D　皆作神魚、遂立子英祠　とあるが、人々がこうしたのはなぜか。最も適当なものを、次の①～⑤のうちから一つ選べ。

① 長年にわたって雨を降らせ、人々に作物の豊かな実りをもたらしてくれたことをたたえるため。

② 神魚の怒りを鎮めて、地上と天上を行き来する子英が無事に帰って来られるように祈るため。

③ 豊かな実りをもたらす雨は天の恵みであり、人間の力が及ばないことがあると戒めるため。

④ 神魚となって恵みの雨をもたらし、優れた詩才まで発揮した子英の功績を伝えるため。

⑤ 子英が長生きしたことを敬い、それにあやかって幸運を招き入れたいと願うため。

問1　傍線部A　熱日のしばしもえさし出でぬに、涙を流し、黒煙を立てて祈請し給ひけれ　とは、誰のどのような様子を表したものか。最も適当なものを、次の①～⑤のうちから一つ選べ。

①　僧静観が天皇や上級貴族たちが見ているとも知らずに、日が陰ったので喜んで泣いている様子。
②　僧静観が天皇や上級貴族たちの期待に応えようとするが、どうしてよいかわからずに悲しんでいる様子。
③　僧静観が天皇や上級貴族たちが期待を込めて見守る中で、酷暑にもかかわらず必死に祈っている様子。
④　天皇や上級貴族たちが日差しが少し陰ってきたのを好機と見て、僧静観とともに祈っている様子。
⑤　天皇や上級貴族たちがその場から逃げ出さないで祈祷に熱中する僧静観の姿を見て、同情している様子。

問2　傍線部B　車軸のごとくなる　とは、雨のどのような様子を表したものか。その説明として最も適当なものを、次の①～⑤のうちから一つ選べ。

①　雨足が弱く、しとしとと降る様子。
②　雨足が強く、とても激しく降る様子。
③　晴れていたのに、急に降り出す様子。
④　いつまでも降り続いて、やみそうにない様子。
⑤　不安定な天気で、降ったりやんだりする様子。

問3　傍線部C　食　の意味を調べるために漢和辞典を引いて、生徒がまとめたものの一部である。次のような記載があった。空欄　a　・　b　に入るものの組合せとして最も適当なものを、後の①～⑤のうちから一つ選べ。
（設問の都合で送り仮名を省いた箇所がある。）

昇《シテ》而去《ル》。歳歳来《タリテ》帰《リ》二故舎《ニ》一、食飲《シテ》見《ル》二妻子《ヲ》一。魚復《まタ》来《タリテ》迎《フ》レ之《ヲ》。如《ごとキコト》レ此《かクノ》七十年《ナリ》。

故《ニ》呉（注7）中《ノ》門戸《ハ》、D 皆作《リ》二神魚《ヲ》一、遂《ニ》立《ツ》二子英《ノ》祠《ほこらヲ》一。

子英楽《シミ》レ水《ヲ》　游《およギ》捕《ラフルヲ》為《なス》レ E《ト》

霊《れい》鱗《りん》来《タリ》赴《クニ》　有《リ》二煒《かがやケル》厥《そノ》色一

養《ヒ》レ之《ヲ》長《ゼシメ》レ之《ヲ》　挺《のばシ》レ角《ヲ》傅《つク》レ翼《ヲ》

遂《ニ》駕《がシ》二雲《うん》螭《ちニ》一　超二歩《ス》太極《ニ》一

【現代語訳】

子英は水を楽しんで、水におよいで魚を捕って暮らしを立てた。
不思議な魚があらわれて、その魚は燃えるような赤い色だ。
それを大事に育てていると、角もはえでて、翼もつけた。
ついに雲の中を雨竜に乗って、宇宙のはてまでとびめぐった。

（『列仙伝』による。）

（注1）香炉の煙 ―― ここでは、祈祷のための木札を燃やした煙。
（注2）上達部 ―― 高位の貴族。後の「殿上人」は、それに次ぐ地位の貴族。
（注3）南殿 ―― 天皇が公務を行う殿舎。後の「弓場殿」「美福門」は大内裏（皇居や諸官庁があった区域）の内の建造物。
（注4）御前 ―― 馬に乗って貴族を先導する人。
（注5）舒 ―― 地名。
（注6）丈 ―― 一丈は約二・二五メートル。
（注7）呉中 ―― 地名。

6 山川さんのクラスでは、国語総合の授業で次のⅠ・Ⅱの文章を取り上げ、古典に描かれた世界と現代とのつながりについて考える学習を行うことになった。これらを読んで、**問1**～**問6**に答えよ。（設問の都合で送り仮名を省いたところがある。）なお、Ⅱの文章の漢詩の部分については**【現代語訳】**を示した。

Ⅰ

（醍醐《だいご》天皇の御代《みよ》に日照りが続き、多くの高僧に祈祷《きとう》させたが、効き目はなく、ますます晴れわたるばかりであった。天皇を始め、大臣から庶民に至るまで人々はひどく嘆いた。そこで、醍醐天皇は、僧静観《じようかん》に雨乞いの祈祷をするように命じた。）

A熱日《ねつじつ》のしばしもえさし出《い》でぬに、涙を流し、黒煙を立てて祈請し給ひければ、香炉(注1)の煙空へ上《あが》りて、扇ばかりの黒雲になる。上達部《かんだちめ》(注2)は、南殿(注3)に並びゐ、殿上人《てんじやうびと》は、弓場殿《ゆばどの》に立ちて見るに、上達部の御前(注4)は、美福門《びふくもん》より覗《のぞ》く。かくのごとく見るほどに、その雲むらなく大空にひき塞《ふた》ぎて、竜神震動し、電光大千界に満ち、B車軸のごとくなる雨降りて、天下たちまちに潤ひ、五穀豊饒《ほうぜう》にして、万木果を結ぶ。見聞《けんもん》の人、帰服せずといふことなし。

（『宇治拾遺物語』による。）

Ⅱ

子英ナル者ハ、舒《じよ》(注5)郷《きやう》ノ人也《なり》。善クリテレ水ニ捕ラフレ魚ヲ。得テ二赤《せき》鯉《り》ヲ一、愛《め》デ二其《そ》ノ色ノ好《よ》キヲ一、持チ帰リテ、著《お》ク二池中ニ一。数《しばしば》以《もつ》テ二米穀ヲ一C食レ之《これ》ヲ。一年ニシテ、長《たけ》(注6)丈余、遂《つひ》ニ生ジレ角ヲ、有リ二翅《し》翼《よく》一。子英怪異シ、拝二‐謝ス之ニ一。魚言フ、「我来タリテ迎フレ汝《なんぢ》ヲ。汝上レレ背ニ。与《と》レ汝倶《とも》ニ昇ラバレ天ニ、即《すなは》チ大イニ雨フラント。」子英上リ二其ノ魚ノ背ニ一、騰

5 古文・漢文

【解説】

古典は、主として平安・鎌倉時代に書かれた古文と、中国の文言文を日本語として読む漢文からなる。2017年からはこの二つを大問1問に融合して問題が作られるようになった。

漢文は元来は古典中国語であって、漢字のみが連らなった文章を、日本語（古文）として読むために、一つ一つの漢字に助詞や送り仮名をカタカナで付記したものである。また元の中国語文法に従った漢文の文章を日本語の文法構造で読むことから漢字の読む順序を変えることがしばしば必要になってくる。このために「レ」点や「一、二点」などが漢字の左下に小さな字体で添え書きされる。少し例を見ておこう。

たとえば「我読書」を「われ、書《しょ》（本のこと）を読む」と日本語として読むために、一番下にある「書」の字を真ん中にある「読」よりも先に読むことになる。こういうとき「レ」点が使われて

我読《ム》レ書《ヲ》

と書かれる。漢字を読む順序が二文字以上戻るときには、「一、二」点を付けて

禁《ズ》二飲酒《ヲ》一

と書き表して「飲酒を禁ず」とよむ。つまり上から順番に一字ずつ読んでいき、「二」が付いた漢字は飛ばして、「一」の付いた漢字を読んだ後に「二」の付いた漢字を読むのである。

「再読文字」と呼ばれる特殊な漢字がある。たとえば、「未」という字は「まだ・・・していない」という意味であるが、この意味を日本語で表す場合、「いまだ・・・せず」と二回読むことになる。たとえば「未来」は「まだ来ていない」という意味であるが、日本語の文語では「いまだ来《こ》らず」と読む。そこで「未来」を漢文で表記すると

未《ダ》《ズ》レ来《ラ》

となる。二回目に送り仮名が必要な場合は再読文字の左側に書く。

高認として知っているべき再読文字をあげておこう。

「当」は「まさに・・・すべし」と読んで「当然・・・すべきだ」の意味である。

「将」は「まさに・・・す」と読んで、「ちょうど・・するところだ」の意味。

「猶」は「なほ・・・のごとし」と読んで「まるで・・・のようだ」の意味である。

過《ギタルハ》猶《なほ》《ごとシ》レ不《ざルガ》レ及《バ》

読みは「すぎたるは、なほおよばざるがごとし」（論語）が正解。

及《ンデ》レ時《ニ》当《まさニ》《べシ》二勉励《ス》一

読みは「ときにおよんで、まさにべんれいすべし」（意味：青年時代というチャンスを取らえて、いまこそ勉強に励むべきだ）となる。

それでは漢文を含む問題をやっておこう。

答えの出し方

問1は④、問2は②、問3は④、問4は④、問5は①、問6は③、問7は⑤　が正解。

【問1】

①②は文章を続けて読んでもこの理由は出てこない。③は車掌さんのすることではない。⑤は列車が動き出して少し時間がたってからたばこを吸おうとしたので、列車が駅を出るときの車掌の注意ではない。けっきょく車掌は三等車の切符を持って二等車に乗って行った娘に乗る車両をまちがえていると「ののしった」のである。④が正解である。

【問2】

この表現のなかの「慰《なぐさ》むべく、世間はあまりに」の意味を正しく理解しておこう。「私の心を慰めるには余りにたりない。だから慰められなかった。」である。だから結果的に「慰められた」となっている⑤は（×）。また①も（×）である。③の電灯や④の活字はこの文章には出てこない（×）。②が正解である。

【問3】

作者が列車の中で「退屈な人生の象徴」と感じた理由は、①娘、②新聞記事、③汽車のようすの3つである。停車場の風景は入っていない。④が正解。

【問4】

汽車がトンネルに入っているとき窓を開けると、機関車の煙突からはき出される煙が室内にたちこめる。それを防ぐために窓が閉めてあったのである。④が正解。

【問5】

これはすぐわかるでしょう。①が正解である。

【問6】

礼儀やルールを知らない娘を嫌悪《けんお》していたが、弟思いのやさしさを持った娘だと感心するようになった。③が正解。

【問7】

主人公の心の動きも多く書かれているので①は（×）である。②③はまったくあっていない。主人公は二等車（グリーン車）に乗っている。④は（×）である。⑤が正しい。

① 汽車がトンネルの中を通過中に見た少女は、辺りが暗くて陰気な感じがしたが、汽車がトンネルを抜けて明るいところに来ると陽気な明るい少女に見えた。
② 主人公の前の座席に座っているときと、横に移動したときで少女の印象が違って見えた。
③ 風采のあがらない常識知らずのいなか娘思っていたが、実は弟にミカンを投げてやる思いやりのある娘だったと感心した。
④ 娘が苦心して汽車の窓ガラスを開けようとしていたのに対して、手伝ってやれなかったことですまない思いを感じ始めた。
⑤ 汽車がトンネルを通過中に煙が客車に充満して息が苦しかったが、トンネルを抜けて客車の中の空気が清浄に戻ったので落ち着いて娘を見られるようになった。

問7　この小説の特徴を述べた文として適当なものを①～⑤中から一つ選べ。

① 自分の心の動きをできるだけ押さえ、主人公が見聞きした客観的な事実をたんたんと述べた文章である。
② 古今の文学に通じ、古典に由来する語句をちりばめて作者の素養の深さを表す流麗な文体である。
③ 体言止めの文章や、七五調の文章を織り交ぜ、きびきびした主人公の性格を反映させた文体である。
④ 多くの不運にあい、苦労を重ねてきた主人公が、長い忍耐の後に、最後に成功を勝ち取る小説である。
⑤ 小説の最初からほぼ全体を通じてひたすら暗い情景を書き連ね、最後に色鮮やかな一個のものを象徴的に登場させて情景を逆転させる巧みな技法が用いられている。

（しまりすの親方オリジナル問題）

④ 前に座った娘と、新聞記事と、汽車のようす
⑤ 停車場の風景と、汽車のようすと、平凡な新聞記事と、前に座った娘

問4 傍線D「わざわざしめてある窓の戸をおろそうとする」とあるが「おろす」とは「窓を開けること」である。作者はなぜ「わざわざ」という言葉を使ったのか？

① 二月の寒い季節なので、「わざわざ窓がしめてある」と書いた。
② 窓を開けると危険なので「わざわざ窓がしめてある」と書いた。
③ 客車内が禁煙であることを示すために「わざわざ窓がしめてある」と書いた。
④ トンネル内を通る時、汽車の煙突からの煤煙《ばいえん》交じりの空気が窓から吹き込むのを防ぐために「わざわざ窓がしめてある」と書いた。
⑤ 窓は開けるのも締めるのも大きな力がいるので「わざわざ窓がしめてある」と書いた。

問5 傍線Eで「一切を了解した」とあるが、主人公はなにを了解したのか。

① 娘が煙が入ってくるトンネル内でにもかかわらず無理に窓を開けようとしていた理由。
② 娘が三等切符を持って、二等客室に乗ってきた理由。
③ 娘の服装が不潔だった理由。
④ 娘が大きなふろしき包みを持っていた理由。
⑤ 新聞には平凡な記事しか載っていなかった理由。

問6 傍線Fで、「まるで別人でも見るように小娘を注視した」とあるが、主人公が娘を見る印象はどう変化したのか？

かがわかってくる。正しいのは次のどれか。

① 列車がすぐ出るから早く乗りなさい、と娘を大声で急《せ》き立てた。
② もうこの列車の発車の笛が鳴ったのだから、次の列車を待ちなさい、と注意した。
③ 荷物を運んだ赤帽さんに祝儀《しゅうぎ》（チップ）をちゃんとあげなさい、と注意した。
④ 娘の乗る客車が違っているよと注意した。
⑤ 客車の中でたばこを吸うのは禁止です、と私（主人公）に注意した。

問2 傍線Bに「私の憂うつを慰むべく、世間はあまりに平凡な出来事ばかりで持ち切っていた」は少し回りくどい表現であるが、この意味は次の①～⑤のどれと同じであるか？

① まるで私の憂鬱な気持ちを慰めるかのように、新聞は平凡な記事で埋め尽くされていた。
② 私の憂鬱な気持ちを慰めるには、素晴らしい記事が必要であるのにそれはなく、平凡な記事ばかりで私の憂鬱な気持ちはとても慰められなかった。
③ 客車の電灯の光がともされたので、新聞記事がはっきり読めるようになって私の憂鬱な気持ちが少し慰められた。
④ 新聞が刷りの悪い活字であったので、私の憂鬱な気持ちは慰められなかった。
⑤ 新聞記事には、平凡な記事ばかりであったので私の憂鬱は慰められた。

問3 傍線Cに「退屈《たいくつ》な人生の象徴」とあるが、主人公は何が退屈な人生の象徴といっているのか？ すべて挙げよ。

① 前に座った娘と平凡な新聞記事
② 平凡な新聞記事と、汽車のようす
③ 停車場の風景と、汽車のようす

いっせいに手をあげるが早いか、いたいけな喉《のど》を高くそらせて、何とも意味《いみ》の分らない喚声《かんせい》を一生懸命《いっしょうけんめい》にほとばしらせた。するとその瞬間《しゅんかん》である。窓《まど》から半身《はんしん》を乗《の》り出していた例《れい》の娘《むすめ》が、あの霜焼《しもや》けの手をつとのばして、勢《いきお》いよく左右に振《ふ》ったと思うと、たちまち、心を躍《おど》らすばかり暖《あたた》かな日の色に染《そ》まっているみかんがおよそ五つ六つ、汽車を見送《みおく》った子どもたちの上へばらばらと空から降《ふ》って来た。私は思わず息《いき》をのんだ。そうしてせつなに(E)いっさいを了解《りょうかい》した。小娘は、おそらくはこれから奉公《ほうこう》先へおもむこうとしている小娘は、そのふところに蔵《ぞう》していた幾顆《いくか》のみかんを窓から投げて、わざわざ踏切《ふみきり》まで見送りに来た弟たちの労《ろう》に報《むく》いたのである。

　暮色《ぼしょく》をおびた町はずれの踏切《ふみきり》と、小鳥のように声をあげた三人の子どもたちと、そうしてその上に乱落《らんらく》するあざやかなみかんの色と——すべては汽車の窓《まど》の外に、またたく暇もなく通り過《す》ぎた。が、私の心の上には、せつないほどはっきりと、この光景《こうけい》が焼《や》きつけられた。そうしてそこから、ある得体《えたい》の知れないほがらかな心もちが、わきあがってくるのを意識《いしき》した。私は昂然《こうぜん》と頭をあげて、(F)まるで別人《べつじん》を見るようにあの小娘《こむすめ》を注視《ちゅうし》した。小娘は、いつかもう私の前の席《せき》にかえって、あいかわらずひびだらけのほおを、もえぎ色の毛糸のえり巻《ま》きにうずめながら、大きなふろしき包《づつ》みをかかえた手に、しっかりと三等切符《さんとうきっぷ》を握《にぎ》っている。…………

　私はこの時はじめて、いいようのない疲労《ひろう》とけん怠《たい》とを、そうしてまた不可解《ふかかい》な、下等《かとう》な、退屈《たいくつ》な人生をわずかに忘《わす》れる事ができたのである。

（芥川龍之介、『蜜柑（みかん）』、大正八年（1919年）　原文の歴史的かなづかいは現代文に改めてある）

注1「ひっつめ」。髪の毛を頭のてっぺんからちょっと後ろで束ねた髪型
注2「もえぎ色」は若葉のような黄緑色
注3「流職」　公務員の汚職
注4「粛索」　静かにしているさま

問1　傍線Aに「車掌のなにか言いののしる（大きな声で騒ぎ立てる）声」とあるが、この小説を続けて読むと、車掌がなぜののしったの

うな錯覚《さっかく》を感《かん》じながら、それらのさくばくとした記事《きじ》から記事へほとんど機械的《きかいてき》に目をとおした。が、そのまももちろんあの小娘《こむすめ》が、あたかも卑俗《ひぞく》な現実《げんじつ》を人間にしたような面《おも》もちで、私の前にすわっている事をたえず意識《いしき》せずにはいられなかった。このトンネルの中の汽車と、このいなか者《もの》の小娘と、そうしてまたこの平凡な記事に埋《う》まっている夕刊と、——これが象徴《しょうちょう》でなくてなんであろう。不可解《ふかかい》な、下等《かとう》な、(C)退屈《たいくつ》な人生の象徴でなくて何であろう。私はいっさいがくだらなくなって、読みかけた夕刊をほうり出すと、また窓《まど》わくに頭をもたせながら、死んだように目をつぶって、うつらうつらし始《はじ》めた。

それからいく分か過《す》ぎたのちであった。ふと何かにおびやかされたような心もちがして、思わずあたりを見まわすと、いつのまにか例《れい》の小娘《こむすめ》が、むこう側《がわ》から席《せき》を私の隣《となり》へうつして、しきりに窓《まど》を開《あ》けようとしている。が重《おも》いガラス戸はなかなか思うようにあがらないらしい。あのひびだらけのほおはいよいよ赤くなって、時々はなをすすりこむ音が、小さな息《いき》の切れる声といっしょに、せわしなく耳へはいってくる。これはもちろん私にも、いくぶんながら同情《どうじょう》をひくに足るものには相違《そうい》なかった。しかし汽車が今まさにトンネルの口へさしかかろうとしていることは、暮色《ぼしょく》の中に枯《か》れ草ばかり明るい両側《りょうがわ》の山腹《さんぷく》が、間近く窓側《まどわく》に迫《せま》ってきたのでも、すぐに合点《がてん》がいくことであった。にもかかわらずこの小娘は、(D)わざわざしめてある窓の戸をおろそうとする、——その理由《りゆう》が私にはのみこめなかった。いや、それが私には、単《たん》にこの小娘の気まぐれだとしか考えられなかった。だから私は腹《はら》の底《そこ》に依然《いぜん》としてけわしい感情《かんじょう》を蓄《たくわ》えながら、あの霜焼《しもや》けの手がガラス戸をもたげようとして悪戦苦闘《あくせんくとう》するようすを、まるでそれが、永久《えいきゅう》に成功《せいこう》しないことでも祈《いの》るような冷酷《れいこく》な目でながめていた。するとまもなくすさまじい音をはためかせて、汽車がトンネルへなだれ込《こ》むと同時に、小娘の開けようとしたガラス戸は、とうとうばたりと下へ落《お》ちた。そうしてその四角《しかく》な穴《あな》の中から、すすをとかしたようなどす黒い空気が、にわかに息苦《いきぐる》しい煙《けむり》になって、もうもうと車内《しゃない》へみなぎり出した。元来《がんらい》、咽喉《いんこう》を害《がい》していた私は、ハンカチを顔にあてるひまさえなく、この煙を満面《まんめん》にあびせられたおかげで、ほとんど息もつけないほどせきこまなければならなかった。が、小娘は私に頓着《とんちゃく》する気色《けしき》も見えず、窓から外へ首をのばして、やみを吹《ふ》く風にいちょう返《がえ》しのびんの毛をそよがせながら、じっと汽車の進《すす》む方向を見やっている。その姿《すがた》をばい煙《えん》と電燈《でんとう》の光との中にながめた時、もう窓の外がみるみる明くなって、そこから土のにおいや枯《か》れ草のにおいや水のにおいが冷《ひ》ややかに流《なが》れこんでこなかったなら、ようやくせきやんだ私は、この見知らない小娘を頭ごなしにしかりつけてでも、またもとの通り窓の戸をしめさせたのに相違《そうい》なかったのである。

しかし汽車はその時分には、もうやすやすとトンネルをすべりぬけて、枯《か》れ草の山と山との間にはさまれた、ある貧《まず》しい町はずれの踏切《ふみきり》に通りかかっていた。踏切の近くには、いずれもみすぼらしいわら屋根《やね》やかわら屋根が、ごみごみと狭苦《せまくる》しく建《た》てこんで、踏切番が振《ふ》るのであろう、ただ一流《いちりゅう》のうす白い旗《はた》がものうげに暮色《ぼしょく》をゆすっていた。やっとトンネルを出たと思う——その時その蕭索《しょうさく》[注4]とした踏切の柵《さく》のむこうに、私はほおの赤い三人の男の子が、目白押《お》しにならんで立っているのを見た。彼《かれ》らはみな、この曇天《どんてん》に押しすくめられたかと思うほど、そろって背《せ》が低《ひく》かった。そうしてまた、この町はずれの陰惨《いんさん》たる風物《ふうぶつ》と同じような色の着物《きもの》をきていた。それが汽車の通るのを仰《あお》ぎ見ながら、

5 現代文（小説）

問題　次の文章を読んで、問1～問7に答えよ。

ある曇《くも》った冬の日暮《ひぐ》れである。私は横須賀発《よこすかはつ》上り二等客車《にとうきゃくしゃ》の隅すみに腰《こし》をおろして、ぼんやり発車の笛《ふえ》を待《ま》っていた。とうに電燈《でんとう》のついた客車の中には、珍《めずら》しく私のほかにひとりも乗客《じょうきゃく》はいなかった。外をのぞくと、うす暗《ぐら》いプラットフォームにも、きょうはめずらしく見送《みおく》りの人影《ひとかげ》さえあとをたって、ただ、檻《おり》に入いれられた小犬が一匹《ぴき》、ときどき悲《かな》しそうに、ほえたてていた。これらはその時の私の心もちと、不思議なくらい似つかわしい景色だった。私の頭の中には、いいようのない疲労《ひろう》とけん怠《たい》とが、まるで雪曇りの空のようなどんよりした影を落していた。私は外《がい》とうのポッケットへじっと両手《りょうて》をつっこんだまま、そこにはいっている夕刊《ゆうかん》を出して見ようという元気さえ起《お》こらなかった。

が、やがて発車《はっしゃ》の笛《ふえ》が鳴った。私はかすかな心のくつろぎを感《かん》じながら、うしろの窓《まど》わくへ頭をもたせて、目の前の停車場《ていしゃじょう》が、ずるずるとあとずさりを始《はじ》めるのを待《ま》つともなく待ちかまえていた。ところがそれよりも先にけたたましい日和《ひより》げたの音が、改札口《かいさつぐち》の方から聞えだしたと思うと、間もなく(A)車掌《しゃしょう》のなにかいいののしる声とともに、私の乗っている二等室《しつ》の戸ががらりとあいて、十三四の小娘《こむすめ》がひとり、あわただしく中へはいってきた、と同時に、一つずしりとゆれて、おもむろに汽車は動《うご》きだした。一本づつ目をくぎって行くプラットフォームの柱《はしら》、置《お》き忘《わす》れたような運水車《うんすいしゃ》、それから車内《しゃない》の誰《だれ》かに祝儀《しゅうぎ》の礼《れい》をいっている赤帽《あかぼう》――そういうすべては、窓へふきつけるばい煙《えん》の中に、未練《みれん》がましく後へ倒《たお》れていった。私はようやくほっとした心もちになって、巻《ま》きたばこに火をつけながら、はじめてものういまぶたをあげて、前の席《せき》に腰《こし》をおしていた小娘の顔を一瞥《いちべつ》した。

それは油気《あぶらけ》のない髪《かみ》を注1ひっつめのいちょう返《がえ》しに結《ゆ》って、横《よこ》なでのあとのある、ひびだらけの両《りょう》ほおを気持《きも》ちの悪《わる》いほど赤くほてらせた、いかにもいなか者《もの》らしい娘《むすめ》だった。しかも、あかじみた注2もえぎ色の毛糸のえり巻《ま》きがだらりと垂《た》れさがったたひざの上には、大きなふろしき包《づつ》みがあった。そのまた包みを抱《だ》いた霜焼《しもや》けの手の中には、三等《さんとう》の赤切符《きっぷ》が大事《だいじ》そうにしっかり握《にぎ》られていた。私はこの小娘の下品《げひん》な顔だちを好《この》まなかつた。それから彼女《かのじょ》の服装《ふくそう》が不潔《ふけつ》なのもやはり不快《ふかい》だった。最後《さいご》にその二等と三等との区別《くべつ》さえもわきまえない愚鈍《ぐどん》な心が腹立《はらだ》たしかった。だから巻《ま》たばこに火をつけた私は、ひとつにはこの小娘の存在《そんざい》を忘れたいという心もちもあって、今度《こんど》はポケットの夕刊《ゆうかん》を漫然《まんぜん》とひざの上へひろげてみた。するとその時夕刊の紙面《しめん》に落《お》ちていた外光が、とつぜん電燈《でんとう》の光に変《か》わって、刷《す》りの悪い何欄《なんらん》かの活字《かつじ》が、いがいなくらいあざやかに私の目の前へ浮《う》かんできた。いうまでもなく汽車は今、横須賀線《よこすかせん》に多いトンネルの最初のそれへはいったのである。

しかしその電燈《でんとう》の光に照《て》らされた夕刊《ゆうかん》の紙面《しめん》を見わたしても、やはり(B)私の憂《ゆう》うつを慰《なぐさ》むべく、世間《せけん》はあまりに平凡《へいぼん》な出来事《できごと》ばかりで持《も》ちきっていた。講和問題《こうわもんだい》、新婦《しんぷ》、新郎《しんろう》、注2涜職事件《とくしょくじけん》、死亡広告《しぼうこうこく》――私はトンネルへはいった一瞬間《いっしゅんかん》、汽車の走っている方向《ほうこう》がぎゃくになったよ

English 英語
Mathematics 数学
4 現代文（小説）

問2 **【返信用のはがき】**を用いて出欠席の返事を書く際の書き方として**適当でないもの**を、次の**①**～**⑤**のうちから一つ選べ。

① **表面**の「行」は二本線で消し、個人の場合は「様」、団体の場合は「御中」を書く。

② 出席する場合は、**裏面**の「御出席」の「御」を二本線で消し、「出席」に○印を付け、その下に「いたします」と書き添える。

③ **裏面**の「御芳名」は、「御」を二本線で消し、「芳名」に○印を付け、その下に自分の名前を書く。

④ **裏面**の余白に幹事へのねぎらいのことばを書いたり、欠席の場合はその理由などを書き添えたりするとよい。

⑤ **裏面**の「御住所」は、「御」を二本線で消し、その下に自分の住所を書く。

（2017年11月試験）

答えの出し方

【問1】

この案内状を出したのは十一月だから「晩秋《ばんしゅう》」に当たる。②が正しい。

【問2】

返信用はがきの書き方のルールを覚えよう。

①、②、④、⑤は正しい。

③御芳名の最初の二文字を二本線で消す。

③が正解。

【返信用のはがき（表面）】

郵便はがき

切手

○○県かすみ市南一三五番地

鈴木　花子　行

【返信用のはがき（裏面）】

御出席

御欠席

御住所

御芳名

問1　【同窓会の案内の手紙】の空欄にあてはまるものとして最も適当なものを、次の①～⑤のうちから一つ選べ。

① 新春の候

② 晩秋の候

③ 新緑の候

④ 厳寒の候

⑤ 師走の候

5

鈴木さんは、国語総合の授業で、案内の手紙と返信用のはがきの書き方の練習をしている。次の**【同窓会の案内の手紙】**と**【返信用のはがき（表面）】【返信用のはがき（裏面）】**を読んで、**問1**、**問2**に答えよ。

【同窓会の案内の手紙】

拝啓

□、いかがお過ごしでしょうか。

さて、このたび、二十歳の記念にかすみ高校第三十期生の同窓会を行うことになり、左記の通り計画いたしました。担任の先生たちも来てくださるそうです。ぜひとも、御参加くださいますよう、よろしくお願い申し上げます。

なお、出欠の御返事は、同封の返信用のはがきにて、十二月二十日までにお願いいたします。お会いできるのを楽しみにしております。

敬具

平成二十九年十一月吉日

幹事代表　鈴木花子

記

日時　平成三十年一月七日（日曜）午後六時から八時（受付は午後五時から開始します。）

場所　レストランかすみ

○○県かすみ市東一〇〇番地　かすみ駅東口より徒歩二分

TEL ○○○○‐一二‐三四五六

会費　五千円　当日お持ちください。

答えの出し方

【A】は自分の母親のことを、勤務先の上司に伝えるので、謙譲語か丁寧語でなくてはならない。【B】は主語が私なので謙譲語でなくてはならない。

②(母は)「いらっしゃる」は尊敬語で(×)。(私が)「聞きましょう」は謙譲語ではないので(×)。

③(母は)「なさっている」は尊敬語で(×)。Bは正しい。

④(母が)「いらっしゃる」は尊敬語で(×)。(私が)「お聞きになります」は尊敬語で(×)。

⑤B(私が)「聞かれます」は尊敬語で(×)。

これらに対して、①のA「外出しております」は丁寧語、Bの「うかがう」は謙譲語であって正しい。

以上の結果①が正しい。

このように選択肢ごとの分析によって正解が出せるが、敬語の使い方になれた人にとってはこんな分析しなくても容易に正解が出せるものなのである。日常生活の中でとくに意識しなくても正しく敬語が使いこなせるようになりたいものである。

問4　次の文は、母親の留守中に、母親の勤務先の上司から母親宛てにかかってきた電話を、「私」がとり、相手から母親への伝言を聞く際に「私」が発言した言葉である。空欄 A ・ B に入る言葉の組合せとして最も適当なものを、後の①～⑤のうちから一つ選べ。

> 母は今、［ A ］、私が代わりに御用件を［ B ］。

① A＝外出しておりますので　B＝うかがいます
② A＝外出していらっしゃるので　B＝聞きましょう
③ A＝外出なさっているので　B＝おうかがいします
④ A＝お出かけしていらっしゃるので　B＝お聞きになります
⑤ A＝お出かけしているようなので　B＝聞かれます

（2018年11月試験）

問2　空欄 C に入れるのに最も適当なものを、次の①～⑤のうちから一つ選べ。

① 聞きます
② 聞かれます
③ お聞きになります
④ 承ります
⑤ お承りになります

（2017年8月試験）

答えの出し方

【問1】

さくら商事をX社、その取引先の会社をY社とする。佐藤さんはX社の人。田中さんとその上司の山岸さんはY社の人である。

この会話のAで、X社の佐藤さんが、Y社の山岸部長に尊敬語を使ったのは正しい。（①②⑤の前半は正しい）。しかし、Y社の田中さんが、おなじY社の上司の山岸さんの行動を、X社の佐藤さんへの説明に尊敬語を使ったのは間違いである。謙譲語を使うべきである。したがって⑤は後半は間違い。

①では、田中さんは山崎部長が「外出されています」といっているが、これは依然として山崎部長に対する尊敬語であって不適切である。正解は②。

【問2】

この答えは、Y社の田中さんが主語。したがってX社の佐藤さんに対しては謙譲語でなくてはならない。②③はY社の田中さんが自分の行動に尊敬語を使っているので（×）。①は単なる丁寧語。

④⑤の「承《うけたまわ》る」は謙譲語で正しい。⑤は「なります」の部分が尊敬語になっている（×）。したがって、正解は④

4

次の会話は、さくら商事の佐藤さんが取引先の社員の田中さんと電話でやりとりをしたときの会話の一部である。なお、会話中に出てくる「山岸部長」は田中さんの上司である。これを読んで、**問1**、**問2**に答えよ。

佐藤さん	「いつもお世話になっております。さくら商事の佐藤です。山岸部長はAいらっしゃいますか。」
田中さん	「大変申し訳ありません。ただいまB外出していらっしゃいます。」
佐藤さん	「そうですか。それでは、伝言をお願いできますか。」
田中さん	「はい。［ C ］。」

問1 傍線部A いらっしゃいますか、B 外出していらっしゃいます について説明したものとして最も適当なものを、次の①～⑤のうちから一つ選べ。

① Aでは、佐藤さんが山岸部長に対して尊敬語を用いており、使い方は適切である。Bでは、田中さんが山岸部長に対して尊敬語を用いているが、「外出されています」と言うのが適切である。

② Aでは、佐藤さんが山岸部長に対して尊敬語を用いており、使い方は適切である。Bでは、田中さんが山岸部長に対して尊敬語を用いているが、「外出しております」と言うのが適切である。

③ Aでは、佐藤さんが山岸部長に対して謙譲語を用いており、使い方は適切である。Bでは、田中さんが山岸部長に対して謙譲語を用いており、使い方は適切である。

④ Aでは、佐藤さんが山岸部長に対して謙譲語を用いており、使い方は適切である。Bでは、田中さんが山岸部長に対して謙譲語を用いているが、「外出しております」と言うのが適切である。

⑤ Aでは、佐藤さんが山岸部長に対して尊敬語を用いており、使い方は適切である。Bでは、田中さんが山岸部長に対して謙譲語を用いており、使い方は適切である。

答えの出し方

【問1】

②、③、④、⑤は適切。①の東川さんの意見で「スイートポテトは農産物と全く関係がない」は間違い。スイートポテトは農産物（さつまいも）の加工品である。①が正解。

【問2】

選択肢一つ一つについて、明白に間違っているところのある個所を見つけ出して、その選択肢を排除《はいじょ》する方針でいく。

①「話題の情報源や引用の出典が正確に詳しく伝えてる」としたら、「農林水産省の資料によると」というように何から引用したのかいわないといけない。①は（×）。

②「擬声語や比喩が多い」↓擬声語「ドタンバタン」などは全く使われていない。比喩は「～のような」、「まるで～」という文章になるが、そういう文章はまったくなく②は（×）。

③とくにおかしな点はない。ただし、正解かどうかは保留しておく。

④「聞き手の行動を促す表現は避けられている」とあるが、「ぜひご覧ください」、「比べて見てください」、「作ってみたいと思いませんか」、「お勧めです」などは「聞き手の行動を促《うなが》す表現」である。したがって④は（×）。

⑤「対句《ついく》表現がある」とあるが対句は日本語の普通の文章にはめったに出てこない。「春には花が咲き、秋には稲穂が実る」などが対句の例だが、本文に特に対句表現はない。⑤は（×）。

保留した③が正解。

3 敬語問題

【解説】

敬語には、①相手の行動に敬意をあらわす「尊敬語《そんけいご》」と、②自分の側(自分の家族、自分の会社の人）をへりくだって表現することで相手に敬意をあらわすことにより相手に敬意を表す「謙譲語《けんじょうご》」、それに、③「丁寧《ていねい》語」の3種類がある。話し相手や、話し相手の会社、家族の中の人が主語のときは尊敬語を使い、話し手自身かその会社や家族（身内《みうち》）が主語のときは謙譲語を使う。「茶」を「お茶」というときの「お」は丁寧語である。日本語は敬語が非常に発達した言葉である。これも2016年までの高認にはなかった問題である。

英語でも敬語は少しある。Ｃｏｕｌｄ ｙｏｕ～（してくださいませんか）。Ｍａｙ Ｉ～（してかまいませんか？ して差し上げましょうか？ などは英語の丁寧語である。

べられるお店が市内にたくさんあり、テレビで紹介されたこともあって有名になりました。他にもスイカやトマト、柿、梨、
白菜などが穫れます。
　私の家も農家で、物心ついたころから新鮮なキュウリやナスを食べていました。キュウリの表面にとげがありますよね。あれは、新鮮なものほど鋭くて、触るとチクチク痛いです。ナスも、がくのところのとげが鋭いものが新鮮です。
　このような新鮮な野菜を、自分で作ってみたいと思いませんか。そういう方にはレンタル農園がおすすめです。緑市内のレンタル農園で
は、好きな野菜を自分で作って食べることができます。市役所で簡単に申し込むことができて、野菜の作り方などを詳しく教えてもらえますし、穫れた野菜は、レンタル農園近くのキャンプ場で料理して食べることもできます。
　おいしいものは人生を豊かにします。ぜひ、緑市に来て、おいしい農産物をたくさん食べてください。

① 話題の情報源や引用の出典などについては、後で聞き手がその内容を確認し、実際に行動しやすいように正確に詳しく伝えている。さらに、書き言葉を用いた論理的な構成によって、聞いてすぐに理解できるスピーチにしている。

② 擬声語や比喩表現を繰り返すことで臨場感を演出し、聞き手の興味を引くようにしている。加えて、説明的な内容になり過ぎないよう、多方面にわたる豊富な知識を披露することで、聞き手を飽きさせないようにしている。

③ 聞き手に呼びかけることで興味を引いたり自分の家の話をすることでスピーチに個性を出したりしている。また、話題を絞って具体的に述べ、農産物の名前を繰り返すことで、聞き手の印象に残るようなスピーチにしている。

④ 多くの情報の中から伝えたいことを厳選して詳細に話すことで、論理的かつ具体的にまとめている。また、話を聞いて不快感を持たれることのないように聞き手の行動を促す提案や主張などを避け、説明に徹することで無難な内容にまとめている。

⑤ 聞き手が理解しやすいように同音異義語を使わず、代わりに対句表現を使ったり名言を織り込んだりすることで面白さを加えている。しかも、テーマに関連するキャンプ場の話題を追加している。

（2017年11月試験）

問1 **【宮田さんの原稿についての意見】**の中で、その内容が**適当でないもの**を、次の①〜⑤のうちから一つ選べ。

① 東川さんの意見
② 西山さんの意見
③ 南原さんの意見
④ 北沢さんの意見
⑤ 中井さんの意見

問2 宮田さんは、クラスメートからの意見を踏まえて原稿を推敲《すいこう》し、**【修正したスピーチ原稿】**を作成した。**【修正したスピーチ原稿】**には、クラスメートからの意見以外で宮田さんが工夫した点がある。その内容として最も適当なものを、次の①〜⑤のうちから一つ選べ。

【修正したスピーチ原稿】

皆さん、こんにちは。緑市は土地が豊かで、気候が暖かく、良いところがたくさんあります。その中で私は、緑市の農産物を紹介します。

皆さん、サツマイモは好きですか。私はサツマイモが大好きです。緑市はサツマイモが多く穫《と》れますが、品種が多いことも特徴で、地元では品種の特性を生かした方法で調理されています。サツマイモは品種によって味に違いがあり、シンプルな焼き芋も品種と焼き方によって味が違います。皆さん、市内のお店にパンフレットがありますので、ぜひ御覧ください。そして、ぜひサツマイモを食べ比べてみてください。緑市で穫れたサツマイモを使ったスイートポテトや大学芋を売っているお店もあり、お土産にもちょうどいいと思います。

緑市は、他にも多くの種類の農産物が穫れます。特に大根は全国的にみても生産量が多く、おでんや大根サラダなどを食

2

高校生の宮田さんは、総合的な学習の時間に、学校がある緑市について調べる学習を行い、そのまとめとして「緑市を知らない人を対象に、市のPRをする」という設定でスピーチをすることになった。宮田さんが**【スピーチ原稿】**を作成したところ、クラスメートから**【宮田さんの原稿についての意見】**をもらった。これらを読んで、後の**問1**、**問2**に答えよ。

【スピーチ原稿】

私は、緑市の農産物を紹介します。豊穣《ほうじょう》な大地と温暖な気候に恵まれた緑市では、豊富な種類の農産物が収穫されます。特に大根は生産量が多く、おでんや大根サラダなどを食べられる店がテレビで紹介されてしまったので、とても有名です。サツマイモは品種が多く、緑市で収穫されたサツマイモを使用したスイートポテトや大学芋など加工品を販売しています。梨とトマトも品種が多く、時期によって違う品種が食べられます。スイカと柿は非常に甘いです。他にも白菜、キュウリ、ナスなどが収穫されています。緑市にはレンタル農園の制度があり、誰でも好きな野菜を栽培して食べることが可能です。近隣には自然公園もあって、幼児が安全に遊べる遊具があります。ぜひ、緑市の農産物を食べてください。

【宮田さんの原稿についての意見】

東川さん　「スイートポテトはお菓子であり、農産物とは全く関係なく、スピーチの主題から外れるので他の加工品の話をするのがよい。」

西山さん　「『豊穣』など、聞いただけでは分かりにくい漢語が使用されているので、簡単な表現に直すのがよい。」

南原さん　「自然公園の話題は前後の内容との関連がなく、このままでは宮田さんのスピーチのテーマと合わないので省略するのがよい。」

北沢さん　「緑市を知らない人に話すという設定なので、レンタル農園についての詳しい紹介をするのがよい。」

中井さん　「『紹介されてしまった』とあるが、これは好ましくない結果になったという場合に使う表現なので『紹介されたので』と直すとよい。」

答えの出し方

【問1】

①【案内文】の「ますますご清栄」などは「前置き」であって用件ではない。①は（×）。

③【メール文】「外来語が多く」とあるが、外来語はスタートの一語だけである。③は（×）。

④「どちらも書き言葉」とあるが、【メール文】は「どうですか?」は話し言葉なので④（×）。

⑤【メール文】は大切な情報がくり返して書かれている↓繰り返して書かれてはいない（×）。

②が正解である。

【問2】

「（いつもの）通り」は「とうり」じゃなくて「とおり」が正しい。

だからCが間違い・正解は③。

ついでに「遠い」は「とおい」であって「とうい」は間違い。「氷」は「こおり」であって「こうり」は間違い。「炎」は「ほのお」であって「ほのう」は間違いであることに注意しておこう。

問1 【案内文】と【メール文】について、それぞれの内容や表現の特徴を説明したものとして最も適当なものを、次の①～⑤のうちから一つ選べ。

① 【案内文】は、保護者に向けたものであるため、前置きを省き、用件のみを伝える文章となっているが、【メール文】は、先輩に向けたものであるため、前置きを付した、丁寧な文章となっている。

② 【案内文】は、読み手が保護者であるため、一般公開の概要を中心に書かれているが、【メール文】は、読み手が部活動の先輩であるため、演劇の話題を中心に書かれている。【案内文】と【メール文】のどちらも、読み手に一番伝えたい内容を中心に書いている点では共通している。

③ 【案内文】は、校長と生徒会長が連名で出しているため、漢語が多く、書き手の個性の感じられない文章となっているが、【メール文】は、木元さん個人が出したものであるため、外来語が多く、個性的な文章となっている。

④ 【案内文】は、敬体を用いて保護者への敬意を表しているが、【メール文】は、常体を用いて先輩への親しみを表している。【案内文】と【メール文】のどちらも、書き言葉を用いている点では共通している。

⑤ 【案内文】は、読み手が保護者であるため、大切な情報は一度ずつしか書かれていないが、【メール文】は、読み手が高校を卒業したばかりの先輩であるため、大切な情報が繰り返して書かれている。

問2 傍線部A～Eにおいて、表記が**適当でないもの**はどれか。次の①～⑤のうちから一つ選べ。

① A
② B
③ C
④ D
⑤ E

（2017年8月試験）

【メール文】

先輩、お久しぶりです。お元気ですか？
大学生活はAどうですか？

今年の文化発表会の一般公開は9月10日です。公開時間は9時～16時です。

演劇部は今年も創作劇を発表します。今年の脚本は、あの山野井君が書きました。1年前から書いていた脚本が、Bとうとう完成しました。そして、先輩にいつも演技指導をしてもらっていた川崎さんが、なんと今回は主役で登場します。

演劇部の発表は、いつものCとうり、講堂で11時スタートです。本番で成功するかDどうかは分からないのですが、ちょっとした秘密の演出もする予定です。先輩に見にきてもらえると嬉しいです。部員一同、先輩に会えることを楽しみにしています。

なお、当日は車の混雑が予想されるので、できる限り公共交通機関で来てください。
Eどうぞよろしくお願いします。

3 木元さんが通う東高校では、九月十日に文化発表会が一般公開されることになっている。左上段の**【案内文】**は、東高校が文化発表会の一般公開を知らせるため、保護者に向けて出した通知である。また、左下段の**【メール文】**は、木元さんが**【案内文】**を参考にしながら、この春に東高校を卒業した演劇部の先輩に向けて、文化発表会の一般公開を知らせるために出したメールの文面である。これらを読んで、**問1**、**問2**に答えよ。

【案内文】

平成29年7月21日

保護者の皆様

東高等学校長　山下　太郎
東高等学校生徒会長　田中　花子

文化発表会のお知らせ

保護者の皆様におかれましては、ますます御清栄のこととお喜び申し上げます。また、平素より本校の教育活動に御協力くださり、ありがとうございます。

さて、本校では9月9日・10日に文化発表会を実施いたします。このうち、9月10日については一般公開といたします。公開時間は9時から16時です。1年生による合唱、2年生による伝統芸能発表、3年生による研究展示のほか、部活動や委員会による展示・発表などが行われます。

御多忙の折とは存じますが、ぜひ御来校いただき、お子様の学校での活動の様子を御覧ください。

なお、当日は駐車場の混雑が予想されますので、できる限り公共交通機関を利用して御来校くださいますよう、よろしくお願いいたします。

問い合わせ先
東高等学校
担当　鈴木、大西
TEL　○○○－１２３－４５６７
FAX　○○○－８９０－１２３４

答えの出し方

【問1】

このような問題は、直前の発言と、直後の発言を見れば答えが出てくる。直前に発言した黒田さんは「市で一番有名な大南神社とその周辺だけ案内すればいい」といっている。直後に発言した緑川さんは「確かに大南神社はいいが、南市のさまざまな良さをわかってもらえる要素も入れたほうがいい」といっている。

①「若い人が退屈する」②「お客さんがたくさん来すぎて」は前後の話に出てこない（×）。

③は「市の他の所の良さ」をいっていて次の発言につながっている。

④「大南神社は詳しい人がいるから（やめよう）」は、「大南神社へ行くこと自体を否定している。これは次の緑川さんの発言につながらない。

⑤「大南神社は正月とお盆以外見る所がないので（やめよう）」も次の緑川発言につながらない。

以上の結果③が正解である。

【問2】

この種の問題は、一個一個の選択肢の文章に少しでも誤りがないかどうか調べて、ダメな選択肢を消していく「消去法」が有効である。本文を見る前に選択肢の文章自体《じたい》に、不自然な箇所があるもの、道徳的におかしい箇所がないかどうかをチェックし、先にそのような選択肢を排除しておくのが有効である。

②は青野さんが強引に自分の主張に誘導したといっている。不道徳なので（×）だ。

②以外に不道徳な内容の文章はない。次に「内容を確かめやすい箇所《かしょ》がある選択肢を探す。例えば⑤を取り上げる。

⑤では（A）「赤沢さんが実体験」、（B）「緑川さんの調査」が話し合いを方向付けるのに役立った、といっている。「話し合いの方向付け」というのだから、この会議の最初の方に出てきたはずである。さがすと（A）赤沢さんは、観光会社のバスツアーに参加した体験、（B）の緑川さんは南市の産業を調べている。⑤は正しそうである。

①で黒田さんは「直観に基づいて他のメンバーが気づかない問題点を指摘した」とあるが、これは正しいだろうか？これは「漁港付近は朝しか店は開いてない」という指摘だろう。しかし黒田さんは「話し合いがテーマから離れそうになるのを戻した」わけではない。それをいったのは青野さんで「ちょっと待ってください。話を戻します」の発言がそれにあたる、①は（×）。

③「まとめ役は青野さんがやった」。↓まとめ役は最後の発言者である。それは青野さんであるのでこの部分は正しい。ところがそれを提案したのは直前に発言した「緑川さんの「青野さん、やってもらえますか」であって、黒田さんではない。したがって③は（×）。

④緑川さんの提案、とは「三つのスポットを決めてツアーを組む」であろう。しかしその直後の黒田さんはこれを否定して「大南神社周辺だけにすべきだ」といっている。また緑川さんの二つ目の発言「廃校になった小学校」というバスツアーとは無関係な話題の赤沢さん、黒田さんの自由な意見交換があったが、この最初の緑川さんの発言は「提案」ではない。また「テーマを離れて自由に意見を交換できる」とはいえず、全員テーマからずれそうになる部分はあるが「自由に」とは言い切れないので④は（×）。

結局⑤が正解である。

② 有名な大南神社を前面に押し出してツアー客を募集すると、お客さんがたくさん来すぎて対応しきれなくなってしまうのではないですか。

③ もともと栄えている大南神社周辺だけにしぼってしまうと、南市の様々な良さを紹介するということにはならないのではないですか。

④ 大南神社は有名で人気もあるので、私たちより詳しい人が多く、私たちでは十分な紹介ができないのではないですか。

⑤ 大南神社も初詣や夏祭り以外はこれといった見所はないので、お客さんが行きたいとは思わないのではないですか。

問2 この話合いでメンバーの発言が果たした役割について説明したものとして最も適当なものを、次の①〜⑤のうちから一つ選べ。

① 自分の直感に基づいて他のメンバーが気付かないような問題点について指摘した黒田さんの発言は、話合いがテーマから離れそうになるのを修正するのに役に立った。

② 青野さんの発言は、あらかじめ自分の思っていたとおりの結論に向かってメンバーの話合いを強く誘導し、話合いの目標を予定どおりに達成することに役に立った。

③ 取りまとめ役を積極的に引き受けようとしていた黒田さんが、自分の代わりにまとめ役として青野さんを推薦した発言のおかげで、話合いがうまくまとまった。

④ 緑川さんの提案を受けて話を盛り上げた赤沢さんや黒田さんの発言によって、テーマを離れて自由に意見を交換できるようになり、全体の話合いが活発になった。

⑤ 赤沢さんの自分の実体験をもとにした企画についての意見や、緑川さんの事前に調べてきたことをもとにした提案は、話合いの内容を方向付けるのに役に立った。

（2018年11月試験）

他の三人「異議ありません。」

青野さん「次に担当者ですが、これまでの発言から、漁港周辺は赤沢さん、大南神社周辺は黒田さん、農業体験施設は緑川さんにお願いしたらいいかなと思うのですが、どうですか。」

他の三人「異議ありません。」

黒田さん「それはそれでいいとは思いますが、各観光スポットの担当だけではなく、ほかの三人の調べた内容を聞きながら、出発時間や滞在時間の調整をして企画をまとめる役も必要なのではないですか。」

赤沢さん「私もそう思います。さっきも言いましたが、漁港周辺には時間の制約もありそうですし、移動時間なども考えて、ツアーとして成立できるように調整する必要がありますよね。」

緑川さん「そうですね。それで経費も考えて、参加人数や費用を決めたり、日程まで決めたりしてもらえれば、本当に実現しそうな提案になる気がします。青野さん、やってもらえますか。」

青野さん「わかりました。それでは、まとめる役は私が務めます。皆さんの調べたことをもとにしてツアーとしての企画の調整を進めていくことにしましょう。では、残りの時間はそれぞれの担当箇所について、観光プランに必要なことを調べてください。」

問1 空欄には、赤沢さんが「南市観光バスツアー」の趣旨に合った企画にしようとして述べた発言が入る。その発言として最も適当なものを、次の①～⑤のうちから一つ選べ。

① 大南神社周辺だけで企画しようとするとたいした娯楽施設もないので、若いお客さんを飽きさせてしまうことになるのではないですか。

とがありますが、漁港だけではなく魚市場や海産物を扱った食品店やお土産のお店もあります。」

黒田さん　「でも、漁港周辺だときっと午前中の早い時間しかやっていないお店もありますよね。」

赤沢さん　「それは私も考えましたが、実際に市場や周辺のお店の営業時間や営業日を調べてみて、観光が可能な時間にそこに行くことにすればいいのではないでしょうか。大南神社周辺の方は時間には制限があまりないと思うのですが。」

黒田さん　「そうですね。大南神社ならきっと何時でも大丈夫ですね。」

青野さん　「あとは内陸部ですね。どこかふさわしい場所はありますか。」

緑川さん　「先日チラシで見て気になったので調べておいたのですが、廃校になった小学校を使って、農業体験施設ができたそうです。体験農場で季節ごとの作物の栽培や収穫を体験したり、レストランで地元でとれた農産物を使った料理を味わったりすることができるらしいですよ。南市の農業の紹介にはぴったりなのではないでしょうか。」

黒田さん　「そんな施設ができたんですね。面白そうですね。『○○狩り』とか『○○食べ放題』とか、よく観光ツアーの宣伝文句にも使われていますよね。」

赤沢さん　「そういえば、私が以前家族と行ったツアーには『イチゴ狩り食べ放題』という見出しがついていました。とてもおいしくて、おなかいっぱい食べられて大満足でした。」

黒田さん　「それは何月頃でしたか。」

赤沢さん　「たぶん三月だったと思います。春休みの頃ですね。」

黒田さん　「夏休みだったら何の食べ放題がおいしそうでしょうか。」

赤沢さん　「海の幸なんていいですね。」

黒田さん　「そうですね。」

青野さん　「ちょっと待ってくださいね。話を戻します。では、沿岸部南部は漁港周辺、沿岸部北部は大南神社周辺、内陸部は農業体験施設ということで目的地はいいですか。」

ンターネットなどを使って必要なことを調べる時間にしたいと思います。まずは、訪れる場所について、考えてきたことを発表してください。」

赤沢さん「私は以前、家族で一緒に観光会社が企画したバスツアーに参加したことがあるんですが、幾つもの観光スポットを効率よく見て回れて、すごく楽しかったのを覚えています。今回の企画もツアーというくらいだから、南市の全体を巡って、様々な場所を見て、『旅をしたなあ』という実感をもてるようなプランにするのがいいと思います。」

緑川さん「私もそう思います。私は南市の産業について調べてみたのですが、南市は、沿岸部南部は漁港を中心とした漁業、沿岸部北部は大南神社を中心とした商業や観光業、内陸部は農業というふうに、三つの地域に分けられるのだそうです。だから、この三つの地域ごとにそれぞれ中心となるスポットを決めて、ツアーを組むのがいいと思います。」

黒田さん「私はあちこちを回るために時間を割くことには反対です。南市といえばやっぱり大南神社が有名で人気もあるのだから、その周辺をじっくり紹介すればいいと思います。初詣や夏祭りには大勢の人がやってきますし。それ以外の場所は有名ではないので、行きたいと思う人もあまりいないのではないでしょうか。」

赤沢さん「でも、［　　　　　　］」

緑川さん「大南神社は確かに南市では一番有名な場所だから、お客さんの目を引くスポットにはなると思いますが、せっかくまちおこしのためのツアーを提案するんだから、ツアーに参加したからこそ、その良さが分かったという要素も入っていた方がいいと私は思います。」

青野さん「そうですね。そうしないと前回までに決めてきたことが無駄になってしまいますね。そうすると、さっき緑川さんが提案してくれた三つの地域ごとに観光スポットを決めるというのが、ツアーの企画としては考えやすいと思うのですが、黒田さん、それで了解してもらえますか。」

黒田さん「わかりました。」

青野さん「それでは、大南神社周辺以外の場所で、観光スポットになりそうな場所はありますか。」

赤沢さん「沿岸部南部でいえば、漁港周辺には観光スポットになりそうな場所が見つかると思います。私も何回か行ったこ

答えの出し方

【問1】

吉川さんのアドバイスは、「映像資料も出すようにするといい」ということである。これに一致するのは④である。

【問2】

①③④⑤はどれも文章はもとのままでよいことになる。つまり、①が正しければ③も④も⑤も正しいことになってしまう。②だけもとの文章に「聞き手の人に理解できるように詳しく伝えてほしい」というアドバイスである。②が正しい。

【問3】

天野さんは「課題に合わせたスピーチにしたほうがいい」とアドバイスしている。

「課題」とは「自分が得たと感じたもの」である。それは「クラスのみんなと絆を深めた部分をもう少し詳しく説明してください」といっているのだ。

②⑤の、観光名所の説明を詳しく、③の「他の学校用事の説明を入れろ」、④の「二日目の見学を詳しく」は、いずれも天野さんへのアドバイスとしては不適切になる。というわけで、①が正解である。

【解説】

小説にしろ、会議の発言録にしろ、本文が一ページ以上の長文の場合には、本文を読む前に後に書いてある問題文と選択肢を先に見ておく方が合理的である。

2

南高校の青野さんのクラスでは、総合的な学習の時間に「まちおこしプランを提案しよう」というテーマで、グループごとに地元の南市の活性化プランを作成し、学年末には地域の人々を招待して研究成果発表会を開くことになっている。【話合いの一部】は、青野さんのグループにおける話合いの様子の一部である。これを読んで、問1、問2に答えよ。

【話合いの一部】

青野さん　「今回は私が司会をします。前回までの話合いで、私たちのグループでは、まちおこしのために南市の様々な良さを紹介する『南市観光バスツアー』を提案しようということになりました。今日は、それぞれが考えてきたことをもとに、ツアーで訪れる場所や、メンバーの役割分担を決めるところまでを話し合って、残りの時間は各自イ

問3　空欄 B に入る発言として最も適当なものを、次の①～⑤のうちから一つ選べ。

①　クラスのみんなとの絆を深めた修学旅行だったという田島さんの感想と、取り上げているエピソードとの関連がよく分からないと思います。だから、取り上げているエピソードに田島さんの感想を合わせるか、もしくは、今の田島さんの感想に合わせてクラスのみんなとの絆を深めたと感じているエピソードを入れるとよいのではないでしょうか

②　歌舞伎の『楼門五三桐』を知っている人は少ないと思うので、説明が必要だと思います。『楼門五三桐』のストーリーや、大泥棒と言われる石川五右衛門のことを、もっと丁寧に説明するとよいのではないでしょうか

③　学年やこのクラスのみんなについての説明がないので、「この高校で、この学年のみんなと、さらにいえば、このクラスのみんなと行った今年の修学旅行が最高のものでした」と言っても、聞いている人の共感は得にくいと思います。だから、田島さんが感じている、学年やクラスの雰囲気が伝わるような他の学校行事の紹介を入れるとよいのではないでしょうか

④　田島さんたちのグループの二日目の見学テーマがよく分からないので、聞いている人が興味を失ってしまうと思います。だから、二日目のグループ別見学の具体的なエピソードを語る前か、またはそれを語った後で、田島さんたちのグループの二日目の見学テーマを明らかにするとよいのではないでしょうか

⑤　聞いている人にとって、グループ別見学の初日が自由見学、二日目がテーマ別見学であることは自明なので、それに関する説明は省いてもよいのではないかと思います。その部分を省けばまだ話す時間があるはずです。クラス別見学で行った東寺と西本願寺は本当にすばらしかったので、スピーチの内容に入れるとよいのではないでしょうか

（2018年8月試験）

田島さん「はい。ありがとうございます。」
天野さん「課題に合わせたスピーチにするための提案なのですが、[B]。」
田島さん「ありがとうございます。考えてみます。」

問1　吉川さんのアドバイスについて正しく説明しているものを、次の①～⑤のうちから一つ選べ。

① 吉川さんのアドバイスは、「伝統に敬意を払う」という視点からのものであった。
② 吉川さんのアドバイスは、「考えの根拠を明確にする」という視点からのものであった。
③ 吉川さんのアドバイスは、「言葉遣いに気をつける」という視点からのものであった。
④ 吉川さんのアドバイスは、「伝達する内容を効果的に伝える」という視点からのものであった
⑤ 吉川さんのアドバイスは、「感情を豊かに表現する」という視点からのものであった。

問2　空欄[A]に入る発言として最も適当なものを、次の①～⑤のうちから一つ選べ。

① 他の部分よりも大きな声で言ってほしいです
② もう少し具体的に説明してほしいです
③ もっと情感をこめて言ってほしいです
④ ゆっくりと力強く言ってほしいです
⑤ 二度繰り返してほしいです

三門だそうです。また、南禅寺は、小堀遠州が造ったという枯山水庭園「虎の子渡し」や、狩野探幽《かのうたんゆう》作の「虎の襖《ふすま》絵」も有名です。グループ別見学の二日目には、嵯峨野《さがの》に行き、トロッコ嵯峨駅からトロッコ列車に乗りました。ゆっくりと進むトロッコ列車から見る紅葉がきれいでした。そして、トロッコ亀岡駅で電車を降りた後はバスで移動し、保津川下りをしました。急流を下るときはすごい迫力でした。
　だから、このクラスのみんなと行った修学旅行が最高のものでした。クラスのみんなとの絆を深めることができたと思います。

【話合いの一部】

田島さん「ありがとうございました。では、今の私のスピーチについて、何かアドバイスをお願いします。」

吉川さん「スピーチ、お疲れ様でした。私はグループ別見学で田島さんと同じグループだったので、今の田島さんのスピーチを聞いてよく分かったのですが、クラスのみんなにスピーチをする時は、聞いている人は私たちばかりでなく、別のグループだった人もいるので、『南禅寺』とか『枯山水庭園』とか『虎の襖絵』とか急に言われても、よく分からない人もいるのではないかと思います。だから、お寺や文化財の話題を出す時には、できるだけ映像資料も出すようにするといいと思います。」

田島さん「ありがとうございます。もらってきたパンフレットもたくさんあるので、クラスでスピーチを行う日までに工夫します。」

渡辺さん「私は田島さんとは違うグループでしたが、私たちのグループも実は二日目のグループ別見学で嵯峨野に行っていて、田島さんのグループと同じくトロッコ列車に乗ってから川下りをしました。だから、田島さんが言っていたように、トロッコ列車や川下りの途中で眺めた嵯峨野の紅葉が本当に色とりどりで美しかったことや、川下りのスリルをよく覚えています。だからこそ、トロッコ列車や川下りで田島さんが美しいと感じた嵯峨野の光景や川下りの様子を、聞き手の人に詳しく伝えてもらいたいと思うので、田島さんが『きれいでした』とか『すごい迫力でした』と言っていた部分を［　A　］。」

2

高校二年生の田島さんのクラスでは、国語総合の授業で【課題】に基づいてスピーチをすることになった。その準備として、まずは四人ずつのグループに分かれ、グループごとにスピーチの練習を行った。【スピーチ】は、その時に田島さんがグループで行ったスピーチ、【話合いの一部】は、田島さんのスピーチの後にグループで行われた話合いの一部である。これらを読んで、問1～問3に答えよ。

【課題】

「この一年間で自分が得たもの」について、それを感じた出来事の紹介を含めてスピーチする。

【スピーチ】

　小学校でも中学校でも修学旅行に行きましたが、私にとっては、この高校で、この学年のみんなと、さらにいえば、このクラスのみんなと行った今年の修学旅行が最高のものでした。旅行を通して、クラスのみんなとの絆《きずな》を深めることができたと思います。

　初日と二日目にグループ別見学がありました。私たちの高校のグループ別見学は、初日は「自由見学」、二日目は「テーマ別見学」となっています。二日間を通してグループのメンバーは変わりません。「自由見学」の日は、グループごとに、自由に各地へ見学に行きます。一方、「テーマ別見学」の日は、グループごとにテーマを決め、そのテーマに沿って見学をします。味わいの異なる二日間になってとても楽しかったです。

　私たちのグループでは、グループ別見学の初日は、南禅寺に行きました。南禅寺は京都五山の上位に置かれ、最高位の禅寺として栄えました。私の祖母は歌舞伎が好きで、私もたまに歌舞伎に連れて行ってもらうのですが、歌舞伎の「楼門五三桐」で大泥棒の石川五右衛門《ごえもん》が「絶景かな」と大見得をきる舞台となった三門は、この南禅寺の

③ 久保さんは、それた話合いを修正する役割、加藤さんは、前向きな意見を出す役割を果たしていた。

④ 加藤さんは、前向きな意見を出す役割、長野さんは、新しい事例を出して話合いの流れを変える役割を果たしていた。

⑤ 山崎さんは、話合いに有効な視点やアイデアを出す役割、高橋さんは、話合いの流れを取りまとめる役割を果たしていた。

（2017年8月試験）

答えの出し方

【問1】

まず【A】は選択肢では、アかウかオのどれかの理由でⅡとⅢを選んでいる。

Aは「リズムがあっていい」となっている。ところが三つのテーマのうちリズム感のあるのはⅠであって、Ⅲにリズム感は感じられない。したがって【A】はアではない。同じ理由でウの「高校生らしくて元気」もⅢは該当《がいとう》しない。オは「見てほしいところがはっきり伝わる」はⅡもⅢも該当する。ということは【A】はオである。

Ⅰは【B】だといっている。これはアの「リズム感」はある。イの読み手に呼びかける感じもないことはない。オは該当しない。

【C】はⅡに「パラダイス」があるから、エの「おもしろそうな催しがたくさんあるような感じ」が当たっているだろう。

【D】は「あなたをお待ちしています」という言葉がはいったⅢをほめているが、これは読み手に呼びかける感じがあるので、イだろう。

結局、Aはオ、Bはアかイ。Cはエ、Dはイとなって、①が正解であることがわかる。

（注意：この問題では、ⅠⅡⅢがあって、ABCDがあって、アイウエオがあって、最後に①②③④⑤がある。実に4重の対応構造が作られているのである。正解にたどり着くためにはこのような対応構造関係を理解する必要がある。最近2、3年の高認国語にしばしばこのような複雑な対応構造を理解しなくてはならない問題が現れる。2016年以前にはこのような問題はなかった。新傾向として注意を要する。

【問2】

この五個の選択肢で、高橋、久保、長野、山崎、加藤の五人の特徴が述べられている。各選択肢2人ずつ批評していて、合計10個の人物批評がなされているが、各同一人物の2回現れる批評は、それぞれ全く同じである。書き出すと

高橋さんはとりまとめる役割
久保さんはそれた話合を修正する役割
長野さんは新しい事例を出して話の流れを変える役割
山崎さんは有効な視点やアイデアを出す役割
加藤さんは前向きな意見を出す役割と、いっているわけである。これは正しいだろうか？

まず高橋さんは、一番最初の発言者で一番最後の発言者だ。ということは司会の役割である。すると「高橋さんはとりまとめる役割」は正しいことになる。つまり、①か⑤が正しいことになる。①には久保さんが出てくる。久保さんはそれた話を修正する役割はしていない。①は間違いである。山崎さんは有効なアイデアを出している。⑤が正解である。

問1 空欄 [A] ～ [D] に入る内容の組合せとして最も適当なものを、後の①～⑤のうちから一つ選べ。

ア　リズムがあっていいと思う
イ　読み手に呼びかける感じがしていいと思う
ウ　高校生らしく、元気な感じがしていいと思う
エ　面白そうな催しがたくさんあるように思う
オ　西高祭で見てほしいところが、はっきりと伝わると思う

① A オ　B ア　C エ　D イ
② A オ　B イ　C エ　D ア
③ A ア　B イ　C ウ　D オ
④ A ア　B オ　C ウ　D イ
⑤ A ウ　B ア　C エ　D オ

問2 この話合いの参加者が果たしていた役割について説明したものとして最も適当なものを、次の①～⑤のうちから一つ選べ。

① 高橋さんは、話合いの流れを取りまとめる役割、久保さんは、それた話合いを修正する役割を果たしていた。
② 長野さんは、新しい事例を出して話合いの流れを変える役割、山崎さんは、話合いに有効な視点やアイデアを出す役割を果たしていた。

【生徒会役員の話合いの一部】

高橋さん「まずは、この三つの最終候補についての考えを、それぞれ話してみよう。」
長野さん「私は [A] から、ⅡかⅢがいいと思う。」
久保さん「テーマなので、表現にも気を配るべきじゃないかな。私は、Ⅰは [B] 。」
加藤さん「なるほど。表現ということで考えれば、Ⅱの『パラダイス』もいいと思う。こういう表現があると、[C] 。」
高橋さん「僕はⅢの、『あなたをお待ちしています』という表現が、[D] 。」
山崎さん「そもそもテーマでは、西高祭の見所を簡潔にうまく伝えることと、上手な表現をすることと、どちらに重点を置くべきだろうか。私は、西高祭の見所を簡潔にうまく伝えることにあるんじゃないかと思うけれど。」
加藤さん「そうだね。同感。」
高橋さん「それなら、Ⅰ、Ⅱ、Ⅲのテーマを比べると、長野さんが言っていたように、ⅡやⅢがよさそうということになるね。では、この二つを、今度は表現の点で比べてみよう。ⅡとⅢを比べると、どちらの表現がいいだろうか。」
加藤さん「僕はさっきも言ったように、Ⅱだな。」
高橋さん「僕は、やっぱりⅢだね。」
山崎さん「それでは、ⅡとⅢのよいところを取り入れたテーマを、もう一度考えてみようか。」
加藤さん「あ、それいいね。僕、頑張るよ。」
長野さん「でも、ⅡとⅢの両方のよいところを取り入れるって難しそうじゃないかな。」
久保さん「私も難しいと思う。」
加藤さん「大丈夫。みんなで一緒に考えよう。最終的にテーマを作ることは僕たち生徒会に任されているんだから、最後は僕たちがこの三つの候補をもとにして頑張って作らなきゃね。」
長野さん「それもそうだね。どうせなら、いいテーマを作りたいよね。よし、頑張るか。」
高橋さん「じゃあ、それぞれ案を持ち寄って、来週にもう一度話し合おう。」

2 学校で作られた文章

【解説】

学校での会議の発言記録、案内状、生徒の感想文などを題材とした問題は、２０１６年までの問題にはまったく現れていない。小問の解答数は４問ほどであるが、１問あたりの配点は５点で、この４問で配点２０点と大きい。解答の要領としては、長文の本文を読むのは後回しにして、小問の文章と５個の選択肢を先に読んでおくのが賢明である。５個の選択肢の中に意味が取れないもの、内容が不合理なもの、内容が不道徳なものを見つけたら先に（×）を付けてしまう。正解候補の残った選択肢を頭に入れて、本文を読んでいく。確実に間違いなものに（×）をつけて、最後まで（×）のつかない選択肢のなかから正解を割り出すことになる。

Ⅰ 会議の流れ

2 西高校の生徒会室では、全校生徒から募集した**【学校祭のテーマの最終候補】**（Ⅰ、Ⅱ、Ⅲ）のうち、どれを採用するかについて、五人の生徒会役員が話し合っていた。**【学校祭のテーマの最終候補】**と**【生徒会役員の話合いの一部】**を読んで、問1、問2に答えよ。

【学校祭のテーマの最終候補】

Ⅰ

光る汗　輝く青春　西高祭

Ⅱ

その日、西高は
研究展示と模擬店の
パラダイスになる

Ⅲ

研究展示とおいしい模擬店が
あなたをお待ちしています
～西高祭～

1

問4 「役不足」は「その人の力量に対して割り当てられた役目が軽すぎていること」という意味である。この熟語の使い方として最も適当なものを、次の①～⑤のうちから一つ選べ。

① 私では役不足かもしれませんが、精一杯がんばりますので応援してください。
② 引き受けた以上、うまくできないからといって役不足を嘆くのはいけない。
③ 向こう見ずで自暴自棄な選択をするのは役不足というものだ。
④ 彼は生徒会長も十分に務められるのに書記では役不足だ。
⑤ 大変な仕事なので私には役不足でとても務まらない。

（2017年11月試験）

答えの出し方

「役不足」は（ア）本人は大きな能力があって、（イ）実際に頼まれた役目が小さすぎる、という場合に使われる。

①は、「私は能力が小さい」、しかし「役目は私の能力以上重い」であるので「役不足」の逆である（×）。

②「私は重い仕事を頼まれて引き受けた」しかし「私は能力が小さいのでうまくいくかどうかはわからない」といっている。これも「役不足」の逆である（×）。

③「彼は能力が小さいのに」、「無理に大きな能力が必要な道を選んだ」であるので、これもまた「役不足」の逆である。

④「彼は生徒会長も務められる有能な人だ」しかし「書記という軽い役目を任された」
この場合「役不足」で正しい。

⑤「私は能力が小さい」、「大変な仕事を負わされた」。この場合にも「役不足」の逆である。

結局（けっきょく）④が正解。「役不足」は間違って使われることが多い言葉である。

1

問6　次の傍線部と文法的な意味や用法が同じものとして最も適当なものを、後の①〜⑤のうちから一つ選べ。

> 十分に準備をしておいたので、失敗をせずに済んだ。

① 君ならで誰にか見せむ梅の花色をも香をもしるひとぞしる　（古今和歌集）
② 世の中にたえて桜のなかりせば春のこころはのどけからまし　（古今和歌集）
③ 花の色はうつりにけりないたづらにわが身世にふるながめせしまに　（古今和歌集）
④ 東風吹かば匂ひおこせよ梅の花あるじなしとて春を忘るな　（拾遺和歌集）
⑤ 見わたせば花ももみぢもなかりけり浦のとまやの秋の夕ぐれ　（新古今和歌集）

（2018年11月試験）

答えの出し方

「失敗をせずに」の「せ」は「失敗する」という言葉の未然形の一つ「せ」である。「する」という言葉（サ変動詞）は、漢字2文字の熟語の後について、たくさんの言葉を作る働きがある。例えば「勉強する」、「食事する」、「登校する」などのように、「する」は古文にもあって「す」が元の形である。これを①〜⑤の中から探せばよい。「見せむ」は「みせよう＋か」であって、「見す」が動詞。②の「なかりせば」の「せ」は過去を表す助動詞「き」の未然形「せ」で「なかったならば」で、過去を表す。ここでは「ば」がついて、実際にはない仮定を表している。④は「おこす」という動詞の命令形「おこせ」である。「す（する）」という動詞の変化ではない。⑤は「見わたす」という動詞の未然形。「す（する）」という動詞ではない。③は「ながめ」（ながめていること）は名詞。それに「す（する）」がついたもので正解である。この問題は難問といっていいだろう。

（注記）ここで国語の専門家からこの問題に対する疑問が出た。②の「なかりせば」の「せ」もサ変動詞とみる学説もある、という。この学説にしたがうならば②も正解になってしまう。

1

問3 傍線部と文法的な説明が同じ「つ」を含むものを、次の①～⑤のうちから一つ選べ。

走って

① 家に預けたりつる人の心も
② 扇も射よげにぞなつたりける
③ 我ら三人取りついたらんに
④ 矢七つ八つ候《さうら》へば
⑤ 駿河なるうつの山辺のうつつにも

（2017年11月試験）

答えの出し方

この「っ」は動詞「走る」の活用（変化）の一部で、「連用形の語尾」である。古文だが②の「なつたりける」も動詞「なる」の連用形語尾でこれが正解。③は動詞「取つく」の連用形「取ろつき（たらん）」の音便で「取りつぃたらん」、となったもの。④は助数詞。⑤の最初の「つ」は固有名詞。静岡市の宇津ノ谷《うつのや》。あとの「つつ」は「うつつ」（現実）という言葉の一部である。

1

問6　次の傍線部と文法的意味が同じものを、後の①～⑤のうちから一つ選べ。

彼のことは知らない。

① 三月《やよひ》ばかりにもなりぬ。（蜻蛉日記）
② 必ず、先立ちて死ぬ。（方丈記）
③ ここはけしきある所なめり。ゆめ寝《い》ぬな。（更級日記）
④ 雨、いたく降りぬべし。（源氏物語）
⑤ 春や昔の春ならぬ。（伊勢物語）

（2018年8月試験）

答えの出し方

「彼のことは知らない」の「ない」は否定の言葉で、英語の「ｎｏｔ」である。古文では打ち消しの「ず」、「ぬ」で表される。

①は完了の助動詞で「なりました」の意味。

②は動詞「死ぬ」の終止形「死ぬ」の下の字の「ぬ」。つまり終止形の一部。

③は動詞「寝ぬ」の終止形の一部で「な」の方が禁止を表している。「寝てはいけません」の意味。

④は完了の助動詞で、ここでは強意を表している。全体の意味は「きっと降るだろう」である。

⑤が「今の春は昔の春ではない」と打ち消しの「ず」の連体形「ぬ」である。「や」があるので文末は「係り結びの法則」によって連体形「ぬ」になっている。⑤が正解。

古文の「ぬ」にはまったく意味の異なる二種類ある。一つは打ち消しの助動詞「ず」の連体形「ぬ」である。もう一つは完了・強意を表す「ぬ」である。この二つ、意味が違うので注意を要する。この問題は高認として難問である。

Ⅳ　文法的意味が同じ語句

1

問4　傍線部と意味・用法が同じであるものを、次の①〜⑤のうちから一つ選べ。

頼りなく見えるが実力はある。

① 私は春が待ち遠しい。
② ゆったりと川が流れる。
③ 彼は魚が食べられない。
④ うそのようだがこれは本当だ。
⑤ もうすぐ日が暮れる。

（2018年8月試験）

答えの出し方

「が」には、主語であることを示す格助詞の「が」がある。①②③⑤の「が」はすべてそうである。しかし、これとは別に逆接の接続助詞の「が」がある。「しかし」、「けれども」という接続詞と働きは同じである。そこで「が」を「しかし」で置き換えてみる。

「頼りなく見える。しかし実力はある」となって、意味は変わらない。④「うそのようだ。しかしこれは本当だ」やはり意味は変わっていない。①と③の「私は春しかし待ち遠しい」、「彼は魚。しかし食べられない」は意味が通じない。だから④が正解。

1

問7 「卒」という漢字には、次の❶〜❸のような意味がある。
このうち、❷の意味にあたる「卒」を含んでいる熟語を後のア〜オから選ぶとき、その組合せとして最も適当なものを、後の①〜⑤から一つ選べ。

> ❶ 兵士。あつまり。多くの人。
> ❷ にわかに。急に。
> ❸ おわる。おえる。結局。

ア 卒然　イ 卒年　ウ 将卒　エ 卒業　オ 卒倒

① ア・イ・ウ・エ
② ア・イ・エ・オ
③ イ・ウ・オ
④ イ・エ・オ
⑤ ア・オ

（2018年11月試験）

答えの出し方

アの「卒然」は「急に」の意味。②、イの「卒年」は死んだ年で③の意味。ウは将軍と兵隊。兵隊さんの中で一番偉《えら》い人が「将」で、ふつうの兵隊さんが「卒」だから①。

エは「おわる（学業が終わる）」の意味で③。

オは（驚きすぎて）「急に倒れる」という意味で②。だから②に当たるのはアとオとなって⑤が正解。

【裏ワザ】

「卒業」（エ）の「卒」が「おわる」ことだとわかる。ということは（エ）の入った①②④は（×）。（ウ）が兵隊さんであると分かれば①③はダメ。⑤が正解とわかる。

1

問5 「臨機応変」の意味として最も適当なものを、次の①〜⑤のうちから一つ選べ。

① 何かをきっかけに、気持ちが良い方向に切り替わること。
② 前世や過去の行いの善悪に応じて、必ずその報いがあること。
③ その場その時の状況に合わせて、物事に適切に対処すること。
④ あることが原因となって、同様の出来事が次々と起こること。
⑤ わずかな違いで、きわめて危険な状態から脱すること。

（2017年8月試験）

答えの出し方

「りんきおうへん」。この4文字は「機《き》に臨《のぞ》んで変《へん》に応《おう》ずる、と読める。
③が正解である。

1

問4 次の空欄に一文字を補うと、「物や人のもつ本当の価値や能力」という意味の熟語になる。空欄にあてはまる漢字を、次の①～⑤のうちから一つ選べ。

真骨□

① 長
② 頂
③ 重
④ 眺
⑤ 鳥

（２０１７年８月試験）

答えの出し方

選択肢はどれを選んでも「しんこっちょう」と読む熟語になる。「本当の能力」を表す熟語の最後の漢字が「とり」や「ながめ」、「おもい」になってはおかしい。②頂が正解である。

1

問5 次の空欄に一文字を補うと、**「その事柄について専門でない人」**という意味の熟語になる。空欄にあてはまる漢字を、次の①～⑤のうちから一つ選べ。

門外□

① 官
② 漢
③ 観
④ 看
⑤ 肝

（２０１８年８月試験）

答えの出し方

「人」を表すのだから、熟語の最後の漢字も「人」を表す漢字でなくてはいけない。「観（みる。見え方）」、「看（みる。人を監視する）」。「肝（きも）」はどれもおかしい。「官」は人を表すが「役職」だ。「漢」は堂々たる男を表す漢字で、②が正解。門外漢《もんがいかん》という。

1 **問2** 傍線部に当たる漢字と同じ漢字を用いるものを、次の①～⑤のうちから一つ選べ。

関係者がイチドウに会する。

① ドウドウとした態度。
② 志望ドウキを述べる。
③ 他校とゴウドウで練習をする。
④ ケンドウの稽古をする。
⑤ 小学校のジドウが対象だ。

（2017年11月試験）

答えの出し方

「一堂」と書く。「堂」は建物。ビルの意味。同じビルに集まる、という意味。①「堂々」と書くのでこれが正解。②動機、（行動を起こした理由の意味）。③合同、いっしょに、の意味。④剣道、⑤児童。

Ⅲ 熟語問題

1 **問3** 「遠近」と同じ構成で成り立っている熟語を、次の①～⑤のうちから一つ選べ。

① 難易
② 流水
③ 日照
④ 着席
⑤ 読書

（2017年8月試験）

答えの出し方

「遠近《えんきん》」は「遠い」と「近い」の反対の意味をもつ漢字2字でできた熟語である。これと同じ構成の熟語は①「難易《なんい》」つまり「難しい」と「易しい」からできた熟語である。⑤「読書《どくしょ》」は書（本の意味）を読むであって、「読」の反対の意味の熟語ではない。

1

問2 (ア)、(イ)の傍線部に当たる漢字と同じ漢字を用いるものを、次の各群の①～⑤のうちからそれぞれ一つ選べ。

(ア) 名画をカンショウする。

① カンカクをあけて配置する。
② 映画のカントクになりたい。
③ 書類にインカンを押す。
④ 最後の場面はアッカンだった。
⑤ 公園のカンリ事務所へ行く。

(イ) エプロンの型紙に合わせて布をタつ。

① 会社をケイエイする。
② ビルをケンセツする。
③ 観葉植物のサイバイをする。
④ リッタイテキな図形を描く。
⑤ けんかのチュウサイをする。

（2017年8月試験）

答えの出し方

(ア)カンショウは鑑賞。①は間隔、②は監督、③は印鑑、④は圧巻、⑤は管理。なので③が正しい（難問）。

(イ)「裁つ」が正しい。①経営、②建設、③栽培、④立体的、⑤仲裁となって、⑤が正解。③栽培の栽の字との区別に注意すること。

Ⅱ　読みから正しい漢字を選ぶ問題

1

問1　傍線部(ア)～(オ)に当たる漢字を、次の各群の①～⑤のうちからそれぞれ一つ選べ。

(ア)　ユズって
① 議　② 譲　③ 柚　④ 渡　⑤ 壊

(イ)　キオク
① 惜　② 億　③ 臆　④ 憶　⑤ 遺

(ウ)　ジョコウ
① 序　② 助　③ 所　④ 除　⑤ 徐

(エ)　ハンシャ
① 射　② 謝　③ 斜　④ 煮　⑤ 写

(オ)　サエギる
① 被　② 覆　③ 遮　④ 防　⑤ 滞

（2016年11月試験）

答えの出し方

（ア）は②、（イ）は④記憶、（ウ）は⑤徐行、（エ）は①反射、（オ）は③が正しい。

2

問1 傍線部(ア)〜(オ)の漢字の正しい読みを、次の各群の①〜⑤のうちからそれぞれ一つ選べ。

(ア) 精巧
① しょうたく
② しょうこう
③ せいこう
④ ちょうこう
⑤ せいたく

(イ) 野外
① おくがい
② こがい
③ いがい
④ のがい
⑤ やがい

(ウ) 情緒
① しょうお
② じょうお
③ ぜいしょ
④ せいちょ
⑤ じょうちょ

(エ) 帯びた
① ひな(びた)
② さ(びた)
③ こ(びた)
④ お(びた)
⑤ の(びた)

(オ) 叫び
① よろこ(び)
② さけ(び)
③ むす(び)
④ もてあそ(び)
⑤ ほころ(び)

(2016年8月試験)

答えの出し方

(ア)は③が正解。
(イ)は⑤が正解。「おくがい」は「屋外」、「こがい」は「戸外」、意味は3つとも同じだ。
(ウ)は⑤が正解。
(エ)は④が正解。「ひなびた」は「鄙びた」、「さびた」は「錆びた」、こびたは「媚びた」、「のびた」は「伸びた」または「延びた」と書く。
(オ)は②が正解。「よろこび」は「喜び」または「悦び」、「むすび」は「結び」、「もてあそび」は「弄び」、「ほころび」は「綻び」と書く。

1

問1 (ア)、(イ)の傍線部の漢字の正しい読みを、次の各群の①～⑤のうちからそれぞれ一つ選べ。

(ア) 業を煮やして叫んだ。

① なりわい
② ぎょう
③ ごう
④ わざ
⑤ じゅつ

(イ) 市井の声を聞く。

① しい
② しせい
③ ししょう
④ いちせい
⑤ いちのい

（2017年11月試験）

答えの出し方

（ア）③が正解。この漢字が「商売」の意味なら「なりわい」、あるいは「ぎょう」と読む。「業」を「ごう」と読むと仏教用語。口や心の行為がもたらした効果をいう。

（イ）は②が正解。町に住む人々の意味。

2

問1　傍線部(ア)～(オ)の漢字の正しい読みを、次の各群の①～⑤のうちからそれぞれ一つ選べ。

(ア)　光沢
① こうしゃく
② こうえい
③ こうよう
④ こうたく
⑤ こうさい

(イ)　鈍さ
① にぶ(さ)
② おそ(さ)
③ とろ(さ)
④ おも(さ)
⑤ うと(さ)

(ウ)　若干
① しゃくぜん
② じゃくてん
③ じゃっかん
④ じょうかん
⑤ しょうてん

(エ)　中核
① ちゅうしん
② ちゅうかく
③ ちゅうがい
④ ちゅうこく
⑤ ちゅうかい

(オ)　増殖
① ぞうほ
② ぞうさく
③ ぞうとう
④ ぞうしょく
⑤ ぞうちょく

(2016年8月試験)

答えの出し方

(ア)は④、(イ)は①、(ウ)は③、(エ)は②、(オ)は④が正しい。

1 漢字・熟語《じゅくご》・助詞《じょし》の意味問題

【解説】

ここには2017年から2018年の高認試験で出題された漢字の読み、適切《てきせつ》な漢字を選ぶ問題を載《の》せたが、多く載せることはしなかった。漢字問題の場合、最近十年以内に出題されたのと同じ漢字を使った問題が、ふたたび出題される可能性がほとんどないからである。この点が同じ語句を使った短文問題が毎年繰り返して出題される英語とは違うところである。つまり英語では過去問を解くことが有力な高認対策になるが、国語の漢字問題ではそうはならないのである。それに漢字に関する配点は1個の小問あたり2点と少なく、漢字問題を全部合わせても配点はせいぜい6点ほどにすぎない。漢字以外の問題の小問1個当たりの配点は5点であるから、漢字問題で全滅しても、後の小問1個正解すれば取り返すことができる。「高認対策」の一環として「漢字の学習」に多くの時間を使うのは非効率《ひこうりつ》である。ここに載せた漢字の過去問は問題の形式を見ていただく以外の目的はない。漢字問題は1回だけやって出題形式を覚え、それで漢字問題の勉強は終わりとしたい。ただし「助詞問題」はしっかり勉強する必要がある。

Ⅰ 漢字の読みの問題

1

問1 傍線部の漢字の正しい読みを、次の①～⑤のうちから一つ選べ。

彼は皆から<u>一目</u>置かれている。

① ひとめ
② いちめ
③ いつめ
④ いちもく
⑤ ひともく

（2017年8月試験）

答えの出し方

④が正しい。もとは囲碁の用語。

一　高認国語の勉強方針

　高認国語は平成29年（２０１７年）試験から、問題の形式に大きな変化があった。大まかに言えば、平成28年（２０１６年）試験まで大問第1問にあった、5〜6ページにもわたる現代小説の問題がなくなった。また、古文と漢文を合わせた古典問題が、平成28年までは配点が50点であったものが、約30点分ほどに減った。この二つの変化は、受験する人の負担を減らす意味で、歓迎《かんげい》すべきものである。そのかわり、学校などでの議論の記録、学校外への行事案内文に関する問題、敬語の使い方の問題などが新たに加わった。全体として実践的で広い分野にわたって国語の能力を試す問題になっている。

　大問［1］として出題される漢字問題、言葉の意味問題を除《のぞ》いて大問［2］以下では「問題本文」が書いてあって、その後に小問として5個の選択肢から選ぶ問題が並んでいる。「問題本文」を先に全部読んでから、小問の文章と選択肢の五個の文章を読むのが正しい順序であるのだが、「問題本文」が長くて4〜5ページに及ぶものさえある。こういう長文の問題では、小問の文章、選択肢の5個の文を先に読む方が合理的であることが多い。

　さらに、現代文や古文では、本文を読み進めていくうちに「傍線《ぼうせん》」部分にであうことがある。この場合、その本文を最後まで読むことはせず、その傍線部分で聞かれている小問に飛ぶのがよいことが多い。傍線部に関する大部分の問題は、その傍線部分の前後2，3行だけ読めば正解が出てしまうことが多いからである。

　選択肢《せんたくし》が文章でできている大部分の問題では、その選択肢の文章自身が「不道徳な内容を含んでいる」、「強すぎる表現がある」、「意味がわかりにくい」、「選択肢Aが正解なら選択肢Bも正解になってしまう」というようなのはいきなり（×）をつけてかまわない。このようにダメ選択肢に（×）をつけていけば、それだけで正解選択肢の候補は2個以下に減ることが多い。ときには（×）の選択肢が4つになって、正解がこれだけでわかる場合もけっこう多い。このような場合には長い本文を全く読まないで正解が得られる。

　この本では最近三年間の高認の過去問を題材として、その正解の出し方を研究するという方針で勉強を進めることにする。みなさんは自分に合った解き方を身につけるために多くの過去問に取り組むのが、一番合理的な勉強方法なのである。

　ここで、この本の過去問記載のルールを書いておこう。問題の末尾《まつび》に(２０１７年11月試験)のように、問題が出題された試験の実施年月が書いてある。

【注意】平成28年（２０１６年）以前の過去問は今の高認の勉強には使えない。

凧が一番高く上がるのは、
風に向かっている時である。風に流されている時ではない。

Kites rise highest against the wind – not with it.

ウィンストン・チャーチル（英国の政治家、ノーベル文学賞受賞）

国語
JAPANESE

あとがき

1.「高認学習室」シリーズ刊行の変遷と、今後の刊行計画

「しまりすの親方式・高認全科目学習室」を初めて刊行《かんこう》したのは2010年7月のことであった。その後、「高認全科目学習室」は「新版」(2012年6月)、「三訂版」(2013年9月)と改訂を重ねた。この間、これらの本によって学習し、みごと高認合格を勝ち取った人からのご報告をしばしばお受けした。筆者としても大きな喜びを感じ続けていた。

2014年度試験から理科科目の内容が大幅に変更されて「科学と人間生活」がほぼ必修科目として新設された。生物をはじめ、教科書の変更点を反映して問題内容が大きく変化したため、それ以前の過去問が使えなくなってきた。改正された理科系科目の教科書内容にあわせて「高認学習室」の本も一新せざるを得なくなり、2014年10月に「高認理数系学習室」を新たに刊行した。さらに世界史Aの範囲も高校教科書の変更があったため「高認文系学習室」として2015年11月に新たに刊行した。それ以来2019年までの高認試験は、ほぼこの2冊の「高認学習室」で皆様の高認受験勉強にお役に立ってきたと考えられる。

しかし、それでも、2015年に最後の「学習室」を刊行して以後、その後に行われた高認試験を調べてみると、世界史Aと国語に大きな内容変更があったのをはじめ、やはり時代の変化を反映して英語、現代社会などの科目にもスマートフォンの利用の話題など変化が見られた。5年以上前の過去問を教材にした「高認学習室」では内容が時代に合わなくなってきた。

それと、2015年までに作った「高認学習室」では、各科目最低合格ラインの40点を超えるので十分、という姿勢で執筆《しっぴつ》していた。このために、1科目あたり30ページ以内で理数系6科目で約200ページ、文系5科目で約270ページの本として刊行することができたのである。

ところで、高認の各科目にも点数によって評点がつけられる。80点以上なら評価A、60点以上79点までは評価B、最低点以上59点までが評価Cである。しまりすの親方は去年・池袋の高認予備校に出かけ、文科省による高認の成績評価が、大学の推薦入試の際に、大きな役割を果たすことがあるという話を伺《うかが》った。ということは、高認は、40点ギリギリの評価Cでの合格でよいという考えも成り立つ一方で、できるだけよい成績で合格するほうが、あとの大学受験に有利になる場合があるということに気が付いた。この考えに立つと、「高認学習室」も各科目評価Aが取れるように内容を変える必要がある。さらに、英語と国語の場合には、もし高認で90点取れたら、大学受験準備がだいぶ楽になるはずである。つまり、今回の「高認学習室」の役目は、ぎりぎり40点で合格を目指さすのではなく、みなさんの英語や国語の本物の実力を上げて、大学受験の水準に近づけることを強く意識して執筆したのである。

このためには１科目あたり30ページほどというこれまでの「高認学習室」ではダメであるという結論に達《たっ》した。そこで、各科目、50～90ページほどの学習内容とし、努力家の受験者には、ほとんどの科目で評価Aが取れるように高度な問題まで点数を取りきる内容に改めることとした。このため、英数国の主要３科目で１冊。そのあと理科５科目で１冊、社会４科目で１冊の合計３冊の「高認学習室」を新たに刊行することとした。

2．高認を終えた後の進路

キミはいずれ無事に高認を合格することになるだろう。そのあとは、一生の職業技術を手にするために専門学校に進む人、あるいは大学の受験準備を始める人、高校卒業を条件とする資格試験を受ける人、高卒を条件とする警察官などの職業試験に向かう人、さまざまであろう。あるいは、アメリカやオーストラリアなどの外国大学への留学を目指す人もいるでしょう。学びリンクから毎年刊行されているの「高認があるじゃん」には、高認合格後の進路案内も詳《くわ》しく書いてありますので、この本を買って読まれるといいでしょう。

プロフィール

しまりすの親方 ［都司《つじ》 嘉宣《よしのぶ》］

地震学者。理学博士。長年にわたり地震・津波の研究を続け、東京大学地震研究所准教授として27年間勤務。2011年の東日本震災の津波の際には、テレビをはじめ多くのメディアに解説者として出演した。2012年退職後は、公益財団法人・深田地質研究所（東京都文京区本駒込）で客員研究員を務めた。定年退職をし、2019年3月に茨城県竜ケ崎市に「合同会社・地震津波防災戦略研究所」（同市）を設立。同研究所の所長となる。また、個別指導・IEスクール・北小金校（JR常磐線北小金駅西口駅前）の講師を務める。ここで私の高認の個別指導を受けたい人は、電話（047−330−4109）でご連絡ください。

“読めばわかる”参考書！

しまりすの親方式 高認 英数国 学習室 3科目版

2020年6月1日　初版第一刷発行
2022年7月22日　第二刷発行
著　者：しまりすの親方
発行者：山口教雄
発行所：学びリンク株式会社
〒102-0076　東京都千代田区五番町10　JBTV五番町ビル2F
TEL：03-5226-5256　FAX：03-5226-5257
ホームページ：http://manabilink.co.jp/
専用ポータルサイト：https://www.stepup-school.net/
表紙・本文イラスト：河西哲郎
本文デザイン・制作：株式会社Levier
印刷・製本：株式会社シナノ パブリッシング プレス

ISBN978-4-908555-32-9

出典：文部科学省　高等学校卒業程度認定試験 過去実施問題
本誌に掲載の過去問題は、文部科学省が発表する問題を一部編集・加工しております。